아동기 불안과 강박장애에서 벗어나기

부·모·교·육·프·로·그·램

Eli R. Lebowitz 저 | 신경민 역

Breaking Free of
Child Anxiety and OCD

학지사

BREAKING FREE OF CHILD ANXIETY AND OCD
ⓒ Oxford University Press 2021

BREAKING FREE OF CHILD ANXIETY AND OCD was originally published in English in 2021. This translation is published by arrangement with Oxford University Press. HAKJISA PUBLISHER, INC is solely responsible for this translation from the original work and Oxford University Press shall have no liability for any errors, omissions or inaccuracies or ambiguities in such translation or for any losses caused by reliance thereon.

Korean translation copyright ⓒ **2024** by HAKJISA PUBLISHER, INC.
Korean translation rights arranged with Oxford University Press
through EYA Co., Ltd.

이 책의 한국어판 저작권은 EYA(에릭양 에이전시)를 통한
Oxford University Press와의 독점계약으로 (주)학지사가 소유합니다.
저작권법에 의하여 한국 내에서 보호를 받는 저작물이므로
무단 전재와 무단 복제를 금합니다.

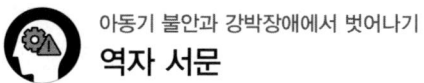
아동기 불안과 강박장애에서 벗어나기
역자 서문

　부모는 모두 자녀를 사랑한다. 그리고 모든 부모는 자녀를 잘 키우려고 노력한다. 그렇지만 완벽한 부모는 없고, 많은 부모가 자녀를 양육하는 과정에서 필연적으로 크고 작은 실수들을 하게 된다. 나 또한 그런 부모들 중 하나이다. 그때마다 우리는 부모를 가이드해 줄 책이나 전문가를 통해 자녀를 올바르게 키우기 위한 방향을 찾으려고 하고, 위안과 위로를 얻으려고 한다. 이로 인해 전문가 또는 아이를 키워 본 선배 부모가 쓴 자녀 양육 서적들이 홍수처럼 쏟아지고 있는 것 또한 사실이다.
　한 생명체를 온전히 성장시킨다는 것은 참으로 어려운 일이고, 특히나 불안한 아이를 키운다는 것은 상상 이상으로 힘든 일이다. 불안으로 혼자 잠들지 못하는 아이, 엄마와 떨어지기 싫어서 학교 가기를 거부하는 아이, 매일 천재지변을 걱정하는 아이, 세균에 민감한 아이, 병에 걸릴까 봐 두려운 아이처럼 불안이 높은 자녀를 양육하는 것은 너무나도 어렵고 부모에게는 상당한 좌절감과 무력감을 준다. 아동과 청소년기에 겪는 불안 문제들은 꽤 흔하고, 이는 결국 불안한 아이를 키우는 부모가 많다는 것을 의미한다. 그럼에도 불구하고 수많은 양육 서적 중에서 불안한 자녀를 키우는 부모를 위한 서적은 찾기가 어렵다. 그런 면에서 이 책은 불안이 높은 아이를 키우는 부모들에게 길잡이 역할을 해 줄 수 있는 단비 같은 책이 될 것이다.

이 책의 저자인 일라이 리바위츠(Eli Lebowitz) 박사는 예일 의과대학 아동연구 센터에서 불안장애 프로그램을 진행해 왔다. 이 치료 프로그램은 SPACE(Supportive Parenting for Anxious Childhood Emotions, 아동기 불안 정서를 위한 지지적 양육)라는 이름의 불안한 자녀를 둔 부모를 위한 부모 교육 치료 프로그램이며, 임상연구를 통해 그 효과성 또한 입증되었다. SPACE에서 제시하고 있는 접근법을 단계적으로 설명해 주고 있는 이 책은 불안한 자녀로 인해 하루하루가 힘에 부치고 갈팡질팡하며 길을 찾지 못하던 부모들에게 큰 도움이 될 것이다. 특히나 이 책에 제시된 구체적인 사례와 섬세한 설명을 보면, 저자가 얼마나 많은 불안한 아이들과 그 부모들을 만나 왔고 치료해 왔는지를 알 수 있다.

이 책을 통해 많은 부모가 불안이 높은 자녀와의 갈등으로 지쳤던 마음에는 위안을 받고, 아이를 어떻게 키워야 할지 모르겠다는 생각으로 불안했던 마음에는 희망과 용기를 얻기를 바란다.

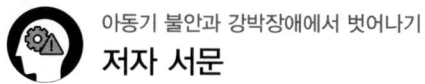

아동기 불안과 강박장애에서 벗어나기
저자 서문

"내 아이가 불안으로 고통받고 있어요. 당신이 도와줄 수 있나요?"

이 말은 높은 불안을 견디며 지내는 아동, 청소년들의 부모로부터 제가 매우 자주 받는 질문입니다. 이 책은 그 질문에 이렇게 답하고 있습니다. "바로 당신이 아이를 도울 수 있어요!" 여러분이 불안이나 강박장애 문제가 있는 아이의 부모라면, 이 책에 설명된 단계를 통해 아이의 불안이 크게 줄어들고, 삶의 질이 향상되기를 바랍니다.

이 책에서 제시된 단계들은 임상 시험을 통해 아주 효과적이라고 밝혀진 체계적인 치료 접근법입니다. 치료 프로그램의 이름은 SPACE이며, 이는 아동기 불안 정서를 위한 지지적 양육(Supportive Parenting for Anxious Childhood Emotions)을 의미합니다. 많은 부모가 SPACE에 대해 가장 흥미를 느끼는 점이자 이 치료법이 다른 불안장애 아동 치료법과 다른 점은 전적으로 부모에게 초점을 맞추어 자녀를 도울 수 있는 도구를 제공한다는 점입니다. 사실, 여기에는 약속할 것이 있습니다. 즉, 이 책의 어느 지점에서도 부모는 아이가 원하지 않는 일을 하도록 압력을 가하지 않는다는 점입니다. 이 책으로 작업하는 동안 여러분은 오직 한 사람의 행동만을 바꾸기 위해 노력하면 됩니다. 그것은 여러분이 가장 잘 통제할 수 있는, 바로 여러분 자신입니다.

　더 깊이 들어가기 전에, 아동기 문제에 대한 일반적인 사회적 통념을 깨야 합니다. 즉, 아동기 문제는 부모로부터 야기되는 것이고, 여러분의 아이에게 불안 문제가 있다면 이는 아마 여러분이 무언가를 잘못했기 때문이거나 해야 하는 걸 하지 않았기 때문이라는 인식 말입니다. 3장에서 저는 이 통념을 다루고 왜 이것이 사실이 아닌지를 설명했습니다. 아이가 최고의 삶을 살 수 있도록 돕고, 스스로 직면한 어려움을 극복하고자 하는 바람과, 부모가 자녀의 어려움을 초래했다는 생각은 완전히 다른 별개의 개념입니다. 이렇게 생각해 보면 두 가지가 다르다는 것이 분명해집니다. 왜 부모는 자신이 초래한 문제를 가지고 있는 아이를 돕고 싶어 할까요? 이건 말이 되지 않죠! 마찬가지로 부모가 불안한 아이를 도울 수 있다는 사실이(이건 진짜 사실입니다) 부모가 불안을 야기했다는 것을 의미하지도 않습니다. 왜 부모들은 그들이 일으킨 문제에만 영향을 미칠 수 있어야 할까요? 이 또한 말이 되지 않습니다. 그러니 여러분이 아이의 불안에 대해 자책을 하거나, 누군가가 여러분을 탓하거나, 또는 여러분이 아이를 도울 수 있는 힘을 가지고 있다는 저의 제안이 여러분을 비난하고 있다는 생각이 드는 것과 같은, 부모가 아이 불안의 원인이라는 통념을 없애 버립시다.

　다른 치료법과 마찬가지로 SPACE는 각 단계가 이전 단계를 기반으로 구축되는 체계적인 프로그램입니다. 이러한 이유로 이 책을 가장 잘 사용하는 방법은 책 전체를 다 읽고 여기서 제시한 제안을 순서대로 따르는 것입니다. 앞서가거나 단계를 건너뛰고 싶은 유혹을 느낄 수 있습니다. 특히 가능한 한 빨리 아이의 불안이 개선되는 것을 보고 싶은 마음에 더욱 그럴 겁니다. 하지만 각 단계를 순서대로 따라야 여러분과 여러분의 아이가 가장 좋은 성공을 거둘 가능성이 제일 높아집니다. 시간이 걸리더라도 모든 단계를 완료하고, 함께 제공되는 워크시트를 활용하는 것은 아이가 덜 불안하도록 돕는다는 목표를 달성하는 가장 좋은 방법입니다.

각 단계를 따라 진행하는 데에는 시간이 걸리지만, 아동기 불안을 치료하려면 항상 시간과 노력이 필요합니다. SPACE가 아동 불안을 감소시키는 데 효과적인 방법이라는 것이 밝혀졌지만, 이 연구는 임상연구에 초점이 맞춰져 있고, 이 연구에서 부모들은 숙련된 치료자와 함께 12주 동안 매주 정기적인 모임에 참석했습니다. 아동 기반 인지행동치료(인지행동치료에 대한 간략한 설명은 2장 참조)와 같은 다른 치료법들도 치료자와 함께 주간으로 이루어지는 정기적인 모임을 필요로 하고, 모임과 모임 사이에 많은 작업이 요구됩니다. 그러니 이 책으로 혼자서 작업할 때 임의적으로 단계를 줄이지 마십시오. 스스로 성공 가능성을 최고로 높일 수 있도록 시간과 노력을 투자하세요. 한 가지 제안을 하자면 일주일에 한 시간씩 자신을 위한 '세션 시간'을 마련하세요. 이 시간을 통해 여러분(그리고 함께 하는 배우자)은 이 책으로 작업하고 여러분이 진행하고 있는 과정을 생각하는 데에 더 전념할 수 있을 것입니다.

물론 상당한 시간과 노력을 들이더라도 책으로 작업하는 것이 전문 임상가의 숙련된 치료를 완전히 대체할 수는 없습니다. 이 책에는 많은 부모가 그들 아이의 불안에 의미 있는 영향을 미치기에 충분한 도구들과 제안들이 있습니다. 하지만 이 책으로 충분하지 않다고 생각된다면, 또는 더 많은 도움이 필요한 것을 알게 되었다면, 아동 불안에 대해 잘 알고, 치료 경험이 많은 정신 건강 전문가와 함께하는 것이 최선의 선택입니다.

  그리고 마지막으로, 감사합니다! 아이가 필요한 것을 민감하게 알아차리고 아이를 돕기 위해 헌신적으로 노력하는 부모가 되어 주셔서 감사합니다. 이 책은 자녀를 돕고 싶어 하는 부모를 위해 쓰인 책입니다. 여러분의 세심함으로 자녀가 불안으로 힘겨워한다는 것을 알게 되었으며, 여러분의 헌신으로 자녀를 도울 수 있는 방법을 찾게 된 것입니다. 감사합니다!

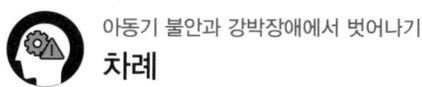

아동기 불안과 강박장애에서 벗어나기
차례

역자 서문 _ 3
저자 서문 _ 5

1장 아동 불안의 이해 • 11
2장 아동기 불안: 유형과 치료 방법 • 45
3장 자녀의 불안이 가족을 지배하고 있는가 • 67
4장 불안한 아이를 키울 때 빠지기 쉬운 함정들 • 79
5장 가족 순응 • 101
6장 순응 지도 그리기 • 127
7장 어떻게 지지해 줄 수 있을까 • 137
8장 어떤 순응부터 줄여야 할까 • 161
9장 순응 줄이기 계획 • 177
10장 아이에게 계획 알려 주기 • 197
11장 계획 실행 • 233
12장 문제 해결: 어려운 반응 다루기 • 251
13장 문제 해결: 배우자와 협력하면서 겪는 어려움 다루기 • 273
14장 마무리 그리고 앞으로의 계획 • 295

부록 A: 워크시트 _ 305
부록 B: 자료 _ 319

Breaking Free of Child
Anxiety and OCD

1장

아동 불안의 이해

▼ 불안은 무엇인가?

불안은 발생할 수 있는 위협과 위험을 알아차리고, 이로부터 우리를 안전하게 지킬 수 있도록 도와주는 시스템을 설명할 때 사용되는 용어이다. 가장 단순한 형태의 생명체에서부터 복잡한 동물들, 인간에 이르기까지 모든 생명체는 안전한 것과 위험한 것을 구분해 내는 시스템을 가지고 있다. 이러한 것을 구분하는 능력은 건강하게 살아남기 위해 매우 중요하다. 몇몇 동물들은 이 음식이 먹기에 안전한 것인지를 가려내기 위해 후각을 사용하고, 어떤 동물들은 이 장소가 안전한 곳인지를 가려내기 위해 주변의 소리를 듣는다.

우리 인간들 또한 위험으로부터 스스로를 보호하기 위해 큰 소리에 깜짝 놀라고, 길을 건널 때 좌우를 살피며, 요거트가 먹기 괜찮은지 냄새를 맡는 것과 같이 여러 감각들을 사용한다. 인간은 또한 실제로 일어나지 않은, 감각들에 의해 감지될 수 없는 위협에도 반응할 수 있다. 위험을 상상하고 이를 피하기 위해 미리 조치하는 능력은 인간이 가지고 있는 엄청나게 중요한 능력이고, 고유한 자산이다. 우리는 위험이 발생하기 전에 예방할 수 있고, 이는 우리의 상상력에 의존한다. 결국 실생활에서 위협이 아직 나타나지 않았다면, 위협이 존재하는 공간은 오직 우리의 상상 속인 것이다.

무언가 나쁘고 위험한 일이 발생할 것 같다고 상상할 때, 그 상상 속 시나리오는 마치 그 나쁜 일이 실제로 일어나고 있는 것처럼 우리의 불안 시스템을 활성화시킬 수 있다. 당신의 주치의로부터 얼마 전에 했던 검사 결과가 좋지 않으니 가능한 한 빨리 병원으로 와서 정밀 검사를 해 보자는 전화를 받았다고 상상해 보자. 이러한 상황을 실제 다급한 의사의 목소리로 걱정을 듣는 것처럼 생생하게 상상하려고 노력해 보자. 당신의 기분은 어떠한가? 아마도 당신은 무섭고 걱정이 되며, 당신의 신체는 방금 전에 비해 좀 더 긴장되는 것을 느낄 수 있을 것이다. 아마도 당신은 이러한 상상 속의 공포를 그만두고 잘라 내기를 원하고, 그것은 실제가 아니라고 스스로 되뇌일 것이다.

이렇게 느끼는 것은 충분히 정상적인 반응이고, 이는 우리의 상상력이 얼마나 큰 힘을 가지고 있는가를 보여 주는 예이다. 부정적이거나 위험한 시나리오를 생각하는 것은 우리의 상상력이 하는 중요한 일 중의 하나이다. 물론 우리는 보통 일어났으면 하는 즐거운 일을 생각하는 공상의 시간을 보내는 것을 더 좋아하고, 이것 역시 상상력의 중요한 기능 중 하나이다. 하지만 일어날 수 있는 모든 나쁜 일들에 대해 생각하는 것은 우리가 안전하게 지내는 데 더 유용하다. 우리의 상상력은 재밌고 즐거운 것보다 위험한 요소들에 대해 특히 더 생각하도록 진화했을지도 모른다.

또 다른 예를 들어 보자. 지인이 당신에게 큰돈을 빨리 벌 수 있는 자신의 계획에 투자하라고 한다고 상상해 보자. 당신은 이렇게 생각할 것이다.

- 적은 돈을 크게 불릴 수 있다면 얼마나 좋을까
- 경제적 어려움을 한번에 모두 해결할 수 있다면 얼마나 좋을까
- 부자가 될 인생의 기회를 잡았다고 가족과 친구들에게 말한다면 얼마나 자랑스러울까

하지만 당신은 다른 생각을 할지도 모른다.

- 힘들게 번 돈을 엉뚱한 계획으로 잃으면 어떡하지
- 일확천금을 노리다 돈을 탕진했다는 걸 사람들이 알면 얼마나 창피할까

당신이 첫 번째 종류의 생각―쉽게 부자가 될 수 있다는 즐거운 시나리오―만을 한다면 당신은 아마도 가능한 한 많이 투자할 수 있는 기회를 잡을 것이다. 부정적인 생각들―덜 즐겁지만 매우 중요한―은 당신을 충동적이거나 재난을 불러올 수도 있는 무모한 행동으로부터 보호해 줄지도 모른다. 부정적인 결과들을 불러내고 실제로 그 일들이 일어날 것처럼 당신의 불안을 촉발함으로써, 상상력은 실생활의 위험들로부터 당신을 보호할 수 있다.

일어나지 않은 상상의 위협들에 대응할 수 있는 능력에는 대가가 따른다. 우리가 상상의 위험들에 대한 불안에 노출되면, 우리는 현실적이지 않거나 전혀 일어날 가능성이 없는 걱정에 취약해지게 된다. '만약에'라는 질문을 던지는 것―불안한 마음의 반복되는 후렴―은 우리가 비현실적인 '만약에'들을 생각할 수 있다는 것을 의미한다. 매우 현실적인 불안감을 포함하는 허구의 시나리오에 반응하는 것은 전혀 위협이 되지 않는 것들에 우리가 진심으로 불안해질 수 있다는 것을 의미한다. 우리는 귀신이나 마녀와 같이 실제로 존재하지 않는다고 믿는 것들에도 두려움을 느낄 수 있다.

현명한 판단을 내리기 위해서는 다양한 가상의 시나리오를 고려하고 평가해서 아주 가능성이 적고 기이한 것보다는 가장 현실적이고 일어남 직한 시나리오에 비중을 둘 수 있는 능력이 필요하다. 우리는 또한 다양한 행동 경로에서 발생할 수 있는 위험과 잠재적인 이익 간의 균형을 맞출 필요가 있다. 빠르게 부자가 되는 것은 물론

좋지만, 이미 벌어 놓은 돈을 잃을 수 있다는 위험을 감수할 만큼 충분히 좋은가? 현명한 판단을 내리는 것은 두 개의 기술에 의존한다. 사람들이 이 기술들을 항상 잘 쓰는 것은 아니다.

- 어떤 시나리오가 더 가능성이 있고, 덜 그럴듯한지 구별할 수 있는 기술
- 발생 가능한 결과가 얼마나 좋거나 나쁜지 가치를 매기는 기술

이러한 기술들은 특히 현재 가용한 정보가 한정되어 있을 때에는 사용하기가 매우 어렵다. 우리가 상상적 시나리오를 처리하고 있다는 것을 기억하라. 따라서 실생활에서의 정보는 항상 사용 가능한 것이 아니다.

사람들은 이러한 도전에 각각의 방식으로 접근한다. 예를 들어, 당신은 안전하게 행동하는 것을 선호하는 사람인가? 또는 모험을 좋아하는 사람인가? 만약 안전하게 행동하는 것을 선호한다면, 아마도 당신은 속으로 긍정적인 시나리오보다는 부정적인 시나리오에 좀 더 비중을 두는 사람일 것이다. 당신이 모험을 좋아하는 사람이라면, 잠재적으로 긍정적 결과가 일어날 것이라는 믿음에 조금 더 마음을 열 것이다. 또는 부정적 결과보다는 긍정적 결과에 좀 더 높은 가치를 둘지도 모른다.

이 책을 읽고 있다면, 당신은 아동 또는 청소년의 부모이자, 당신 아이의 불안 수준에 대한 어떤 염려를 하고 있을 가능성이 높다. 상상적 시나리오에 아이가 마음속으로 반응하는 방식의 측면에서 아이의 불안을 생각해 보자.

- 아이는 항상 최악의 시나리오를 떠올리는 것으로 보이는가?
- 아이가 긍정적인 면보다는 부정적인 면에 집중하기를 '선택'하는 것 때문에 좌절한 적이 있는가?
- 아이가 일이 잘 진행될 가능성을 과소평가하고 잘 진행되지 않을 것이라고 믿기를 '선택'하는 것으로 보이는가?
- 모든 일이 잘 풀리고, 아이가 두려워하던 부정적인 사건이 일어나지 않았음이 밝혀졌을 때조차도 아이는 이로부터 새로운 것 배우기를 '거부'하거나 다시 안 좋은 방향으로 일이 진행될 수 있다고 믿는 것처럼 보이는가?

나는 적절한 단어가 아니기 때문에 '선택'과 '거부'라는 단어를 따옴표 안에 두었다. 아이들은 사실 그들이 상상하는 부정적 시나리오를 믿을 것인지 또는 긍정적 시나리오를 믿을 것인지를 선택하지 않는다. 물론 어른들 또한 선택하지 않는다. 하지만 당신이 불안이 높은 아이의 부모라면, 자녀가 불안한 말들, 행동들, 또는 믿음들에 집요하게 집착하고 있는 것처럼 보일 수 있다. 만약 자녀가 불안한 마음을 접고, 덜 걱정하기를 선택할 수 있다고 믿는다면, 당신은 불안해하는 아이의 모습에 울화가 치밀고, 결국 아이에게 화를 내고 짜증을 내게 될 것이다. 그렇지만 인간의 뇌는 각기 다른 방식으로 기능하고, 어떤 아이들은 그들이 원하든 원하지 않든 다른 아이들보다 더 불안해한다는 것을 이해하는 것은 매우 중요하다. 이것은 그들을 안전하고 문제가 없도록 지켜 줄 때에는 좋을 수 있다. 하지만 실제로 위험하지 않은 것을 피하기 위해 더 취약하게 만듦으로써 문제가 될 수 있다.

위험과 보상의 균형을 맞추는 합리적인 판단을 내리는 데 필요한 두 가지 기술을 다시 떠올려 보자. 즉, ① 다른 사건들의 발생 가능성을 추정하는 기술, ② 그 사건이 일어났을 때 발생하는 결과들이 얼마나 좋거나 나쁜지 가치를 매기는 기술이다. 〈표 1-1〉은 긍정적이고 부정적인 '가치를 매기는 것'이 무엇인가에 대한 예시를 보여 준다. 아이가 불안이 있다고 말할 때, 우리는 보통 아이가 이 두 가지 능력들을 어떻게 사용하는지 예측 가능한 패턴을 보여 주는 것으로 설명한다. 불안한 아이는 전형적으로 나쁜 일이 일어날 가능성을 과대평가하고, 좋은 일이 일어날 가능성을 과소평가할 것이다. 불안한 아이는 또한 나쁜 일들을 극도로 부정적인 것으로 보고(높은 가치를 매김), 이는 덜 불안한 사람들이 타당하게 생각하는 수준을 넘어선다. 한편, 불안한 아이는 종종 좋은 일들을 덜 긍정적으로 보고(낮은 가치를 매김), 잠재적인 좋은 결과들이 자신의 의사 결정에 영향을 덜 끼치게 만든다. 이러한 예측 가능한 사고 패턴의 궁극적인 결과는 무엇일까? 나쁜 일들이 일어날 가능성이 높고 매우 가치가 높은 반면, 좋은 일은 일어날 가능성이 적은데 그다지 좋아 보이지도 않는다면, 불안한 아이들이 모험을 피하고, 더 조심스러운 행동을 하는 것은 놀라운 일이 아니다.

〈표 1-1〉 긍정적인 가치와 부정적인 가치 매기기 예시

	긍정적	부정적
높은 가치	이 여행은 지금까지 중 최고의 여행이 될 거야!	이 여행은 악몽 같을 거야!
낮은 가치	이 여행은 괜찮을 거야.	이 여행은 아마도 지루할 거야.

이런 예측 가능한 패턴을 더 강력하게 만드는 것이 또 한 가지 있다. 불안한 아이들은 나쁜 일들을 잘 떠올리고, 다른 사람은 생각할

수 없는 결과들을 종종 상상한다. 어떤 아이가 하나 혹은 두 개의 확실히 부정적 결과들을 생각하는 상황에서 불안한 아이의 상상은 수많은 부정적 결과들을 소환할 것이다.

생일파티를 하려고 하는데 그 계획을 진행할지 고민하고 있는 아이를 떠올려 보자. 여러 가지 다양한 부정적 혹은 긍정적 시나리오들이 그 아이의 머릿속을 스쳐 지나갈지도 모른다. 아이는 자신의 집에서 모두가 즐거운 시간을 보내고 본인은 친구들 사이에서 더 인기가 많아질 것이라고 상상할 수 있다. 아이는 친구들로부터 멋진 선물을 받는 것을 떠올릴지도 모른다. 아이는 친구들과 함께 즐겁고 멋진 오후를 보낼 것이라고 믿을 수 있다. 반면, 생일을 맞은 아이는 많은 친구들이 참석하지 않는 것과 같은 부정적인 일들을 떠올릴지도 모른다. 또는 파티가 제대로 진행되지 않아서 손님들이 재미없어 할 것이라는 상상을 할 수도 있다. 파티에서 무언가 당황스러운 일이 발생해서 학교에 가기 창피하고 부끄럽게 될 수 있다고 상상할 수 있다. 또는 친구들이 자신에 대해 험담을 하고, 심술궂고 불친절한 말을 할 수 있다고 상상할지도 모른다.

일들이 잘 진행되지 않아 결국엔 애초에 파티를 연 것을 후회할 것이라는 후자와 같은 일련의 시나리오들은 불안한 아이들에게는 훨씬 가능성이 높고 설득력 있게 보일 것이다. 나쁜 일들의 높은 가치는("끔찍할 거야" 또는 "재앙" 또는 "세상의 종말") 그들이 낮게 가치 매긴 잠재적인 좋은 일들을 능가할 것이다("괜찮을 거야" 또는 "좋아"). 불안한 아이들은 파티를 망칠 태풍이나 화재, 누군가가 수영장에서 익사하는 일, 모두가 케이크에 있는 독을 먹는 일, 또는 생일 주인공이 손님들 앞에서 토하는 일과 같이 덜 불안한 아이들은 떠올리지 않는 부정적인 시나리오를 생각하기도 한다.

당신의 아이가 불안이 높다면, 아이는 모든 나쁜 일이 일어날 가능성을 무시하거나 좋은 일들만 일어날 것이라고 믿기로 단순하게 선택할 수는 없다. 나쁜 일들이 그렇게 끔찍하지는 않을 것이라고 판단할 수도 없다. 불안 수준이 높은 아이가 왜 파티를 취소할 가능성이 높은지를 이해하기는 어렵지 않다. 위험할 만한 일 같지 않지만, 파티를 열고 이런 위험을 감수하는 것이 불안한 아이들에게는 일확천금을 노리는 계획에 당신의 전 재산을 투자하는 것과 같이 무모하고 멍청한 것처럼 느껴질 것이다.

▼
어떤 아이들은 왜 불안과 씨름하는가?

불안이 높은 자녀를 둔 부모로부터 흔히 받는 질문들은 다음과 같다.

- 왜 이런 일이 발생하나요?
- 어째서 다른 아이들은 이런 문제가 없는 건가요?
- 둘째(middle child)라서 그런가요?
- 우리가 무언가를 잘못했나요?
- DNA에 있는 건가요?

내 아이가 다른 아이들보다 더 불안과 씨름하는 것처럼 보인다면, 그 이유가 궁금할 것이다. 정신 건강 과학은 왜 어떤 아이들은 다른 아이들에 비해 더 불안한지에 대한 좋은 답변을 가지고 있지 않다. 우리가 아직 이런 중요한 질문에 대한 확실한 답을 가지고 있지 않다는 것이 놀랍게 보일 수 있다. 하지만 두 가지를 고려한다면, 이러한 사실이 실제로는 놀랍지 않다는 것을 깨달을 것이다.

- 그 첫 번째는 정신 건강과 정서적 행복에 초점을 맞춘 학문인 심리학과 정신의학이 상대적으로 새로운 의학 분야라는 것이다. 불안과 씨름하는 아이들과 어른들은 항상 있어 왔지만, 광범위한 의학 분야 중에서 이러한 문제들을 과학적으로 연구하는 것은 비교적 새롭다.
- 두 번째로 알아야 할 것은 인간의 뇌가 얼마나 복잡하고 도전적이며, 이를 연구할 수 있는 도구가 얼마나 제한되어 있는가이다. 인간의 뇌는 시냅스 망을 통해 연결되어 있는 수백억 개의 신경세포로 구성되어 있고, 가장 정교한 기계보다도 훨씬 더 복잡하다. 어떻게 뇌가 가장 기본적인 수준에서 정상적으로 기능하는지를 이해하는 것은 여전히 연구 중인 엄청나게 어려운 일이다. 뇌를 연구하기 위해 우리가 가지고 있는 도구들 역시 매우 제한적이다.

뇌의 복잡성, 연구를 위해 사용 가능한 도구의 제한성, 그리고 상대적으로 짧은 연구 기간을 감안해 볼 때, 과학은 불안과 다른 문제들에 대해 많은 귀중한 정보들을 제공해 주었다. 하지만 왜 다른 아이들과는 달리 어떤 아이들이 높은 불안으로 고통받는지에 대한 명확한 답은 아직 없다. 그리고 그 질문에 대한 한 가지 답만 있는 것 같지도 않다. 외적이고 환경적인 요소뿐만 아니라 내적이고 생물학적인 요소를 포함한 여러 가지 요인이 아동의 불안 수준에 영향을 미칠 수 있다. 어떤 아이들은 유전적으로 물려받고 무작위로 결정된 그들의 DNA 특징들의 조합을 통해 불안이 더 높은 경향성을 가지고 태어난 것처럼 보인다. 여기서 DNA는 생명체의 특성을 결정짓는 유전자 코드이다. 오랫동안 단일 유전자에 의해 결정된다고 생각되어 온 눈 색깔과 같은 단순한 특성조차도 기존에 과학자들이 믿었던 것보다 더 복잡하다는 것이 밝혀졌듯이 단일한 '불안 유전자'는 없다.

주산기 환경에서 시작하여 출생 이후 지속되는 아동의 양육 환경과 같은 환경적 요소도 역할을 할 수 있다. 대부분의 경우, 환경은 이미 존재하고 있는 생물학적·유전적 요소들에 영향을 미칠지도 모른다.

때때로 특정 환경적 요소가 아동의 불안을 야기했다고 가정하는 것은 솔깃한 일이다. 부모들과 치료자들 모두 이런 함정에 빠지기 쉽다. 예를 들어, 입양된 아이라면, 부모가 이혼했다면, 부모가 자주 다툰다면, 아이가 학교에서 괴롭힘을 당해 왔다면, 학문적으로 뛰어나다면, 만성적인 질환을 가지고 있다면, 뚱뚱하다면, 또는 사랑하는 사람을 잃었다면, 이것이 불안 문제의 이유라고 가정하는 것은 자연스럽다. 물론 이러한 문제들 때문에 아이들이 불안하거나, 이러한 요소들에 대해 아이들이 불안감을 느끼는 것일 수 있다. 하지만 이 요소들이 없었다면 이 아이가 불안해하지 않았을 거라고 할 수는 없다. 아이는 알지 못하거나 알 수 없는 이유로 불안해할 수 있고, 이러한 알려진 요소들은 단지 설명이 불가능한 어떤 것에 설명을 걸기 위한 '갈고리' 역할을 하는 것일 수 있다. 물론 아이들에게 건강하고 안정적인 환경을 제공하기 위해 할 수 있는 것은 무엇이든 해야 하지만, 아이의 불안 문제가 아이 삶의 특정한 특성의 결과라고 가정하는 것은 잘못된 것이다.

그래서 무엇을 할 수 있을까? 아이가 왜 불안한지를 아는 데 의존하지 않고 불안을 극복할 수 있는 효과적인 방법들이 있다. 다른 의학 분야에서도 의사들이 환자가 왜 문제가 있는지를 알지 못해도 효과가 있기 때문에 사용하는 많은 치료법들이 있다. 이 책은 부모인 당신 자신의 행동을 변화시킴으로써 불안을 줄이는 방법에 중점을 두고 있다. 다음 장에서 당신은 추가적인 치료 방법들에 대해 읽을 것이다. 그리고 아이에게 최대한 많은 도움을 줄 수 있도록 다양한 옵션들을 고려해 보기를 바란다.

▼
불안과 관련된 문제들은 얼마나 흔한가?

불안 문제들은 아동과 청소년에게 가장 흔한 정신 건강 문제이다. 보다 구체적으로, 여러 연구들은 유치원생부터 청소년의 5%에서 10% 정도가 현재 불안 문제를 겪고 있다고 밝히고 있다. 중간값인 7.5%(최근의 한 대규모 연구에서 보고된 것과 매우 근접한 수치인)를 가지고 와 보면, 이는 어느 시점이든 25명의 어린이들이 있는 일반적인 교실에서 두 명의 학생이 불안 문제를 경험할 것으로 예상된다는 것을 의미한다. 당신의 아이가 불안 문제를 가지고 있다면, 그 아이만 겪는 문제는 아닐 것이다. 만약 얼마나 많은 아이들이 지금 불안 문제를 겪고 있는지 대신, 얼마나 많은 아이들이 불안 문제를 경험할 것인가를 물어본다면 그 수치는 더 높아질 것이다. 자료는 아이 세 명 중 한 명꼴로 청소년기가 끝나기 전 어느 시점에서 불안 문제를 겪을 것이라고 이야기하고 있다.

이는 매우 높은 수치이며, 다음과 같은 질문을 제기한다. 왜 불안이 이렇게 만연해 있는가? 유병률이 증가하고 있는가? 그래서 어떻게 해야 하는가? 소셜 미디어에의 몰입, 또는 성취와 평가 중심적인 경향과 같은 현대사회의 특정 요소들이 아이들을 더 불안하게 만들지도 모른다. 하지만 오늘날 불안해하는 대부분의 아이들은 다른 시대에서도 불안과 씨름했을 것이다. 단지 과거에 비해 아동 불안에 대한 우리의 인식이 높아지고 이를 감지할 가능성이 더 높아진 것뿐이다.

▼ 불안 문제 또는 불안장애?

이 책 전반에 걸쳐 나는 아이들을 '불안장애가 있는'보다는 '불안 문제가 있는' 또는 '불안이 높은'과 같은 표현을 사용하여 설명할 것이다. 이러한 선택에는 많은 이유가 있지만, 당신은 원하는 용어로 바꿀 수 있으며 의미는 변경되지 않을 것이다. 더 의학적인 용어인 '불안장애'를 피하는 이유 중 하나는 이 책에서 설명된 도구와 전략이 도움이 되기 위해 아이가 실제로 장애를 가질 필요는 없기 때문이다. 당신의 아이가 약간 불안할 뿐이고, 불안장애의 공식적인 진단 기준을 충족하지 못할지라도, 당신은 여전히 아이들이 좀 더 잘 대처하고 불안을 줄일 수 있도록 도울 수 있다. 사실 아이의 불안 수준이 공식적인 진단을 받을 정도에 도달하지 않도록 중간 정도(또는 '준임상적인')의 불안을 겪고 있는 아이를 도와주는 것은 특히나 중요하다.

공식적인 진단과 장애들에 중점을 두지 않는 또 다른 이유는 이러한 진단들이 사실 꽤 임의적이고, 아동이 불안장애가 있는지 아닌지를 판단하는 것은 궁극적으로는 주관적이기 때문이다. 불안장애의 존재를 결정지을 수 있는 혈액 검사나 엑스레이 검사는 없기 때문에, 그 결정은 아동이나 그 부모가 불안이 아동의 삶을 유의미하게 방해한다고 믿는지에 달려 있다. 당신이 이 책을 읽는다면, 당신은 아마도 불안이 당신 자녀를 덜 행복하게 만들거나 기대되는 것보다 잘 기능하지 못하게 만드는 중요한 요소라고 느낄 것이다. 이런 경우, 이 책에서 제공하는 전략들은 아마도 공식적인 진단과는 상관없이 당신에게 도움이 될 것이다.

장애가 아니라 불안 문제에 초점을 맞춘 또 다른 이유는 불안장애들이 높게 '공병'되기 때문이다. 즉, 아이가 하나의 불안장애가 있다면 그 아이가 최소한 하나 이상의 다른 불안장애도 있을 가능성이 있다. 정신 건강 전문가들은 불안의 주된 '촉발요인'(예컨대, 당신의 자녀가 고양이를 두려워하는가? 또는 사회적 상황을 두려워하는가?)과 불안이 표현되는 주된 방식(예컨대, 당신의 자녀가 주로 걱정을 하는 사람인가? 또는 신체적으로 극도로 불안해지는가?)에 근거하여 불안장애들을 특정적이고 분리된 장애로 분류한다. 이처럼 분리된 카테고리는 어떤 목적들을 위해서는 유용하게 사용될 수 있지만 이 카테고리들이 완전히 구분된 독립체는 아니며, 고양이와 사회적 상황을 모두 두려워하는 아이는 다양한 상황에서 불안감을 보이는 단순히 불안이 높은 아이일 수 있다.

마지막으로, '장애'라는 용어는 이것이 문제를 단순히 **묘사**하기보다는 문제에 대한 **설명**을 시사하는 것처럼 보이도록 혼란을 줄 수 있다. 당신의 아이가 불안장애가 있다는 것을 아는 것은 아이가 경험하는 불안과 관련된 어려움의 수준이 임상적인 주의를 기울일 필요가 있을 만큼 충분히 높다는 것을 의미한다. 그리고 그 장애에 대해 더 알게 되는 것이 당신의 아이를 더 잘 이해하는 데 도움이 될 수 있다. 예를 들어, 당신이 불안과는 관련짓지 않았던 특정 행동들이 실제로는 불안장애 증상이라는 것을 알게 될지도 모른다. 하지만 당신의 아이가 불안장애가 있다는 것을 아는 것이 왜 아이가 불안한지를 설명하지는 않는다. 이는 단지 아이가 그렇다는 것을 인정하는 것뿐이다.

▼ 불안은 어떤 모습을 띠는가?

불안은 여러 가지 방식으로 나타난다. 예를 들면 다음과 같다.

- 아이가 밤에 잠들지 못해요. 아이의 마음은 과속으로 달리는 차에 갇혀 있는 것만 같아요.
- 아이는 새로운 것을 전혀 시도하지 않아요. 아이는 매일매일 같은 것만 하고 싶어 해요.
- 아이는 모든 것에 과민반응해요.
- 아이는 우리가 그날그날의 상세한 계획이 없는 것을 참을 수 없어 해요.
- 아이는 절대 결정을 내리지 않아요. 결정 내리는 것을 싫어해요.
- 아이는 항상 심술궂게 보여요.
- 아이는 아주 사소한 일에도 매우 당황할 거예요.
- 아이는 친구를 원한다고 하지만 가까워지려는 사람들을 모두 못 본 척해요.
- 아이는 항상 미래를 열 걸음 앞서서 생각해요.

불안은 아이들에 따라 매우 다른 모습을 띨 수 있다. 네 개의 분리된 영역에서의 아이의 기능과 불안이 어떻게 다른 방식으로 각각의 영역에 영향을 미칠 수 있는지를 생각하는 것이 유용하다. 네 개의 영역은 **신체, 사고, 행동과 감정**이다. 당신 아이의 불안은 네 개의 영역 모두에 어느 정도 영향을 미치고 있을 것이다. 하지만 어떤 아이들은 하나의 영역이 가장 많이 영향을 받을 것이고, 다른 아이들에게는 또 다른 영역이 될 것이다. 예를 들어, 당신은 자녀의 생각과 행동의 변화는 대부분 인지하지만, 신체와 감정에서의 변화는 그만큼 알아차리지 못할 수 있다. 또는 당신 아이는 신체에서 가장 불안해 보이고, 다른 영역에서는 그렇지 않을 수도 있다. 다양한 영역들에 대해 읽으면서 각각이 아이에게 어떻게 적용되는지 생각해 보고, 이 책 마지막 부분의 부록 A에 있는 워크시트 1(불안이 아이에게 어떻게 영향을 미치는가?)를 사용해서 불안이 아이에게 영향을 미치는 다양한 방식을 작성해 보라.

신체

신체 영역은 아이의 모든 신체적 경험, 심지어 아이가 알아차리지 못하는 신체적 경험까지를 말한다. 아이가 불안할 때, 신체적 기능이 꽤 변할 수 있고, 자주 불안해하는 것은 시간이 지남에 따라 장기적인 신체적 변화를 가져올 수 있다. 아이가 불안해할 때 아이의 몸이 어떤지 생각해 보자. 아이의 근육은 더 뻣뻣하고, 팽팽하거나, 경직되어 보일 수 있다. 아이의 호흡은 빨라지고 더 가빠질지도 모른다. 어떤 아이들은 불안할 때 떨리고, 현기증이나 메스꺼움과 같은 감각을 느낄 것이다. 그들의 위장이 다르게 느껴질 수 있다. 예를 들어, 경련이 나거나, 아프거나, 속이 안 좋을 수 있다. 어떤 아이들은 불안 때문에 땀이 나거나 입이 마르는 것을 알아차릴 수 있을 것이다. 그들은 기분이 이상하거나, 낯설거나, 심장이 두근거리는 것 같은 다른 신체적 감각을 다양하게 호소할지도 모른다. 당신의 자녀가 알아차리지 못하는 신체적 변화들도 있을 것이다. 이 중 안절부절못하거나 씰룩거리는 것이 심해지는 것과 같은 몇 가지는 당신이 알아차릴지도 모른다. 하지만 동공 확장이나 체온 변화와 같은 것은 아마도 전혀 알아차리지 못할 것이다.

우리가 불안을 느낄 때 이러한 몸의 변화가 일어나는 것은 정상이다. 이는 인간이 위험한 상황에 대처하는 것을 돕기 위해 진화한 단기적인 '투쟁-도피 반응'을 구성한다. 신체는 싸우거나 도망칠 태세를 갖춤으로써 위험 신호에 반응한다. 하지만 실제적인 위험이 존재하지 않거나 투쟁-도피 반응이 적절하지 않아서 당신의 자녀가 이러한 것들을 할 수 없을 때, 아이는 이러한 느낌을 참고 견뎌 내야 되고 이런 경험들은 매우 불쾌할 것이다. 아이가 많은 시간을 불안해한다면, 투쟁-도피 반응의 반복된 활성화는 큰 피해를 줄 수 있다. 아이는 두통, 요통, 복통과 같은 더 심한 고통과 통증을 호소하기 시작할 것이다. 불안은 또한 잠들거나 휴식하는 것을 어렵게 만들고, 편안한 휴식 시간의 상실은 기분, 집중력 및 전반적인 건강에 부정적인 영향을 미칠 수 있다.

건강한 아동에게 있어 불안과 관련된 단기적인 신체적 감각이 위험하지 않다는 것을 아는 것은 중요하다. 심장 두근거림과 숨 가쁨은 당신의 자녀뿐만 아니라 당신에게도 두려울 수 있다. 하지만 당신 아이의 몸은 단지 두려움을 느낄 때 하기로 되어 있는 것을 하고 있는 것뿐이다. 당신 아이의 몸은 빠르게 달리기를 하거나, 공놀이를 하거나, 형제들과 거칠게 놀 때처럼 불안할 때도 열심히 일한다. 뛰거나 놀 때는 왜 아이의 몸이 흥분되어 있는지 알기 때문에 그렇게 두렵지 않다. 그러나 불안이 원인일 때도 안전하다. 아이가 뛰거나 날뛰는 것을 멈춘 직후처럼, 불안 시기 이후 아이의 몸은 천천히 긴장을 풀고 더 느려진 심박수와 더 깊은 호흡과 함께 정상적인 활동 상태로 돌아올 것이다. 두려움을 느끼는 것 또한 빠르게 당신 아이의 몸을 과속 상태에 빠지게 할 것이다. 하지만 시간을 주면 서서히 멈추고 돌아올 것이다. 특별한 것을 하지 않아도 몸은 스스로를 진정시킬 수 있다는 것을 배우게 되면 매우 안심이 된다. 당신 아이가 어떻게 스스로를 진정시키는지 모르더라도, 당신이 자녀를 진정시킬 수 없더라도, 시간을 준다면 아이의 신체는 스스로 할 것이다.

사고

우리가 어떻게 느끼는가는 우리를 둘러싼 세상을 어떻게 보고 생각하는가에 강한 영향을 준다. 이 장 초반부에 당신은 불안한 아이들의 사고 방식이 덜 불안한 아이들과는 다르다는 것을 읽었다. 불안한 아이들은 ① 부정적인 시나리오를 상상하는 것에 매우 능숙한 경향이 있고, ② 부정적인 가능성에 높은 가치를 부여하는 경향이 있어서 다른 아이가 보는 것보다 더 안 좋게 보며, ③ 부정적인 사건들이 실제보다 일어날 가능성이 더 높다고 인식하는 경향이 있다. 평소에는 불안하지 않은 사람들도 그들이 불안감을 느낄 때 부정적인 사건이 일어날 가능성을 높게 추정할 수 있다. 흥미롭게도, 일어날 가능성이 높아 보이는 것이 우리를 불안하게 만드는 것은 아니다. 우리가 불안할 때 **모든 부정적인 사건들이** 일어날 가능성이 더 높아 보이는 것이다. 이것이 불안한 아이들이 걱정에 쉽게 사로잡히는 이유 중 하나이다.

　불안한 아이의 생각에서 알아차렸을 수 있는 또 다른 것은 아이가 다른 것에 주의를 기울일 수 있는 능력을 희생하면서까지 얼마나 자신의 불안에 집중하는가이다. 때때로 아이는 다른 것에 대해서는 이야기하고 싶어 하지 않는 것처럼 보일 수 있다. 하지만 아이의 입장이 되어 보면, 왜 이런 일이 발생하는지 쉽게 이해할 수 있다. 인간의 뇌는 위협을 제일 먼저 생각하고 다른 모든 것들을 나중에 고려하도록 발달되었다. 우리가 위협을 감지했을 때 그 위협이 처리될 때까지 다른 것들을 보류하는 것은 당연하다. 당신이 저녁을 준비하면서 직장 동료와 일에 관련된 중요한 이슈로 통화하고 있다고 상상해 보자. 당신의 부엌에서 갑자기 뜨거운 기름 때문에 작은 불이 나기 시작했다면 어떻게 할 것인가? 아마도 당신은 전화를 끊고 불을 끄는 데 집중할 것이다. 일과 관련된 대화가 중요하지 않은가? 물론 중요하다. 하지만 그것은 나중에 해야 할 일이다. 당신의 뇌는 지금 당장 우선시되어야 할 것이 무엇인지를 선택해야만 한다. 그리고 다들 알다시피 안전이 최우선이다. 이제 아이의 머릿속에 어떤 것이 있는지 생각해 보자. 만약 아이가 불이 나서 빨리 꺼야 할 것만 같은 기분으로 하루 종일을 보낸다면, 다른 모든 것들은 뒷전으로 밀려날 수밖에 없다. 예를 들어, 당신의 뇌가 교실에 불이 난 것처럼 느낀다면, 선생님의 말씀에 집중하는 것은 말이 안 된다. 부엌에 실제로 불이 났을 때, 당신은 불을 끄기 위한 행동을 하고, 그 후에 업무 통화와 같은 다른 것들을 다시 생각할 수 있다. 하지만 당신의 아이가 불안할 때는, 불은 상상 속에만 존재하는 것이기 때문에 실제로 불을 끄기 위해 취할 수 있는 행동은 없을 것이다. 그 결과 당신의 아이가 좁은 시야를 가지고 불안과 걱정을 생각하는 데에만 초점을 맞추며 그곳에 사로잡혀 있는 것처럼 보일 수 있다. 불안으로부터 영향을 받는 것이 우리가 머릿속에서 한 글자 한 글자 생각하는 것들만이 아니다. 어떻게 주의를 할당할 것인가도 매 초 또는 더 빠르게 불안으로부터 영향을 받는다. 심리학자들은 불안 유발 자극에 더 많은 주의를 기울이는 경향을 '주의 편향'이라고 부른다. 그리고 불안한 아이들은 이러한 편향이 있는 경향이 있다. 우리의 뇌는 우리를 둘러싼 세계로부터 시각, 소리, 냄새들로 항상 넘쳐난다. 너무 많아서 인간의 뇌가 모든 자극에 동일하게 주의를 기울이는 것은 불가능하다. 그래서 우리의 뇌는 항상 선택을 하고 있다. 당신의 메일함을 살펴보고 중요하지 않은 것들은 미리 걸러 내서 당신이 중요한 몇 가지에만 집중할 수 있도록 도와주는 비서가 있다고 상상해 보자. 그 비서는 모든 메일과 스팸의 일부분만을 선택하여 당신이 좁은 부분에 집중할 수 있도록 도와주는 것이다.

또는 방에 들어간다고 상상해 보자. 당신은 아마도 다른 사람을 보거나 강한 냄새를 맡는 것과 같이 특정한 것들을 알아차릴 것이다. 당신이 특별히 관찰력이 좋은 사람이라면, 벽지 색깔, 의자의 개수, 또는 카펫의 무늬를 알아차릴 수도 있다. 하지만 당신이 알아차리지 못하는 많은 것들도 있는데, 흥미롭게도 당신이 알아차리는 것들은 무작위가 아니다. 예를 들어, 방으로 들어가는 대부분의 사람들은 다른 누군가가 있는지를 알아볼 것이다. 하지만 소수의 사람들은 창문이 열려 있는지 닫혀 있는지를 말할 수도 있다. 방에서 무기를 보았다면, 당신은 확실히 알아차릴 것이다. 왜냐하면 당신의 뇌는 위험할 수 있는 것에 대해 알기를 원하기 때문이다. 이것은 마치 당신의 비서가 메일을 살펴보고 의심스러운 것을 찾아내는 것과 같다. 비서는 분명히 다른 어떤 것보다 그것에 당신이 주목하도록 할 것이다.

당신 아이의 뇌 역시 무엇을 알아차리고 무엇에 주의를 두지 않을 것인가에 대해 끊임없이 선택을 하고 있다. 그리고 이러한 선택들 또한 무작위가 아니다. 당신 아이들이 불안이 높다면 그들은 중립적이거나 안전해 보이는 것보다 자신을 불안하게 만드는 것들에 더 많은 주의를 둘 것이다. 그들에게는 더 많은 것들이 위협이 되기 때문에 그들은 이들로 인해 더 바쁘고 다른 것들에 관심을 기울일 여유가 없을 것이다. 이는 마치 당신 아이의 비서가 무해한 편지를 살인협박으로 잘못 이해하고, 새로운 위험에 대해 알려 주기 위해 끊임없이 들이닥쳐서, 다른 모든 것을 방해하는 것과 같다. 심리학 연구들은 불안한 아이들이 의식적으로 정보를 처리하는 속도보다도 빠르게 위협적인 자극에 주의가 편향되어 있음을 보여 왔다. 불안한 아이에게 중립적인 그림과 무서운 그림 두 개를, 의식적인 수준에서 사진을 처리하기에 충분하지 않은 0.5초의 시간 동안 보여 주었다. 아이들의 주의는 이미 무서운 그림에 사로잡혀서 다른 그림에는 관심을 기울이지 못할 것이다.

당신은 원하지 않는데도 갑자기 생각이 떠오른 적이 있는가? 어떤 것에 대한 생각을 하지 않으려고 노력하는데도 계속 떠오른 적이 있는가? 우리는 의도하지 않은 생각들을 할 수 있고, 따라서 그 생각이 우리를 나타내지 않음을 아는 것은 불안한 아이를 이해하는 데 있어 아주 유용한 통찰(insight)이다. 당신의 불안한 아이는 자신도 원하지 않는 무섭거나, 걱정되거나, 당혹스러운 생각들을 할 것이다. 만약 이 모든 생각들을 어떤 깊은 수준에서 당신의 아이가 누구인지 나타내는 것으로 받아들이게 된다면, 아이의 뇌가 정말 이상해 보일 수 있다. 하지만 당신의 아이가 이런 생각들을 한다고 해서 특별히 이상한 것은 아니다. 우리 모두는 조금 이상한 뇌를 가지고 있다. 물론 당신은 마음속에서 떠올리는 모든 생각을 다른 누군가가 아는 것을 원하지 않을 것이다. 왜냐하면 당신은 많은 생각들을 가지고 있는데, 그중 어떤 것은 타당하고, 합리적이며, 정돈되어 있지만, 어떤 것은 지저분하고, 터무니없고, 뒤죽박죽이거나 죄책감이 드는 생각이기 때문이다. 인간의 뇌는 바로 그런 것이다! 당신의 자녀는 다른 생각을 하는 것이 아니라 다른 아이들에 비해 더 불안한 생각을 하는 것이다.

우리는 생각하는 것을 멈출 수 없다

당신의 아이에게 "그런 생각하지 마" "그걸 걱정할 필요는 없어" 또는 "집착하지 마"와 같은 말을 하려고 한 적이 있는가? 당신이 그런 적이 없더라도 분명 누군가는 아이에게 이런 충고를 해 왔을 것이다. 그만큼 그 충고들이 전혀 도움이 되지 않았을 거라는 것 또한 자명하다. 당신의 아이가 자신의 의지로 불안한 생각들을 없앨 수 있었다면, 이미 예전에 그렇게 했을 것이다. 진실은 **우리가 생각하는 것을 우리가 고를 수 없다는 것이다.** 우리의 뇌는 우리가 원하지 않는 수많은 생각들을 제공할 것이고, 그것에 대해 우리가 할 수 있는 것은 그리 많지 않다. 사실, 생각하는 것을 멈추려고 노력할수록 더 생각하게 될 것이다. 당신의 뇌와 싸워 억지로 무언가에 대해 생각하지 않으려고 하거나 당신을 불편하게 하는 무서운 생각을 떨쳐 내려고 하는 것은 대부분 반대 효과를 낳는다.

어떤 아이들은 불쾌하거나 무서운 생각을 밀어내는 데 끝없이 갇혀 버리고, 결국은 그 생각이 더 자주 일어나게 되는 것이 불안 문제의 많은 부분을 차지한다. 이는 학교에서의 좋은 성적이나 건강하게 지내는 것과 같이 평범한 걱정과 함께 발생할 수 있다. 당신의 아이는 걱정하고 걱정하지 않으려고 노력하는 무한 굴레에 갇혀 버린 것일지 모른다. 이는 강박장애에서 보이는 강박적 사고와 함께 발생할 수도 있다. 강박사고는 머리로는 원하지 않지만 계속해서 떠오르는 생각이나 감정을 말한다. 강박사고를 겪는 아이들은 원치 않는 생각들을 없애기 위해 엄청난 시간과 에너지를 쓰지만, 항상 그 생각이 계속 떠오르거나 심지어 더 나빠지는 것처럼 느낀다.

행동

당신의 아이가 하거나 하지 않는 모든 행동은 불안에 영향을 받는다. 불안 시스템의 임무가 우리를 위험으로부터 안전하게 지키는 것임을 기억하라. 이 임무를 위한 불안 시스템의 주된 방법은 우리에게 불안을 촉발하는 것들을 피하도록 만드는 것이다. 만약 불안 시스템이 우리가 반대로 행동하도록(불안을 촉발하는 것들에 다가가도록) 한다면 불안 시스템은 우리가 해를 입지 않도록 하는 임무를 제대로 수행하지 못하고 있는 것이다! 당신은 아이가 불안 때문에 하기를 꺼려 하거나 매우 힘들게 하는 일이 있다는 것을 눈치 챘을 것이다. 가령, 태풍을 무서워하는 아이는 흐린 날에는 밖에 나가지 않으려 할 것이다. 그리고 사회적 상황을 두려워하는 아이는 교실에서 발표를 해야 하는 날에는 학교를 빠지려고 할 것이다. 그것은 단지 그들의 불안 시스템이 '위험-출입 금지!'라고 말하는 것이다.

불안 문제를 가진 아이들은 시간이 지나면서 그들이 피하는 것들의 범위가 점점 증가하고 넓어지는 경향이 있다. 이것 역시 불안 시스템의 자연스러운 경향이고 많은 상황에서 유용하다. 예를 들어, 당신이 어떤 식당 체인점의 한 지점에서 상한 음식을 먹었다면, 앞으로 그 식당 체인점 중 다른 지점도 가지 않으려고 할 것이다. 당신이 뱀과 불쾌하게 맞닥뜨린 적이 있다면, 앞으로 모든 뱀을 피하게 될지도 모른다. '회피 확산(avoidance-creep: 회피의 범위가 통제를 벗어날 정도로 점점 커지거나 넓어지는 현상)' 또는 **회피 일반화**와 같은 것들은 몇몇 부작용을 가지고 있다. 이는 시간이 지날수록 아이의 불안이 그들의 일상생활 기능에 점점 더 심각한 영향을 미친다는 것을 의미한다. 당신의 아이가 많은 것들을 피하게 될수록 아이가 안전하게 느끼는 장소와 상황은 점점 더 줄어들 것이다.

회피는 추가적인 부작용을 더 가지고 있다. 당신의 아이가 불안 때문에 어떤 것을 피할 때, 아이가 실제로 그것이 위험한지를 파악할 수 있는 기회가 거의 없게 된다. 가령, 아이가 발표해야 하는 날에는 학교에 절대 가지 않는다면, 아이는 발표하는 것이 정말 상상한 대로 나쁜 것인지를 판별할 기회를 가질 수 없다. 또한 자신이 이 두려움에 대처하고 견뎌 낼 수 있는지를 알아볼 기회도 상실하게 된다.

불안과 회피는 아이에게 무언가를 하지 않게 할 뿐만 아니라 무언가를 하도록 만들 수도 있다. 태풍을 무서워하는 아이의 사례를 살펴보자. 그 아이의 두려움은 흐린 날에 밖에 나가지 않도록 만들고 있다. 하지만 그 두려움은 일기예보를 하루 종일 수차례 확인하거나, 태풍이 오는지를 어른에게 반복적으로 묻는 것과 같이 불안하지 않다면 하지 않을 일들을 하게 만들 수 있다. 회피(흐린 날에 외출하지 않기)와 마찬가지로 불안이 아이로 하여금 하게 만드는 일들 역시 일상생활을 방해하고, 시간과 에너지를 쓰게 만들고, 다른 것들에 집중할 수 없게 만든다. 회피처럼 불안한 아이들이 불안 때문에 하는 일들의 목록은 시간이 갈수록 점점 더 늘어날 수 있다.

불안이 행동에 끼치는 어떤 영향은 그것이 불안으로부터 온 것이라는 걸 알아차리기가 다소 어렵다. 아이가 두려운 상황을 피하거나 날씨를 여러 번 체크할 때, 그 행동이 태풍에 대한 공포와 관련되어 있다는 것을 알아차리기는 꽤 쉽다. 그렇지만 다른 행동의 변화들은 그렇게 명확하지 않다. 생활 습관의 변화들은 불안의 영향일 수 있다. 예를 들면, 다음과 같은 것들이 있다.

- 불안한 아이는 밤에 자주 깨거나 악몽을 꾸는 것과 같이 수면에 어려움을 겪을 수 있는데, 이러한 수면 문제와 불안과의 연관성이 처음에는 명확하지 않을 수 있다.
- 아이의 식사 패턴 및 식욕의 변화 또한 높은 불안에 의한 것일 수 있다. 이때 식욕의 증가와 감소 모두 포함된다.
- 불안은 아이의 기분에도 영향을 미쳐서 아이가 더 화를 내거나 부모 또는 형제와 더 자주 싸우는 모습을 보일 수 있다.

당신 아이에게 이러한 변화가 있다면, 이는 불안과 관련된 것일 수 있다. 또는 이런 변화가 불안과 관련된 것이 아닐 수도 있다. 하지만 아이의 이러한 행동들이 평소의 모습과는 다르고, 아이가 높은 불안을 경험하고 있다는 다른 징후가 있다면 이러한 변화들 또한 불안과 관련되어 있을 가능성이 분명히 있다.

행동의 변화가 공포 및 불안과 직접적으로 관련이 있을 때조차도 처음에는 그 연관성을 알아차리기가 쉽지 않다. 가령, 분리불안이 있는 아이는 밤에 혼자 깨어 있는 것이 무서워서 소변 실수를 시작할 수 있다. 또는 침대나 욕실에 혼자 있는 것이 무서워서 잠자리에

들 시간이나 샤워 시간에 평소와는 다른 반항적인 모습을 보일 수 있다. 아이들의 행동에 이런 변화가 보인다면 불안과 관련되어 있을 가능성을 고려해 보자. 무엇 때문에 이런 것들을 하기 힘든지 아이에게 물어보고, 단순히 말을 안 듣거나, 순응하지 않는 아이로 생각하지 말아야 한다.

    불안한 아이들에게서 흔히 나타나는, 부모들을 끝없이 힘들게 만드는 또 다른 행동 변화는 아이가 부모에게 지나치게 들러붙는 것이다. 이 책을 통해 당신은 부모가 자녀의 불안 문제에 얼마나 자주 관여하는지와 불안한 아이들이 부모 곁에 있고 싶어 하는 것이 얼마나 자연스러운지를 알게 될 것이다. 부모로서 당신의 존재 자체가 자녀에게는 불안을 낮춰 주는 효과가 있다. 따라서 불안한 아이들이 그들의 부모 가까이 머물기 위해 여러 가지 방법을 찾는 것은 놀라운 일이 아니다. 아이는 당신의 손을 잡거나 무릎에 앉는 것과 같이 당신과 가능한 한 많이 접촉하면서 신체적으로 옆에 있기를 원할 것이다. 또는 끊임없이 질문하거나 사소해 보이는 이유로 다른 방에서 당신을 부르는 것과 같이 가능한 한 많이 당신과 상호작용하기를 원할지도 모른다. 당신과 같은 장소에 있지 않을 때조차도 아이는 전화나 문자를 통해 여전히 당신과 접촉하기를 원할 것이다. 아이가 이유 없이 관심 받기를 원한다거나, 나이보다 미성숙하다고 생각하지 마라. 이 책을 통해 당신은 아이가 당신의 도움은 덜 받으며 그들의 불안을 혼자서 더 잘 다루고 감당할 수 있도록 도와줄 여러 가지 방법을 배울 것이다. 하지만 불안 때문에 아이가 평소보다 더 당신과 가까이하기를 요구할 때, 당신의 자녀가 단순히 징징거리거나 어리광 부리는 것이 아니라는 것을 인정해야만 한다.

감정

불안은 아이가 어떻게 느끼는지에도 영향을 준다. 사실 불안은 여러 가지 다양한 방식으로 정서에 영향을 끼칠 수 있다. 이러한 영향들 중 일부는 상대적으로 단순하고 명백한 반면, 다른 것들은 더 미묘하고 감지하기가 어렵다. 정서는 불안과 가장 가깝게 연관되어 있다. 그리고 불안으로부터 기인된 가장 알기 쉬운 정서는 공포이다. 아이가 불안할 때, 아이는 무섭다고 할지 모른다. 또는 아이가 말하지 않더라도 얼굴 표정에서 두려움을 볼 수 있다. 통제되지 않는 공포는 매우 강렬하고 불쾌한 정서일 수 있다. 따라서 아이는 자신의 감정을 가능한 한 빨리 바꾸기를 원할 것이다. 많은 아이들은 공포 영화를 보거나 스릴 넘치는 롤러코스터를 탈 때처럼 몇몇 상황에서는 두려움을 즐기기도 한다. 하지만 이런 감정은 즐길 수 있는 것이다. 왜냐하면 이 공포는 통제할 수 있는 것이기 때문이다. 아이가 무서운 영화를 보려고 고를 때 아이는 선택을 하고 있다. 그리고 아이가 이 정도면 충분하다고 판단될 때 그 상황을 통제할 수 있다는 것을 안다. 불안이 높은 아이들도 이런 상황에서는 두려움을 즐길 수도 있다. 하지만 선택하지 않은, 그리고 통제 불가능한 두려움을 느끼는 것은 매우 다른 경험이고, 이를 즐기는 사람은 극히 드물다.

대부분의 사람은 '투쟁-도피' 문구를 알지만, 많은 사람이 불안의 **투쟁** 요소를 간과한다. 아이가 겁을 먹고 움츠려 있을 때만 불안한 것이라고 생각한다면 당신은 아이의 투쟁 행동을 불안이 아닌 다른 것으로 잘못 이름 붙일 것이다. 화, 공격성, 분노는 위협에 응하여 투쟁 행동을 촉진시킬 수 있는 감정이다. 아이가 성질내고, 짜증 내고, 화를 내거나 분노 발작 또는 분노 폭발하는 모습을 보이기 시작했다면, 이런 변화가 버릇없는 성향보다는 불안과 관련이 있을 가능성을 고려해 보자. 아동 발달을 연구하는 심리학자들은 불안과 분노의 연관성이 매우 강함을 발견해 왔다.

높은 불안 수준은 공포, 분노와 같은 정서를 경험할 횟수를 증가시킬 뿐만 아니라 긍정적인 정서를 감소시킨다. 불안한 아이는 편안하고 평온하며 자신감 있는 감정을 느끼지 못할 것이다. 또한 행복감, 호기심, 신남 또는 친근함을 느낄 가능성이 적다. 당신의 아이가 불안할 때, 아이의 뇌는 다른 목표보다도 아이의 안녕을 보호하는 것에 우선순위를 두는 방어 모드에 들어간다. 아이는 덜 너그럽거나 덜 사교적이고, 평소 즐기는 것들에 대한 관심도 적어 보일 수 있다. 이런 문제들의 일부는 우울증의 증상과 겹치기도 한다. 우울감을 겪는 많은 아이들이 불안 문제도 겪고 있고, 불안한 많은 아이들이 또한 우울한 것은 놀라운 일이 아니다.

지뢰밭에서 살아가기

높은 불안에 고통받는 아이들의 많은 부모들은 자신의 아이들을 경직되어 있고 융통성 없고 변화를 싫어하는 아이로 묘사한다. 불안한 아이가 경험하는 것을 생각한다면 왜 아이가 이렇게 묘사되는지를 이해할 수 있다.

이 책에서 나는 예시를 제시할 것이다. 때때로 특정 아이 또는 가족을 묘사하지만 어떤 때는 다음과 같이 불안을 경험하는 것이 무엇과 같은지를 상상하기 쉽도록 이야기나 은유를 제시할 것이다.

잠시 지뢰밭에 있는 당신을 상상해 보자. 당신은 여기서 벗어나야 하지만 모든 걸음이 폭발로 이어질 수 있다는 것을 알기에 두려울 것이다. 어떻게 지뢰밭에서 나갈 수 있을지를 생각해 보자. 첫째로,

당신은 가능한 한 적은 걸음을 걷고 싶을 것이다. 각각의 걸음이 마지막이 될 수 있는 상황에서 더 많이 걷는 것은 의미가 없다. 당신은 오직 빠져나가는 것에만 집중하고 있어 추가적인 걸음이 필요한 다른 것들은 무시할 것이다. 당신이 몇 미터 떨어진 곳에 있는 아름다운 꽃을 보았더라도 그것을 보러 가지는 않을 것이다. 예쁜 꽃을 보는 것은 좋은 일이다. 하지만 분명 지뢰에 폭파될 위험을 감수할 만큼 가치 있지는 않다. 당신이 빨리 깨달을 수 있는 또 다른 것이 있다. 당신이 다시 뒤로 돌아가야 한다면, 당신이 이미 밟았던 곳만 밟는 것이 훨씬 나을 것이다. 당신이 이미 밟은 자리는 다른 새로운 자리보다 훨씬 안전할 것이다. 새롭다는 것은 시도해 보지 않은, 검증되지 않은, 재앙이 될 가능성이 있는 것을 의미한다. 반면, 반복된 걸음은 안전과 확신을 의미한다.

　당신의 아이가 온 사방이 지뢰로 둘러싸인 곳에서 살아간다고 생각해 보자. 아이의 불안은 자신의 삶이 잠재적인 위험과 재앙으로 가득 찬 지뢰밭과 같다고 느끼게 만들 수 있다. 물론 아이는 추가적인 걸음을 내딛는 것을 원하지 않는다. 아이가 위험한 경험으로부터 멀리 떨어져서 가능한 적게 행동하는 것은 당연할 수밖에 없다. 당신은 아이가 새로운 것을 시도하지 않으려고 하거나 모든 것이 정확하게 같은 방식으로 이루어지길 원하는 모습이 매우 불만스러울 것이다. 하지만 지뢰밭에 있는 아이의 입장에서 이는 자연스러운 모습이다. 당신의 아이는 부정적인 경험의 위험성 때문에 즐겁고 재미있을지도 모르는 많은 경험들을 기꺼이 포기하려고 할 것이다.

- 파티가 재미있을까? 물론이다. 아이가 갈까? 당연히 아니다. 왜냐하면 끔찍할 수도 있기 때문이다.

- 새롭고 낯선 음식이 맛있을까? 그럴 수 있다. 아이가 맛을 볼까? 아니다. 왜냐하면 끔찍한 맛일 수 있기 때문이다.

무언가 다른 것을 하거나 위험을 감수하는 것은 지뢰밭 한가운데서 꽃을 보러 돌아다니는 것처럼 느껴질 수 있다. 즉, 그럴 가치가 없어 보인다.

당신에게는 사소하고 중요해 보이지 않는 변화도 아이가 지뢰밭을 걷고 있을 때에는 위태롭고 위험해 보일 수 있다. 예를 들어, 당신이 다른 길로 학교까지 운전을 해야만 한다면, 당신의 아이는 불안이나 분노로 반응할지 모른다. 당신은 그게 무슨 상관인지 의아해할 수 있다. 그게 바로 중요한 포인트다! 당신의 아이는 그게 문제인지 아닌지를 모른다. 그것을 알아내는 위험을 감수하고 싶어 하지 않는 것이다. 아이의 융통성(예상하지 못한 상황에 대처하는 능력)이 높아지는 것은 아이의 불안을 낮추었을 때 얻을 수 있는 효과 중 하나이다. 하지만 당신의 아이가 불안이라는 지뢰밭을 다니고 있다는 것을 기억한다면, 비이성적이고 불필요해 보이는 아이의 경직되고 융통성 없는 모습을 이해하는 데 도움이 될 것이다.

통제하기

부모들이 불안한 자녀를 묘사할 때 흔히 사용하는 또 다른 단어는 통제하고, 우두머리 행세하거나, 세상이 자기 중심으로 돌아가는 것처럼 행동한다는 것이다. 다시 한번 불안한 아이의 관점에서 삶을 생각해 보면 아이가 왜 그렇게 보이는지를 이해할 수 있다.

방 탈출 카페를 가 본 적이 있는가? 그곳에서는 한 시간 안에 수수께끼와 퍼즐들을 풀어야 하는 단체 활동을 하는데, 문제를 풀 때마다 방 탈출을 할 수 있는 열쇠에 한 발자국씩 가까워지게 된다. 물론 이건 게임이기 때문에 언제든 방을 떠날 수 있다. 그리고 한 시간이 지나면 당신이 퍼즐을 풀었든 풀지 못했든 방을 떠나게 되어 있다. 당신은 그것이 게임이라는 것을 알기 때문에 그 게임은 분명히 재미있다. 실제로는 갇히지 않을 거라는 것을 알고 있고, 도전을 즐길 수 있다. 당신이 실수를 하더라도 사실은 큰 문제가 되지는 않는다. 팀원 중 한 명이 열심히 퍼즐을 풀지 않더라도, 그건 그의 손해일 뿐이다.

이제 당신이 방 탈출 카페에 있는데 그룹 중 한 사람이 이것이 게임이라는 것을 모르고 있다고 상상해 보자. 교관은 탈출하고 싶다면 한 시간 안에 모든 문제를 풀어야 한다고 말하고, 그 한 사람은 그가 교관 행세를 하고 있다는 것을 이해하지 못한다. 당신의 팀원은 한 시간 안에 이 모든 까다로운 퍼즐을 풀거나 수수께끼를 밝혀내지 못한다면 영원히 이곳에 갇히게 될 것이라고 생각한다. 이건 더 이상 재미있지가 않다. 그렇지 않은가? 수수께끼와 퍼즐들은 이전과 정확히 동일하지만 그 경험은 아주 다르다. 방 탈출이 실제 상황이라고 생각하는 당신의 팀원은 매 순간을 중요하게 생각하고, 모든 실수를 치명적인 난관으로 여긴다. 그는 어떻게 행동할까? 그는 아마도 다른 모든 사람들이 이 상황을 충분히 심각하게 여기지 않는 것에 당황하고 화를 낼 것이다. 그는 당신들 모두가 최선을 다하고 있는지를 확인하고 통제해야 한다고 생각할 것이다. 왜냐하면 최선을 다하지 않는 사람은 모두의 미래를 위험에 빠뜨리기 때문이다.

모든 것이 잘될 거라는 확신을 가질 때는 그들이 하는 대로 내버려 두는 것이 쉽다. 어떤 방식이든 일이 잘 해결될 것이기 때문에 당신이 통제할 필요는 없다. 하지만 당신을 둘러싼 온 사방이 위험하고, 이것을 잘되게 할 수 있는 방법이 단 한 가지뿐이라고 생각될 때,

그들이 정확히 그 방향으로 가도록 하기 위해 당신은 할 수 있는 모든 것을 다 할 것이다. 가족 중에 불안한 아이가 있는 것은 방 탈출 방에 이것이 게임이라는 것을 알아차리지 못한 한 명의 팀원과 함께 갇힌 것과 비슷하다. 그는 다른 모든 사람들이 부주의하고 신중하지 못한 태도를 보이는 것에 혼란스러워할 것이다. 다른 사람이 충분히 진지하게 임하지 않는 것처럼 보이면 화를 낼지도 모른다. 그는 아마도 일이 제대로 이루어지도록 통제하기를 원할 것이다. 불안한 아이들이 통제하려고 하거나 우두머리 행세를 하는 것처럼 보이는 것은 놀랍지 않다. 다른 사람들이 단순히 게임을 하는 동안 그들은 사투를 벌이고 있다. 이것이 부모인 당신에게는 짜증 나고 거슬리는 일일 수 있지만, 불안한 아이들에게는 극도로 화가 나고 아주 혼란스러운 일일 수 있다. 아이는 통제하고자 하는 자신의 행동이 당신을 힘들게 한다는 것을 알 것이다. 하지만 아이는 또한 제때 방을 탈출하기 위해서는 선택의 여지가 없다고 느낄 것이다.

이 장에서 배운 것들

- 불안은 무엇인가
- 어떤 아이들은 왜 불안과 씨름하는가
- 불안과 관련된 문제들은 얼마나 흔한가
- 왜 이 책은 '장애'보다는 '문제'라는 용어를 사용하는가
- 불안은 아이들의 사고, 신체, 감정, 행동에 어떻게 영향을 미치는가

Breaking Free of Child
Anxiety and OCD

2장

아동기 불안: 유형과 치료 방법

▼ 아동기와 청소년기 불안의 주요 유형은 무엇인가?

아동의 불안을 유발할 수 있는 것들은 매우 다양하다. 하지만 어떤 공포와 걱정들은 다른 것들보다 더 흔하게 발생하고, 가장 흔한 것들은 특정 장애로 분류가 된다. 이 장에서는 흔히 진단되는 불안장애들에 대해 배울 것이다. 하지만 어떤 장애에 해당하는 것인지 이름을 매기는 것이 아니라 어떻게 하면 아동의 불안을 줄여 줄 것인가를 이해하는 것이 중요하다. 당신의 아이가 한 가지 혹은 그보다 더 많은 장애의 진단 기준을 충족시키든 아니든, 아이가 높은 불안으로 고군분투하고 있다면 당신은 아이의 삶을 덜 불안하고 행복할 수 있도록 조치를 취할 수 있다. 불안장애에 대해 읽으면서 당신은 하나 또는 그 이상의 불안장애가 아이의 모습과 일치한다고 생각할 수 있을 것이다. 여전히 당신 아이가 불안한 것인지 확실하지 않거나, 정확한 진단에 대해 알고 싶다면 정신 건강 전문가와의 상담을 통해 정확한 답변을 얻을 수 있다.

분리불안

분리불안은 미취학 아동에서 볼 수 있는 가장 흔한 불안 문제이고 더 연령이 높은 아이들에서도 발생할 수 있다. 분리불안이 있는 아이들은 일차 양육자와의 실제적인 분리 또는 분리의 가능성에 대해 심한 고통감을 보인다. 분리의 기간이 길 필요는 없고, 일부 아이들은 매우 짧은 분리조차도 두려워한다. 그들은 자기 침대에서 자는 걸 무서워하고, 부모의 침대에서 자기를 더 좋아할지도 모른다. 또는 부모를 본인 옆에 재우려고 할 것이다. 아이가 분리불안이 있다면, 아이는 당신과 함께 있지 않을 때 어떤 나쁜 일이 일어나거나 당신이 어딘가에 가 있을 때 무슨 일이 발생하는 것 또는 둘 다를 걱정할지도 모른다. 어떤 아이들은—특히 어린 아이들의 경우—분리에 대한 두려움을 언어적으로 말하지 못하고 행동으로 드러낸다. 분리와 관련된 악몽은 불안장애 아이들에게 흔한데, 이런 꿈은 수면시간의 어려움을 증가시키고 수면 관련 문제들을 일으킬 수 있다.

아이는 당신과 떨어질 것이라고 예상될 때 동요되기도 한다. 울거나 토하거나 소리 지르거나 떨거나 화를 낼 수 있다. 아이는 분리를 피하기 위해 당신에게 딱 붙어 있으려고 할지도 모른다. 분리의 시간이 긴 학교 출석은 아이에겐 힘들 수 있고, 분리불안은 잦은 결석을 초래하기도 한다. 당신의 아이가 당신으로부터 떨어지는 것을 불안해한다면, 아이는 당신에게 반복적으로 당신의 스케줄에 대해 묻거나, 떠나지 않겠다고 약속하라고 요구할지도 모른다. 아이는 또한 당신과 함께 있지 않을 때는 전화나 문자 메시지로 당신과 연락하려고 할 것이다.

사회불안

사회불안(또는 **사회공포증**)은 어린아이들과 청소년들에게 흔하고 남자 아이들보다는 여자 아이들에게서 더 일찍 나타나는 경향이 있다. 사회불안이 있는 대부분의 아이들은 다양한 사회적 상황을 두려워하고, 판단되거나 평가된다고 여겨지는 모든 상황에서 불안감을 느낀다. 하지만 일부 아이들은 사람들 앞에서 발표하는 것과 같은 특정한 상황에서만 두려움을 느끼기도 한다.

아이가 사회불안이 있다면, 특히 또래가 있는 사회적 상황을 두려워하거나 피하려 할지 모른다. 어린아이들은 단지 그 상황에 참여하는 것을 주저하는 모습을 보이는 반면, 연령이 높은 아이들은 주로 타인에게 부정적으로 비춰질 것에 대한 공포, 당황하게 되는 것에 대한 공포를 이야기한다. 당신의 아이는 학교에서 다른 아이들과 이야기하려 하지 않고, 파티와 같은 사교적 모임을 피하고, 집에 손님이 왔을 때 숨으려고 할 수 있다. 사회적으로 불안한 아이들이 흔히 두려워하거나 피하는 또 다른 것들은 사람들 앞에서 먹기, 공중 화장실 사용하기, 통화하기, 가게 점원이나 웨이터와 같은 낯선 어른에게 말 걸기, 교실에서 질문하거나 질문에 답하기 등이 있다. 몇몇 경우에 사회불안은 다른 사람들과는 거의 접촉하지 않는 심각한 자기 고립으로 이어질 수 있다. 당신의 아이가 사회적으로 불안하다면, 다른 사람들과 상호작용할 때 눈맞춤을 어려워하거나, 매우 작게 말하거나, 신체 언어가 매우 경직되어 보일 수 있다.

흔히 사회불안과 관련이 있는 **선택적 함묵증**은 다른 상황에서는 신체적·인지적으로 말하는 것이 가능함에도 불구하고 특정 상황에서는 전혀 말하지 않는 아이들을 설명하기 위해 사용되는 용어이다.

범불안

범불안은 사춘기 이전의 어린아이들도 증상을 많이 보이기는 하지만 청소년에게서 주로 더 흔한 장애이다. 범불안 증상을 보이는 아이들은 다양한 것들에 대해 지속적으로 걱정하고, 이 걱정들을 통제하기 어렵다. 당신의 아이에게 범불안 문제가 있다면, 아이는 학교 성적, 자신과 타인의 건강, 사회적 지위, 가족 수입과 안정성, 전쟁이나 재해와 같은 현재의 사건들, 다양한 영역에서의 미래의 성공과 같은 것들에 대한 걱정에 사로잡혀 있을지도 모른다. 아이는 지나친 완벽주의자라서 사소한 실수나 작은 오류들에 대해 걱정할 수 있다. 또한 아이는 자신 스스로나 자신의 수행에 대해 지나치게 비판적으로 바라볼지도 모른다. 이런 아이들은 자신이 완벽하게 해낼 것이라는 확신이 없으면 활동하지 않으려고 할 것이다.

범불안이 있는 아이들은 종종 욱신거림, 통증, 배탈과 같은 신체적 증상을 보인다. 그들의 기분 또한 신경질적이고 짜증스럽기도 하다. 범불안이 있는 아이들은 집중력이 떨어질 수도 있다. 당신의 아이가 범불안이 있다면, 아이는 당신에게 자신의 걱정과 관련된 질문을 많이 하고, 수많은 안심을 구하거나, 자신을 위해 당신이 대신 결정 내려 주기를 원할 것이다.

공포증

공포증은 아동과 청소년 모두에게서 흔하게 발생하며, 아동기 전반에 걸쳐 가장 흔한 정신 건강 문제들 중 하나이다. 공포증이 있는 아이들은 특정한 대상이나 상황에 대해 과도한 공포를 보이고, 심지어 두려워하는 대상과 마주칠 것이 예상되는 상황에서조차도 공포스러워할 수 있다. 무엇이든 아동 공포증의 대상이 될 수 있지만, 일반적으로는 동물, 곤충, 높은 곳, 기상 악화, 물, 어둠, 엘리베이터와 같은 작은 공간, 비행기, 바늘과 피, 의사, 치과 의사, 구토, 광대, 캐릭터 분장, 큰 소음, 질식이 포함된다.

당신의 아이가 공포증이 있다면, 아이는 공포를 느끼는 대상과의 어떤 접촉이든 최대한 피하려고 할 것이다. 만약 아이가 공포 대상과 접촉하거나 접촉하게 될 것이라는 생각이 든다면, 아이는 공황, 심장 두근거림, 떨림, 구토감을 보일 수 있다. 아이는 또한 두려움에 맞닥뜨린 것에 대해 화를 낼지도 모른다. 공포증이 있는 아이들은 개 공포증 때문에 강아지가 나오는 영화조차도 보지 않거나 개와 관련된 단어도 언급하기를 피하는 것과 같이 종종 공포 대상과의 간접적인 접촉도 피한다. 당신의 아이는 자신의 공포증을 피하기 위해 당신에게 의지할지도 모른다. 아이는 공포 대상과 마주치지 않도록 약속해 달라고 하거나, 공포 대상이 있는지를 확인해 달라고 할 수도 있다.

공황과 공황장애

공황발작은 어린 아동에 비해 청소년에게서 훨씬 더 자주 발생한다. 공황발작은 강렬한 공포와 신체적 각성을 포함한 약 20분 이내의 짧은 순간을 말한다. 사회불안이 있는 아이가 발표 직전에 공황발작을 보이는 것과 같이 어떤 불안 문제이든 공황발작을 촉발시킬 수 있다. 하지만 공황발작이 명확한 원인이나 촉발요인 없이 예기치 않게 발생할 수도 있다. 공황발작이 왔을 때 아이는 심장 두근거림, 떨림, 식은땀, 숨 가쁨, 가슴 통증, 호흡 곤란, 메스꺼움, 열감이나 오한, 또는 신체 일부의 무감각을 경험할 수 있다. 공황발작이 있는 동안 아이들은 그들이 죽거나 미쳐 버릴지도 모른다는 두려움에 휩싸이게 된다. 또는 비현실감 또는 내가 아닌 느낌을 경험할 수도 있다.

공황장애는 공황발작을 경험한 아이들이 추가적인 발작에 대한 걱정이 심해지고, 그들이 발작을 피하는 행동들을 취할 때 발생한다. 아이들은 발작을 일으킬 것이라는 두려움에 운동을 그만두거나, 낮선 상황을 피할 것이다. 당신의 아이가 공황장애가 있다면, 아이는 당신에게 많은 장소에 함께 가기를, 여분의 물이나 숨 쉴 때 사용할 수 있는 종이백과 같은 특별한 것들을 가지고 오기를 요청할지도 모른다.

광장공포증

광장공포증 또한 어린아이들보다는 청소년에게서 더 많이 발생한다. 광장공포증은 공황발작과 유사한 증상이 발생하는 것에 대한 두려움으로 인해 아이가 다양한 상황에 대해 불안해하고 공포심을 느낄 때 발병한다. 광장공포증이 있는 어린아이들은 공황 증상을 경험하는 것과 함께 그 상황을 쉽게 벗어나지 못하거나 도움을 구할 수 없는 것에 대해 걱정한다. 그들은 또한 반 친구들, 또래와 같은 다른 사람들 앞에서 공황발작을 일으키면 당황스럽거나 수치스러울 것이라고 생각한다.

광장공포증이 있는 아이들은 학교에 가거나, 버스를 타거나, 영화나 공연을 보러 가는 것을 피하거나, 매우 트인 장소 혹은 매우 작고 폐쇄되어 있는 공간에 있는 것을 피하려 할 것이다. 그들은 사람들이 많은 곳을 피하고, 혼자서 집 밖을 나가는 것을 꺼려 할 수도 있다.

강박장애

강박장애가 있는 아이들은 강박사고와 강박행동을 모두 보이거나 혹은 둘 중 하나를 보인다. 강박사고는 아이들의 마음속에 끊임없이 떠오르는 생각, 충동 또는 발상을 의미하며, 이는 불편감과 불안을 유발한다. 또한 아이들은 이러한 강박사고에 저항하거나 통제할 수 없다고 느낀다. 강박행동은 주로 강박사고를 내쫓거나 나쁜 일이 발생하는 것을 막기 위한 노력으로 끝없이 반복하는 의식화된 행동이다. 대부분의 강박장애가 있는 아이들은 강박사고와 강박행동을 함께 보이지만, 둘 중에 하나만 있는 경우도 강박장애에 해당된다. 강박장애가 있는 아이들은 이러한 생각들이 자신의 마음속에서 발생한 것임을 안다. 또한 그들은 보통 자신의 강박행동이 실제로는 효과가 없다는 것을 인정하지만, 그럼에도 불구하고 강박행동을 멈출 수 없다고 느낀다. 강박장애 발병률에는 대체로 성차가 없지만, 남아에게서 좀 더 일찍 발생하고, 사춘기 전 연령에서는 여아보다 남아의 발병률이 더 높은 경향이 있다.

 강박장애 아이들은 오염과 청결, 한 일에 대한 의심, 그들 자신이나 다른 사람에게 행하거나 행해질 것을 두려워하는 공격적 행동, 죽음, 부상과 같은 부정적인 사건들, 종교, 신, 또는 악마, 물건을 저장하거나 잃어버리는 것, 다양한 종류의 성적인 생각들과 같은 강박적 사고를 경험한다. 성적인 생각들은 어린아이들보다는 청소년에게서 더 흔하게 나타나지만 사춘기 이전의 어린아이들에게서도 나타날 수 있다. 아이는 씻기, 청소하기, 특정 방식으로 물건 정리하기, 불 끄기나 도시락 챙기기와 같은 것을 제대로 했는지를 반복적으로 확인하는 것과 같은 다양한 의식적 강박행동을 보일 수 있다. 아이는 물건을 만지거나 두드리기, 특정 방식으로 걷거나 움직이기, 반복적으로 숫자 세기, 특정 숫자 피하기와 같은 불필요한 생각이나 행동들을 한다고 고백할지도 모른다. 또한 아이는 오른쪽으로 머리를 돌리면 왼쪽으로도 돌리는 것과 같이 몸의 '균형'을 위해 신체에 대칭감을 주려고 노력할 수도 있다. 이런 아이들은 지나치게 세심하고 옳고 그름에 대해 융통성이 없는 것처럼 보일 수 있다. 그들은 세균이나 화학물질이 아닌 다른 사람들로부터의 오염을 두려워할지 모른다. 예를 들어, 그들은 그들 자신이 범죄자가 될까 봐 두려워서 범죄 영상을 보는 것을 피하기도 한다.

비록 비현실적일지라도 많은 경우 강박사고와 강박행동 간에는 타당한 관계가 있어 보인다. 예를 들어, 물건을 잃어버리는 것에 대한 강박사고가 있는 아이는 장난감 박스에 있는 레고를 반복적으로 셀 수 있다. 하지만 어떤 경우에는 부모님이 교통사고를 당하는 것에 대한 강박사고 때문에 레고 개수를 세는 것과 같이 강박사고와 강박행동 간에 타당한 관계가 없어 보이기도 한다. 강박행동을 하지 않는 것은 아이의 불안을 높이게 되고, 아이는 짧은 시간이라도 강박행동을 자제할 수 없다고 느낀다.

당신의 아이가 강박장애가 있다면, 아이는 의식(ritual)을 완수할 수 있게 도와 달라고 요청할 것이다. 예를 들어, 아이는 자신의 고백을 들어 달라고 하고, 옷을 더 자주 세탁해 달라고 하거나, 특정 장소에 데려다 달라고 하거나, 당신이 왼쪽 뺨에 키스해 주었다면 오른쪽 뺨에도 해 달라고 할 수 있다. 이런 아이들은 당신의 손을 과도하게 씻게 하거나 특정 문구를 반복하는 것과 같이 부모도 특정 의식을 완수하도록 요구하기도 한다.

질병불안

질병불안이 있는 아이들은 심각한 질병에 걸릴 가능성에 대한 걱정에 사로잡혀 있다. 그들의 걱정은 실제 위험에 비해 완전히 근거가 없거나 매우 과장되어 있다. 당신의 아이가 질병불안이 있다면,

아이는 자신의 건강에 대해 쉽게 불안해하고, 다양한 검사나 의사 진료를 통해 자신의 건강을 반복적으로 확인받고자 할 것이다. 다른 한편으로는 질병불안이 있는 아이는 질환이 발견되는 것에 대한 두려움이나 감염에 대한 두려움 때문에 병원에 가거나 의사를 만나는 것을 피하려고 할 수도 있다. 당신의 아이가 질병불안이 있다면, 아이는 당신에게 자신의 건강과 다양한 질병에 대해 많은 질문을 하거나, 질병에 관한 걱정에 당신을 동참시키려고 할 것이다.

회피성/제한형 섭식

회피성/제한형 섭식은 그 자체로는 불안장애에 해당되지 않는다. 하지만 공포와 불안과는 관련되어 있다. 회피성/제한형 섭식을 보이는 아이들은 감각적 특성 때문에 음식을 회피한다. 예를 들어, 건조된 음식만 먹거나, 부드러운 음식만 먹고, 특정 색깔이나 모양의 음식만 먹기도 한다. 그들은 자신에게 해가 될 수 있다고 생각되는 음식들을 피하기도 한다. 가령, 질식에 대한 두려움 때문에 잘게 갈려진 음식만 먹으려 할지도 모른다. 회피성/제한형 섭식이 있는 아이들의 경우 다이어트를 하려는 것은 아니지만 이러한 음식 제한이 체중감소, 성장지연, 에너지 고갈을 일으킬 수 있다.

당신의 아이가 회피성/제한형 섭식장애가 있다면, 아이는 사회적 상황에서 어려움을 겪을 것이다. 예를 들어, 음식을 먹을 수 없기 때문에 친구들과 놀기를 피할지도 모른다. 이 문제는 가족 외식을 어렵게 만들거나, 집에서 특별한 음식을 준비해야 하는 방식으로 가족의 삶에도 영향을 끼칠 수 있다.

▼ 불안은 치료할 수 있는가?

아동기와 청소년기에 발생하는 모든 정서 문제와 정신 건강 문제 중에서 불안은 가장 치유될 가능성이 높다. 1장에서 설명했듯이, 정상적으로 건강한 삶은 불안이 없는 삶이 아니다. 그리고 불안 문제를 치유한다는 것이 당신의 아이가 앞으로 절대 불안해지지 않을 것이라는 것은 의미하지도 않는다. 당신의 아이는 여전히 다른 아이들보다 높은 불안 경향성을 가지고 있을 수 있다. 애초에 당신의 아이가 문제를 겪게 만든 불안 민감성은 아마도 사라지지 않을 것이다. 하지만 이것이 당신의 아이가 평생 심각한 불안 문제를 안고 살아가야 한다는 것을 의미하지는 않는다. 불안 문제의 성공적인 치료는 아이들의 하루하루가 더 이상 불안에 의해 방해받지 않고, 아이들이 더 행복하고 성취감 있는 삶을 살 수 있다는 것을 의미한다.

아이가 개인적으로 느끼는 행복감뿐만 아니라 집, 학교, 사회적 상호작용과 관계들 모두 불안에 의해 지장이 생길 수 있다. 하지만 아이가 자신의 불안 문제를 이겨 내면 다음과 같은 다양한 삶의 영역들이 나아질 수 있다.

- 가정 생활의 개선: 아이의 불안을 중심에 두지 않고 가족 계획을 세울 수 있고, 가족 간의 말다툼이 줄어들 수 있다.
- 학교 생활의 개선: 아이가 학교에 가는 것이 좀 더 쉬워지고, 수업 시간에 집중하고 참여할 수 있으며 학습 잠재력을 발휘할 수 있다.
- 사회적 상호작용 및 관계의 개선: 아이가 다른 사람들과 시간을

함께 보내는 데에 더 흥미를 가지고, 사회적 활동에 좀 더 참여하는 모습을 보일 수 있다.
- 개인의 행복 향상: 보다 낮아진 불안, 좀 더 나아진 기분 및 나은 수면, 더 건강한 식습관과 같은 건강한 생활습관을 통해 행복감이 증진될 수 있다.
- 신체적 건강 향상: 불안 감소를 통해 전반적인 신체 건강이 향상될 수 있다.

다양한 치료들의 효과성을 검증하는 임상 시험들, 과학적 연구들은 치료가 불안에 효과적이라는 것을 반복적으로 보여 왔다. 불안 관련 임상 시험을 통해 치료를 받은 대부분의 어린아이들은 치료가 끝날 무렵에는 더 이상 유의한 문제를 경험하지 않았다. 그리고 더 많은 아이들은 어느 정도 의미 있고 유의미한 수준의 향상을 보였다. 치료에 의해 나아지지 않아 여전히 불안 문제를 겪고 있는 아이조차도 불안 문제가 유의미하게 점점 낮아지도록 도움받을 것이다.

불안 문제를 극복한 아이가 미래의 어느 시점에서 다시 높은 불안과 싸우게 되는 것은 꽤 흔한 일이다. 아이의 불안이 성공적으로 해결된 후에도 불안은 다시 돌아올 수 있다. 이런 사실이 용기를 잃게 할 수도 있지만, 당신과 당신 아이는 불안이 성공적으로 낮아질 수 있다는 것을 알게 될 것이고, 다시 불안을 다루는 것이 처음보다는 덜 무서워질 것이다.

아동기 불안 문제에 대한 연구는 또한 단순히 불안 문제가 저절로 사라지도록 기다리는 것이 효과가 없다는 것을 증명했다. 사실, 불안 문제에 대한 도움을 받지 못하는 아이들은 종종 더 악화된다. 일단, 불안이 있는 아이들은 그들을 불안하게 만드는 것들을 피한다.

당신의 아이도 이러하다면, 아이는 자신이 불안을 견디고 대처할 수 있다는 것을 배울 기회를 놓치게 되고, 계속 불안한 상태로 남아 있게 될 것이다.

효과적인 치료를 통해 불안을 성공적으로 해결하고 줄일 수 있는 가능성이 높다는 것과 아동 불안이 저절로 사라질 가능성이 낮다는 것을 종합해 보면, 결국 당연하게도 불안을 가능한 빨리 해결해야만 한다는 결론에 이르게 된다. 모든 아이들은 때때로 불안을 경험하는데, 다음과 같이 어떤 불안은 정상적이고 발달 과정에서 흔히 나타난다.

- 새로운 학교에서의 첫 주 동안 사회불안을 보이는 아이는 1~2주 후에는 훨씬 덜 불안해할 것이다.
- 어둠에 대한 두려움을 호소하는 것은 어린아이의 발달 과정에서 흔히 나타나는 정상적이고 자연스러운 모습이다.

그러나 불안해하는 아이 때문에 걱정하는 대부분의 부모들은 훨씬 더 길고 일관된 아이의 높은 불안 경향성을 관찰하게 될 것이다. 만약 당신이 아이의 불안이 1~2개월 이상 정도의 상당한 기간 동안 지속되고 있다는 것을 알고 있다면, 아이가 덜 불안해지도록 돕기 위한 조치를 취하는 것이 현명하다. 더욱이 이 책에 담겨 있는 많은 방법과 도구들은 가끔씩만 불안해지는 아이들이나 불안이 그리 심하지 않은 아이들에게도 도움이 될 것이다. 이 책을 읽고 작업하는 것은 당신이 아이를 의사에게 데려가거나 전문적인 치료기관에 등록하는 것을 요구하지 않을 것이다. 이 도구들을 배우는 것은 당신이 아이의 불안에 지지적이고 결실을 맺을 수 있는 방식으로 반응하는 것을 도와줄 것이다. 단순히 아이가 불안해할 때 어떻게 도와줄 것인가에 대해 이해하고 계획을 세우는 것도 도움이 될 수 있다. 또한 불안을 이해하고, 이러한 도구들을 가지고 있는 것은 간헐적으로 불안해지거나 경도 수준의 불안을 보이는 아이들이 더 심각한 불안 문제로 진행될 가능성을 낮출 수 있을 것이다.

▼ 불안은 전문가에 의해 어떻게 치료되는가?

아동기와 청소년기 불안 치료들은 엄격한 임상 시험을 통한 연구에서 그 효과가 입증되어 왔다. 이 장에서는 치료 방법들과 어떻게 당신의 아이를 도울 수 있을지에 대해 배울 것이다. 이 책에서 설명하는 치료 방법과는 달리 다른 모든 치료 방법들은 그 효과를 위해 아동의 참여가 필요하다는 공통점이 있다. 반면, 이 책에서 사용되는 치료 방법은—물론 임상 시험 연구를 통해 그 못지않은 효과가 입증되었지만—아이에게 아무것도 요구하지 않는다. 추후 이 책에서 소개될 모든 단계들은 오직 부모인 당신만 완수하면 된다.

이것이 왜 중요한가? 아이가 적극적으로 관여하지 않아도 아이의 불안을 낮출 수 있는 도구를 가지고 있다는 것은 아이가 원하든 원하지 않든 당신이 아이를 도와줄 수 있다는 것을 의미한다. 이 장의 나머지 부분을 모두 읽고 소개되는 도구들을 사용해 보기를 권장한다. 이때 이 책의 뒷부분에서 배우는 것들도 함께여야 한다. 당신의 아이가 참여하기를 원하지 않는다면, 아이의 동의가 필요하지 않은 도구들에 초점을 맞추면 된다. 아이의 불안이 낮아지면 아이는 다른 도구들을 사용해 보고자 하는 의지가 더 생길 것이다. 하지만 아이가 여전히 원하지 않는다면, 이 책은 당신의 도구세트를 통해 아이의 불안을 치료 가능한 것이 얼마나 도움이 되는지를 보여 준다.

인지행동치료

인지행동치료(CBT)는 가장 많이 연구된 아동 불안의 심리치료 방법이다. 수많은 임상 시험들은 아이들의 불안을 낮추는 데 인지행동치료가 아주 효과적이라는 것을 증명해 왔다. 불안에 대한 인지행동치료는 불안에 영향을 받는 아동 기능 영역에 해당하는 몇 가지 목표에 초점을 맞춘다.

불안한 생각에 도전하기

불안한 생각을 바꾸는 첫 번째 단계는 그것에 대해 인식하는 것이다. 당신의 아이는 불안한 생각을 떠올리는 데에 너무 익숙해져 있어서 '이건 불안이 말하는 것이다'라는 것을 알아차리지 못한다. 아이를 두렵게 하고, 긴장시키고, 걱정하게 만드는 불안한 생각들을 확인했다면, 그에 관한 몇 가지 질문을 통해 그 생각들에 도전하도록 시도해 보자. 예를 들어, '그 일이 실제로 일어날 **확률**은 얼마나 될까?' 또는 '실제로 그런 일이 일어난다면 **얼마나 나쁠까?**'와 같은 질문을 할 수 있다. 아이의 답변이 당신이 예상했던 것보다 훨씬 극단적이라는 것을 알고 놀랄지도 모른다.

일단 아이의 불안한 생각들을 확인하고, 질문을 통해 그것에 도전할 수 있도록 도왔으면, 이제는 좀 더 현실적인 대안적 생각을 떠올릴 때이다. 아이의 불안한 생각 옆에 대안적인 생각을 적고, 가능한 한 많이 연습해야 한다. 이 단계를 한두 번 연습하는 것만으로 아이의 불안에 큰 영향을 끼칠 것이라고는 기대하지 마라. 아이는 오랫동안 불안한 생각들을 해 왔다는 것을 기억해야 한다.

노출 훈련

두려워하는 대상과 상황에 대한 노출은 많은 전문가들에게 불안 CBT의 가장 적극적인 구성요소로 여겨진다. 노출은 회피를 줄이고 더 많은 대처 행동을 발전시키는 데 핵심적인 역할을 한다. 하지만 노출은 참여하겠다는 아이의 동의가 필요하고, 아이를 무리하게 불안 대상에 노출시키는 것은 좋은 생각이 아니다. 노출 훈련은 주로 가장 쉬운 상황부터 어려운 상황까지 등급 매겨진 리스트인 **공포 위계**를 작성하는 데에서 시작한다. 노출 위계가 만들어지면, 아이는 다양한 단계를 통해 훈련을 시작할 수 있다. 다음 단계로 넘어가기 전에 아이는 각 위계마다 여러 번 반복 훈련하도록 해야 한다.

이완 훈련

아이가 신체를 조절하고 이완을 유도하는 방법을 배우도록 도와주는 것은 불안을 줄이기 위한 강력한 도구가 될 수 있다. 이완을 배울 때 가장 많이 목표가 되는 두 개의 시스템은 호흡과 근육이다. 1~2분 동안만이라도 천천히 깊은 호흡을 하는 것은 유의하게 불안을 낮출 수 있다. 호흡의 적절한 속도는 5초간 숨을 마시고, 5초간 숨을 내뱉는 것이다. 한 호흡에는 10초가 소요되고, 이는 열 번의 느린 호흡 연습에 2분 가까이 소요된다는 것을 의미한다. 그리고 이 시간은 아이의 불안을 줄이기 위한 큰 도약이 될 수 있다.

근육 이완 훈련은 불안 CBT에서 흔히 가르치는 또 다른 신체 기술이다. 당신은 아이에게 하나의 근육군에만 집중하도록 하는데,

5초간 아주 긴장된 상태를 유지했다가 이후 긴장을 놓고 근육이 이완되도록 한다. 대부분 아이들의 경우 근육을 조이는 것부터 시작하는 것이 바로 근육을 이완시키는 것보다 더 쉽다.

모든 CBT 도구와 같이 아이가 하고자 할 때만 이완 훈련을 알려주고 연습시킬 수 있다. 억지로 이완 훈련시키는 것은 이완되는 일이 전혀 아니다. 따라서 아이가 원하지 않는다면 지금은 그대로 두고 다른 때에 다시 시도하라.

감정 통제

당신의 아이가 공포가 아닌 강렬한 감정을 스스로 느끼도록 할 수 있다면, 아이는 아마도 덜 두려워질 것이다. 이를 위한 한 가지 방법은 유머이다. 아이가 스스로 웃게 만들 수 있다면 아이는 분명히 덜 무서워하게 될 것이다. 아이가 두려움을 느낄 때 웃는 것이 너무 힘들다면, 대신 스스로 분노를 느끼도록 만들 수도 있다. 당신은 아이에게 짜증 나는 생각으로 본인을 괴롭히고 일어날 수 있는 모든 나쁜 일에 대해 거짓말을 하는 불안에게 화를 내도록 가르칠 수 있다. 일단 화가 나기 시작하면, 아이는 두려움을 덜 느낄 것이다.

추가적인 인지행동치료 자원

당신이 아이에게 CBT 기술을 가르치는 데 사용할 수 있을 만한, 부모를 위한 여러 훌륭한 책들이 있다. 이 책 뒷부분에 있는 부록 B에는 이런 도구들에 대해 더 알 수 있도록 도와주거나 당신이 사는 지역에서 활동하는 CBT 전문가를 찾는 데 도움이 되는 추천 도서와 자원의 리스트가 있다.

약물치료

CBT와 함께 가장 많이 연구된 아동 불안 치료는 약물치료이다. CBT처럼 임상 시험들은 약물치료를 받은 많은 아이들의 불안이 호전되었음을 보여 주었다. 몇몇 연구 결과들은 특히 불안이 심할 경우, 심리치료와 약물치료의 조합이 둘 중 하나만 사용하는 것보다 효과가 좋다고 제안한다. 대부분의 전문가들은 아이들에게 심리 치료로 시작을 하고, 그 효과가 뚜렷하지 않거나 아이가 치료에 참여하기에 너무 불안이 높다면 이후 약물치료를 시작하는 것이 좋은 전략이라는 점에 동의한다. 또한 대부분의 전문가들은 아이에게 약물치료가 도움이 된다는 것이 확인되더라도 심리치료도 함께 병행하는 것이 좋다는 점에도 동의한다. 심리치료를 통해 아이들은 불안을 다루기 위한 많은 도구와 기술들을 배울 수 있기 때문이다.

약을 시작하거나, 중단하거나, 바꾸기 위한 모든 결정은 항상 아이를 개별적으로 평가한 전문적인 지식을 갖춘 처방자와의 상의하에 수행되어야 한다. 불안을 치료하는 데 다양한 종류의 약물이 사용되고, 각각은 모두 특정한 이름과 브랜드가 있다. 많은 부모들은 이런 다양한 약물 종류들에 혼란스러워하고, 정신의학 약물이 분류되는 방식은 혼란을 가중시킨다. 예를 들어, 당신은 '항불안제'로 알려진 약물군이 불안한 아이들에게 가장 적합할 것이라고 생각할 것이다. 하지만 실제로는 이러한 약물들이 좋은 선택인 경우가 드물고, 불안을 치료할 때 '항우울제'가 처방되는 경우가 훨씬 더 흔하다.

만약 당신 아이의 주치의가 항우울제를 처방한다면, 이는 의사가 아이의 문제가 무엇인지 헷갈려서가 아니라 이 약물들이 불안 치료에 흔히 사용되기 이전에 우울증을 치료하는 데 먼저 사용되었기 때문이다. 항우울제 약물군 내에도 다양한 종류의 약들이 있다. 약물에 대한 결정을 내리기 이전에 불안 약물치료 전문가와 상의하는 것이 중요하다.

대부분의 약물치료 기간 동안 불안 약물은 심각한 부작용을 일으키지 않으며 아이들에게 효과적이다. 그렇지만 약을 복용하는 아이가 부작용을 호소하거나 당신이 이에 관한 무언가를 알아차리게 된다면, 즉각적으로 주치의에게 연락하여 아이의 증세를 설명해야 한다. 주치의는 용량 변화가 필요한지 또는 약물 변경이 필요한지를 알 것이다.

건강 습관

이 책의 주요 내용인 아동 불안을 줄이는 방법, 그리고 당신의 행동 변화에 초점을 맞추는 방법으로 넘어가기 전에 마지막으로 당신 아이의 일상적인 습관과 일상이 아이에게 또는 아이의 불안에 도움이 되고 있는지 생각해 볼 필요가 있다. 건강한 식습관, 질 좋은 수면, 신체적 활동은 불안을 낮추는 데 도움이 될 수 있다. 반면, 건강하지 못한 습관들은 높은 불안을 유발시킬 수 있다.

당신의 아이는 규칙적이고 영양가 있는 식사를 하는가? 아이가 너무 많은 카페인을 섭취하지는 않는가? 카페인은 커피, 차, 콜라 음료, 초콜릿에 있는 흥분제이고 이는 아이가 덜 진정되거나, 더 안절부절 못하고, 초조하거나 혹은 불안해지게 만들 수 있다. 이는 또한 아이가 쉽게 잠들지 못하고 휴식을 취하지 못하게 할 수도 있다. 아이의 카페인 섭취를 줄이거나 완전히 제한하도록 해 보자. 특히, 수면시간 근처에는 무카페인 음료를 선택하거나 초콜릿을 제한해 보자.

아이가 저녁 늦게까지 깨어 있다면, 이 또한 아이의 불안에 도움이 되지 않을 것이다. 물론 불안 때문에 아이가 늦게까지 깨어 있을 수도 있지만 가능하다면 아이가 충분히 숙면을 취하도록 해야 한다. 낮잠은 야간 수면을 아주 많이 방해하기 때문에, 아이가 밤에 잘 자지 못한다면 낮잠을 자지 못하도록 해 보자.

마지막으로, 아이가 낮 시간에 신체적으로 활동하도록 격려하라! 모든 종류의 간단한 운동은 건강상 도움이 되는 것 외에도 불안을 낮추는 데 매우 유용할 수 있다. 당신의 아이는 일주일에 몇 번 어떤 형태로든 운동을 해야 한다. 당신은 함께 산책을 하거나 달리는 것을 제안할 수 있고, 아이가 좋아하는 운동 프로그램에 등록하는 것을 고려해 볼 수도 있다.

> **이 장에서 배운 것들**
>
> - 아동기와 청소년기 불안의 주요 유형
> - 불안은 치료가 가능한가
> - 불안은 전문가에 의해 어떻게 치료되는가

Breaking Free of Child Anxiety and OCD

3장

자녀의 불안이 가족을 지배하고 있는가

▼ 부모가 자녀 불안 문제의 원인인가?

아동기 불안은 아이만의 문제가 아니다. 이는 아이와 부모 모두의 문제이다. 이것이 부모가 아이 불안의 원인이라는 의미는 아니다. 정서 또는 행동 문제가 있는 아이들의 부모들은 종종 아이의 문제를 일으킨 원인으로 가장 먼저 부모 스스로를 비난한다. 때때로 이러한 비난이 노골적이고 직접적으로 말해지는 반면, 다른 때에는 넌지시 암묵적으로 전해지기도 한다. 당신은 선생님이나 치료자의 질문을 통해 들었을 것이고, 다른 부모들의 표정에서 보았을 것이다. 심지어 당신은 부모의 성격과 아동기 장애의 관련성에 관한 연구가 보고된 논문과 기사를 읽었을 수도 있다. 그렇다 하더라도, 노골적이든 암묵적이든 이러한 비난은 대체로 옳지 않다. 부모가 자녀의 정서 및 행동 문제의 원인이라는 생각은 대부분 다음으로부터 비롯된다. ① 인간 발달에 대한 부정확한 추정, ② 시대에 뒤처진 심리 이론, ③ 부모 행동과 아동기 장애의 관련성에 관한 연구의 잘못된 이해, ④ 가족 역동에 대한 잘못된 해석

1. 아이들은 '백지 상태'와 같아서 이상적이거나 문제가 있는 그들의 기질은 인격 형성기에 겪는 경험에서 만들어진다는 인간 발달에 대한 가정은 태어날 때부터 이미 존재하는 유아의 큰 차이를 간과한 것이다. 아기들은 모두 다 같지 않다. 그들은 각기 다른 기질과 특성, 강점과 약점, 경향과 소인을 가지고 있다. 개개인의 유전적 구성의 영향을 받는 타고난 차이점은 성격의 기본 구성요소이다. 하지만 '백지 상태'임을 믿는다면, 초기 몇

년 동안 많은 경험을 제공하는 육아가 아이가 가질 수 있는 모든 문제에 책임이 있다고 생각하는 것은 자연스럽다.

2. 어린 시절의 문제에(나중에 나타나는 문제조차도) 부모가 책임이 있다는 생각은 지난 세기의 가장 영향력 있는 심리학 이론의 핵심이다. 정신건강의학자, 심리학자, 그리고 다른 정신 건강 전문가들은 자신과 타인의 삶에 대한 사람들의 이해를 형성했다. 정신 건강 영역은 대중에게 부모들(특히, 엄마)이 모든 정신 건강 문제의 근원이라고 설파해 왔다. 이러한 주장을 뒷받침할 만한 뚜렷한 근거는 없고 오히려 이에 반대되는 많은 근거가 있음에도 불구하고, 몇 가지 예를 들자면, 식이장애, 조현병, 자폐증은 문제 있는 육아 때문인 것으로 간주되어 왔다. 많은 사람들이 불안장애 역시 부모로부터 야기된 것이라고 생각하는 것은 놀라운 일이 아니다.

3. 부모의 특성과 아동기 문제 간의 관련성을 지지하는 연구가 있는 것은 사실이다. 아동기 불안장애 영역에서는 이러한 연구의 많은 부분이 부모의 행동(과잉보호와 비판과 같은)과 부모 자신의 불안 수준에 초점이 맞추어져 있다. 불안 수준이 높은 아이들의 부모 역시 스스로 불안이 높다고 보고하거나 불안장애 진단을 받았던 경향이 있다. 불안장애 과거력이 있는 부모들은 다른 부모들에 비해 적어도 한 명의 불안 증상을 경험하는 아이가 있을 가능성이 높다. 이것은 부모의 불안이 아이의 불안을 유발한다는 것을 의미하는가? 그렇지 않다! 이는 둘 간의 통계적 관련성이 있다는 것을 의미한다. 두 요인이 통계적으로 관련성이 있다는 것만으로 하나가 다른 하나의 원인이 된다고 가정하는 것은 흔히 하는 실수이다. 하지만 하나가 다른 하나를 유발

하는 것이 아님에도 이 두 가지가 함께 일어나는 데에는 여러 가지 이유가 있다. 종종 잘 알려져 있지 않은 세 번째 요인이 있고, 이것은 두 가지 모두를 일으킬 수 있다. 예를 들어, 부모와 아이들은 유전적 요인 때문에 비슷한 불안 수준을 가질 수 있고, 빈곤과 같은 환경적 요인이 부모와 자녀 모두에게 불안을 초래할 수 있다.

4. 아이의 불안 문제를 부모 탓으로 돌리기 위한 정당한 근거들을 배제시킬 수 있는 마지막 고려사항이 있다. 불안이 높은 아이가 있는 부모는 대부분의 경우 불안하지 않은 다른 아이도 있다. 양육이 아이의 불안 문제를 발전시키는 주요 요인이라면, 다른 아이도 불안 문제를 겪을 가능성이 있을 것이다. 물론 부모들은 아이에 따라 다르게 행동한다. 그들이 다른 아이보다 한 아이를 더 보호하거나, 더 비판적일 수 있다. 하지만 육아가 아이들의 불안감을 유발하는 이유라면, 형제자매 간의 불안 수준이 훨씬 더 비슷해야 할 것이다. 사실, 부모가 다른 아이에 비해 한 아이에게 다르게 행동하기도 하는데, 이는 종종 부모의 다른 측면을 끌어내는 아이의 특성 때문이다. 부모가 아이의 불안감을 형성하는 것만큼 아이도 부모의 행동을 형성할 수 있다.

▼ 자녀의 불안이 당신 가정에 어떻게 영향을 미치고 있는가?

부모가 아동 불안 문제의 원인이라는 생각이 없어지기를 바란다.

그렇다면 아동과 부모의 문제라는 것은 무슨 의미일까? 이는 당신 아이의 불안 문제가 부모인 당신과 다른 가족 구성원에게 영향을 미칠 가능성이 있다는 것을 의미한다. 물론 아이의 다른 특성들 또한 당신과 가족에게 어느 정도 영향을 끼칠 수 있다. 예를 들면 다음과 같다.

- 만약 아이가 계속해서 학교에서 퇴학을 당한다면, 부모는 아이를 데리러 가거나, 함께 집에 있어야 하기 때문에 일을 못하게 될 수 있다.
- 신체 질환이 있는 아이는 고가의 특수 의료 장비가 필요하거나, 가족 생활의 적응을 필요로 할지도 모른다.
- 아이가 야구를 사랑한다면, 당신은 아이를 팀에 가입시키고, 장비를 사고, 온 가족이 게임을 참관할 수 있도록 주말을 계획할 것이다.

물론 이것은 아동기 불안에도 해당되지만, 부모와 가족에게 어떻게 영향을 미치는지에 관해서라면 불안은 '매우 특별'하다.

당신의 아이가 불안이 높다면, 이는 당신과 당신 가족에게 지대하고 광범위한 영향을 끼칠 것이다. 아이의 불안이 당신의 삶을 지배해서, 당신으로 하여금 평소에는 하지 않던 일을 하게 하고 일상적으로 하던 일들을 못하게 만들 수 있다. 여가 시간이든 일하는 시간이든, 당신의 시간들이 아이의 불안으로 소모된다는 것을 알아차리게 될 것이다. 당신만의 공간이 없는 것처럼 보일 정도로 당신의 개인 공간이 크게 줄어들 수 있다. 심지어 아이의 불안이 '전염'되어 당신도 더 불안해질 수 있다. 당신은 아이의 모든 불안을 흡수하는 '스펀지'처럼 느껴질 수도 있다.

아동기 불안이 다른 문제들보다 부모인 당신에게 이처럼 큰 영향을 끼치는 이유는 아이가 불안감을 느낄 때 자신의 기분이 나아지도록 당신이 도와줄 것이라고 기대하기 때문이다. 그 예는 다음과 같다.

- 아이는 걱정이 될 때, 당신이 괜찮을 거라고 안심시켜 주기를 기대할 것이다. 이는 아주 자연스럽고 예상되는 반응이다. 하지만 이는 당신이 빠르게 '보증 수표'가 되고, 항상 아이의 기분을 나아지게 하는 대답을 하도록 기대되며, 항상 안심시켜 줄 수 있어야 할지도 모른다는 것을 의미한다.
- 혼자 있는 것을 두려워하는 아이는 보다 안전하다고 느껴지는 당신 옆에 있기를 원할 것이다. 이 또한 자연스러운 반응이지만, 이는 당신으로 하여금 대부분의 시간을 아이 옆에 있어야만 하도록 만들 수 있다. 왜냐하면 아이는 두려움을 느끼거나, 당신이 옆에 없으면 무서울까 봐 걱정을 하기 때문이다.
- 아이가 사회불안으로 힘들어하고, 자기 의견 말하기를 어려워한다면, 아이는 당신으로부터 사회적 상황을 다루는 데 도움을 받거나, 자기 대신 당신이 말을 해 주기를 기대할 것이다. 그리고 당신은 아이의 생각과 바람을 세상에 전하는 책임을 맡은 아이의 대변인이 되어 버렸다고 느낄지도 모른다.
- 아이가 자신의 성적에 대해 과도하게 걱정하고 숙제에서의 작은 실수에도 마음 상한다면, 당신은 아이를 위해 숙제를 여러 번 체크하게 될 것이고, 결국 아이의 숙제가 아닌 당신의 숙제로 느껴지기 시작할지도 모른다.

당신은 또한 아이를 불안하게 하거나 두려워하게 할 수 있기 때문에 당신이 하지 않는 것이 있다는 것을 깨달을 것이다. 그 예는 다음과 같다.

- 아이가 뉴스에서 일어나는 일들과 나쁜 일들에 대해 과도하게 불안해하는 경향이 있다면, 당신은 아이가 주변에 있을 때 신문 읽기를 멈췄을 수도 있고, 또는 아이가 집에 있을 때는 TV에 뉴스가 나오지 않도록 해야만 했을 수 있다.
- 당신의 아이가 벌레에 대한 극도의 공포감이 있다는 것을 안다면, 당신은 아이가 애벌레나 벌을 마주칠 수도 있는 외출이나 소풍을 계획하지 않을 것이다.
- 당신은 아이가 직계 가족 이외의 사람들과 만날 때 당황하게 되는 것을 알기 때문에 친구 사귀는 것을 멈췄을지도 모른다.
- 불안한 아이들의 많은 부모는 저녁에 외출하는 것과 같은 것들을 포기해 왔다는 것 또한 깨달을 것이다. 왜냐하면 그것이 아이의 불안을 초래하는 것을 감수할 만큼 중요하게 느껴지지 않기 때문이다.

앞의 예시들은 아이의 불안이 부모인 당신과 가족에게 영향을 끼치는 다양한 방식들 중 일부에 불과하다. 이 책의 뒷부분에서 당신은 이러한 변화들을 확인하고 이런 행동들을 바꾸는 것이 아이가 덜 불안해지도록 돕는 데 얼마나 중요한 도구가 될 수 있는지를 배울 것이다. 하지만 불안한 아이들은 왜 그렇게 부모에게 의존할까? 왜 불안해하는 아이들의 부모들은 거의 모두 자신의 삶에 어느 정도 변화가 생겼다고 이야기할까? 그 이유는 바로 종의 본성과 관련이 있다.

왜 아이들은 불안할 때 부모에게 의지할까?
[힌트: 그것은 우리의 본성이다]

불안이 높은 아이를 둔 부모들은 대부분 아이의 불안이 부모의 삶에 영향을 끼치고, 부모의 삶을 완전히 지배한다고 생각한다. 본질적으로 아이들은 자신의 불안 증상에 부모가 관여하게 만드는 경향이 있다. 그리고 불안한 아이를 둔 부모로서 당신 또한 자연스럽게 아이의 불안 증상에 개입하고 관여하게 된다. 불안한 아이들이 있는 가정에서 거의 보편적으로 볼 수 있는 이런 패턴의 이유는 인간을 포함한 포유류에서 불안이 작동하는 방식과 관련이 있다.

포유류든 아니든 다른 많은 종들처럼, 인간 아이들은 무방비 상태로 태어난다. 철저하게 혼자 남겨진 아기는 살아남을 수 없다. 아기가 살아남을 수 있는 이유는 당연히 스스로 먹고 살도록 내버려지지 않았기 때문이다. 아이들은 스스로 살아 나갈 수 있을 만큼 충분히 성장할 때까지 부양하고 보호해 주는 부모와 다른 양육자가 있다. 영아나 유아가 두려움을 느낄 때, 그들의 자연스러운 반응은 양육자에게 도움을 요청하는 것이다. 즉, 어린 인간이 보이는 두려움에 대한 자연스러운 반응은 양육자가 자신을 대신해서 행동할 수 있도록 신호를 보내는 것과 같은 **사회적 반응**이다. 마찬가지로, 아기들은 위험 이후에 스스로를 진정시키는 데 능숙하지 않다. 따라서 양육자가 안아 주거나, 흔들어 주거나, 다른 달래 주는 행동으로 진정시켜 줄 때야 울음을 멈출 것이다. 아이가 걱정과 두려움, 스트레스를 느낄 때 보호와 안심을 당신에게 기대하는 자연스러운 경향은 본질적으로 아이의 뇌에 내장되어 있는 것이다. 우리 모두는 대대로 양육자의 보호와 통제에 의존하여 성년에 이르는 데에 성공한 어린 시절을 거쳐 왔고, 아동기에 이러한 것들을 양육자에게 의존하는 자연적인 성향을 물려받았다.

우리들 대부분도 어린 시절에 우리가 위험에 처해 있는지 알아차리고 보호해 줄 만큼 충분히 민감한 부모가 있었다. 그리고 이러한 경향 또한 부모의 뇌에 내장되어 있다. 우리의 아이가 불안해할 때, 우리는 본능적으로 알아차려서 그 위협이 지나갈 때까지 보호해 주려고 하고, 아이가 다시 진정이 될 때까지 달래 주려고 한다. 불안한 아이를 못 본 척하는 것은 아이가 불안감을 부모에게 알리지 않는 것이 아이의 본능에 어긋나는 것처럼 우리의 자연스러운 본능과 경향에 반하는 것이다.

이 모든 것들이 아동기 불안 문제에서 갖는 의미는 무엇일까? 위험한 것이 없고, 적절하지 않은 상황인데도 당신의 아이가 높은 수준의 불안을 경험한다면, 아이는 그 불안감을 부모인 당신에게 알릴 가능성이 높다. 당신 또한 부모로서 아이가 안전하고 진정되도록 조치를 취할 가능성이 높다. 아이의 불안이 현실적으로 맞지 않고, 아이가 실질적으로는 안전하다는 것을 알 때에도 당신은 여전히 아이가 안전하다고 느끼게 해 주기 위해 노력할 것이다. 앞서 우리가 상상의 위협에 대해 실제 위험만큼 유사하게 반응하는 인간의 독특한 능력에 대해 논의했던 것을 떠올려 보자. 실제적인 위험이 없을 때에도 우리는 확실히 공포나 불안을 느낄 수 있다. 현실적인 위협 때문이든 비현실적인 위협 때문이든 당신의 아이가 두려워할 때, 아이는 같은 방식으로 반응할 것이다. 부모인 당신에게 위험에 빠졌다는 신호를 주고 두려움을 없애기 위해 당신에게 의지할 것이다.

한 아이, 특히 어린아이의 부모는 일종의 초능력을 가지고 있다.

그것은 아이와 함께 있거나 침착한 태도로 상호작용하는 것만으로도 아이가 안전감과 안정감을 느끼도록 돕는 힘이다. 이 놀라운 힘은 부모에게 세상에 둘도 없는 만족감을 채워 준다. 하지만 아이가 불안에 고통받고 기분이 나아지기 위해 끊임없이 당신의 초능력에 의지한다면, 이 힘은 선물이라기보다는 짐으로 느껴지기 시작할 것이다. 이때 단기적인 것보다는 장기적인 것에 집중함으로써 게임을 조금씩 바꿔야 한다. 지금 당장 아이가 불안하지 않도록 돕는 것 대신, 전반적으로 덜 불안해지도록 돕는 것이 중요해진다. 이 책에서 다루는 과정은 장기적인 목표를 달성하기 위한 방법이다. 때때로 그것은 아이가 그 순간에 덜 불안하도록 돕는 단기적인 목표를 포기하고, 아이가 지금 당장은 불안해할 것이라는 걸 받아들이라고 할 수도 있다. 하지만 이 과정에 참여한 결과로, 아이는 전반적으로 덜 불안할 수 있고, 아이와 당신 모두는 더 나은 존재가 될 수 있다.

> **이 장에서 배운 것들**
>
> - 부모가 아이의 불안 문제를 초래하는가
> - 아이의 불안이 부모와 가정에 어떻게 영향을 미칠까
> - 왜 아이들은 불안할 때 부모에게 의지할까

Breaking Free of Child
Anxiety and OCD

4장

불안한 아이를 키울 때 빠지기 쉬운 함정들

▼ 보호와 요구

부모가 된다는 것은 아이의 문제를 어떻게 도와줄지와 같은 광범위한 질문에서부터 아이와 말할 때 어떤 단어를 써야 할지를 정하는 것과 같은 매일매일의 수많은 작은 결정들까지 끝없는 문제 및 딜레마와 마주한다는 것을 의미한다. 불안한 아이는 이 모든 결정들을 더 복잡하고 어렵게 만든다. 그리고 이러한 문제에 잘 접근하는 방법에 대한 명확한 해답은 없다.

불안한 아이의 부모들은 종종 아이의 불안이 만들어 내는 함정과 덫을 이야기한다. 이 장에서 나는 이러한 함정들과 이를 피하는 방법을 설명하고자 한다. 중요한 것은, 당신이 부모로서 했을지도 모를 선택이나 실수가 아이 불안의 원인이라는 것을 의미하는 것은 아니라는 점이다. 이 장에서는 불안한 아이가 있을 때 일어날 수 있는 몇 가지 함정들을 다룰 것이다. 또한 불안의 원인이 무엇인지와는 별개로, 당신의 아이가 불안할 때 당신이 어떻게 반응하고 태도를 보이느냐가 중요할 수 있다는 것을 이야기할 것이다.

이 많은 덫과 함정들은 대략적으로 '보호적인' 것과 '요구적인' 것으로 분류될 수 있다. 이것은 신념과 행동의 넓은 범주이며, 각각은 여러 가지 다른 방식으로 표현될 수 있다. 이 장을 읽는 동안 어떤 생각과 행동들이 당신을 잘 설명하는 것처럼 보이는지 생각해 보라. 그들 중 하나가 당신인 것처럼 들린다면, 그것을 적어라. 그런 다음, 그것이 당신의 삶에서 어떻게 적용되는지 한두 가지 예시를 떠올려 보자. 이 책 뒷부분에 있는 부록 A의 워크시트 2(양육 함정)를 사용해서 몇 가지 메모를 하고, 이는 나중에 다시 참고할 수 있다.

첫 번째 범주는 보호이고, 이는 아이를 손상이나 스트레스로부터 보호한다는 목표에 중점을 둔 생각과 행동들을 의미한다. 물론 보호는 중요하다. 부모 역할에 아이를 위험으로부터 보호하는 것도 포함된다는 생각에도 동의한다. 당신의 아이가 실제적인 위험에 처했다면, 부모로서 아이를 보호하는 것은 무엇보다도 중요하다. 하지만 당신의 아이가 위험에 처해 있지 않다면, 그 보호는 필요하지 않고 적절하지 않은 것이다. 불안한 아이의 부모들은 잘 생각해 보면 보호가 정말로 필요하지 않을 때에도 자신이 보호해 왔다는 것을 종종 깨닫는다. 많은 시간을 보호에 집중하는 것은 다른 중요한 목표들을 가로막을 수 있고, 그때 보호는 불필요할 뿐만 아니라 실제적인 장애물이 된다. 위험이 존재하지 않을 때에도 당신이 보호하는 것은 아이에게 보호가 필요하다는 메시지를 전달할 수 있고, 이는 아이가 덜 안전하다고 느끼게 만들고, 아이를 더 취약하게 만든다.

두 번째 범주는 요구이다. 요구는 아이가 정말로 불안함을 느낌에도 불구하고, 당신의 아이가 불안하지 않기를 바라거나 불안하지 않은 것처럼 행동할 수 있을 것으로 기대할 때 발생한다. 보호와 마찬가지로, 강요와 요구는 양육에서 중요한 부분을 차지한다. 만약 아이들에게 어떠한 요구도 하지 않는다면, 아이들은 어떻게 행동하는 법을 배우고, 노력이나 인내가 필요한 것들을 어떻게 성취할 수 있을 것인가? 하지만 보호처럼 요구도 부적절하거나 효과적이지 못할 수 있다. 만약 당신의 아이가 느끼는 것을 느끼지 않기를 요구한다면, 이 요구는 사실상 아이의 감정을 바꾸지 못할 것이다. 또는 아이가 실제로 얼마나 힘든지 인정하지 않은 채, 아이가 불안하지 않은 것처럼 행동하기를 요구한다면, 이 요구는 성공하지 않을 것이다. 단순히 그 어떤 것이 부모인 당신에게는 불안을 유발하는 요인이 아니라는 이유로 아이에게도 불안을 덜 유발하는 요인으로 만들 수는 없다.

요구는 아이의 불안을 다루는 데 전혀 도움이 되지 않는다는 또 다른 중요한 한계점이 있다. 우리가 무언가를 요구할 때, 우리는 그것을 다른 누군가에게 강요하는 것이다. 우리의 요구가 받아들여지지 않을 때, 요구를 시행하도록 하는 데 무력감을 느끼거나 이행되지 않는 것으로 인한 실패감이 느껴지기 때문에 우리는 종종 좌절이나 분노로 반응하게 된다. 이는 갈등과 적대감을 초래한다. 이 책에서 소개하는 방법에서는 당신의 아이에게 어떠한 요구도 하지 않는다. 오로지 당신의 아이가 덜 불안해지도록 돕기 위해 당신이 취하는 단계에만 적용된다. 아이들의 삶과 기능의 다른 부분과 관련된 요구는 지속될 것이다. 하지만 아이가 덜 불안해지도록 돕는 과정에서는 아이에게 어떠한 요구도 하지 않을 것이다. 따라서 이 책에서 서술하는 단계를 따르는 과정에서 당신의 분노나 좌절감이 높아지지는 않을 것이다. 당신이 어떤 제안들을 실행하려고 할 때에는 당신의 아이가 화를 낼 수도 있지만, 그것은 일시적인 반응이고 지나갈 것이다. 그동안 아이가 하지 않았던 것을 요구하지 않기 때문에 당신은 화내지 않고 침착할 수 있을 것이다.

▼ 당신은 보호하는 부모인가?

아이의 불안이 높다면, 당신은 아이가 두려워하는 위험으로부터 보호해야 할 것만 같을 것이다. 예를 들어, 아이가 당황하거나 창피함을 느낄 위험 때문에 친목 모임을 위협적으로 인식한다면, 당신은 아이를 사회적 상황으로부터 보호하는 행동을 취할 것이다. 또는 아이가 시험을 매우 불안해하고 잘하지 못할까 봐 걱정한다면, 당신은 아이가 가능한 높은 점수를 받을 수 있도록 아이의 시험 준비를 돕거나 시험 공부를 할 수 있는 시간을 마련해 줄 것이다. 이 예시들 중 하나라도 마음에 와닿는 것이 있다면, 워크시트 2(양육 함정)를 사용해서 적어 두어라.

또 다른 종류의 보호는 더 흔하다. 이는 불안 그 자체와 불안으로 인한 안 좋은 기분으로부터 아이를 보호하려는 노력이다. 아이를 불안감으로부터 보호하고 싶은 것은 세상에서 가장 자연스러운 마음이다. 어떤 부모가 자신의 아이가 불안해하거나 고통받기를 원하겠는가? 불안감이 아이에게 상당한 불편함을 준다는 것은 너무 명백하고, 따라서 당신이 할 수 있는 어떤 방식으로든 아이가 불편감을 피할 수 있도록 도와주기를 원하는 것은 당연하다. 두 종류의 보호— 아이가 두려워하는 위험으로부터 그리고 불안과 스트레스로부터— 는 아이의 불안에 대한 자연스러운 부모의 반응이다. 하지만 이것들은 부모와 아이 둘 다 넘어뜨릴 수 있는 함정이기도 하다.

아이가 두려워하는 위험으로부터 아이를 보호할 때, 당신의 행동은 아이의 생각이나 믿음과 잘 맞는 것처럼 보인다. 하지만 여기에 함정이 있다. 아이의 공포가 부적절하다면, 그리고 아이가 언젠가 이것을 깨닫고 그것들을 두려워하는 것을 멈추기를 원한다면, 그 두려움에 맞춰진 반응 또한 부적절한 것이다. 불안한 아이들에게 있어 다양한 사건이 일어날 정확한 확률을 부여하는 것이 얼마나 어려운지를 기억하라. 또한 그들이 부정적인 사건에 높은 가치를 부여하는 경향이 있어서, 실제보다도 그 사건을 더 부정적으로 보이도록 한다는 것도 기억하라. 그럼, 당신의 보호를 통해 아이가 무엇을 배울 것인지를 생각해 보자. 당황하게 될 가능성 때문에 사회적 상황을 두려워하는 아이의 예를 들어 보자. 이 불안한 아이는 아마도 실제보다도 부정적인 일이 일어날 가능성을 더 높게 볼 것이다. 그리고 아이는 당황하게 되는 것을 일시적인 불쾌함보다는 재앙으로 생각할 것이다. 만약 부모인 당신이 이러한 사회적 상황으로부터 아이를 보호하기 위한 조치를 취한다면, 이것은 당신도 부정적인 결과가 일어날 가능성이 높다고 보는 것을 의미하지 않을까? 아니라면, 왜 그 가능성을 막으려고 하는가? 또한 이것은 사회적 상황에서 당황하는 것이 정말로 끔찍한 일이라는 것을 확인시켜 주는 것처럼 보이지 않을까? 아니라면, 왜 아이가 그 위험을 감수하지 않도록 하는가? 시험을 망칠까 봐 걱정하는 아이도 비슷하다. 부모인 당신이 아이와 함께 모든 자료를 공부하고 복습하는 데 많은 시간을 보낸다면, 이는 당신 또한 완벽하지 않은 점수는 재앙이라고 생각한다는 것을 보여 주는 것 같지 않을까? 당신은 정말로 부정적인 결과(당황하기, 시험 망치기)가 실제로 일어날 가능성이 그렇게 높지 않고, 별거 아니라고 생각할 수도 있을 것이다. 그리고 아이에게 이렇게 말을 해도, 당신의 보호 행동들은 그 반대의 메시지를 전달한다.

당신의 아이가 최근 천식이나 당뇨와 같은 만성 질환으로 진단을 받았다고 상상해 보자. 이는 가정 전체에는 새로운 일이고, 모두가 이 문제가 금방 사라지지 않을 것이라는 것에 익숙해져야 한다. 당신의 아이가 앞으로 어떻게 될지에 대해 무엇을 알기를 원하는가? 아이가 믿을 수 있는 한 가지를 말할 수 있다면 무엇을 말하겠는가? 아마도 "괜찮을 거야" 또는 "그래, 힘들겠지만 너는 이 문제를 다룰 수 있고, 여전히 멋진 삶을 살고 있어"라고 말할지 모른다. 당신은 아이에게 반대의 경우는 절대 이야기하지 않을 것이다. 아이를 앉혀 놓고 절대 이렇게 이야기하진 않을 것이다. "세상에! 네가 당뇨병이라니…… 너는 이런 종류의 일에 대처할 수 있는 아이가 아니야." 물론 당신은 절대 이런 이야기는 하지 않을 것이다. 당신은 아이가 이것을 다룰 수 있다는 것을 알고, 아이는 충분히 강하며, 힘들더라도 괜찮아질 것이라는 걸 알기를 원할 것이다. 이것은 당신이 불안한 아이에게도 말하고 싶은 것이 아닌가? "힘들겠지만 너는 불안을 감당할 수 있을 만큼 충분히 강하고 여전히 괜찮아!"

아이를 불안과 스트레스로부터 보호하려고 하는 것 또한 맞는 일이기는 하다. 하지만 이런 종류의 보호는 아이의 불안한 믿음들을 강화시킬 수 있다. 심각한 병을 앓을까 봐 걱정하는 아이의 예를 들어 보자. 부모인 당신은 아이는 건강하고 심각한 병을 앓을 가능성이 매우 낮다는 것을 알지만, 이 생각이 자녀를 얼마나 괴롭히는지도 안다. 당신은 아이가 이런 불안하고 걱정되는 생각들을 멈추고, 기분이 나아지고 덜 걱정하도록 도와주고 싶을 것이다. 아마도 당신은 아이가 아프지 않을 것이라고 반복적으로 안심시키고, 아이가 괜찮을 것이라고 약속까지 할지도 모른다. 또는 아이가 정보를 보고 그만 걱정하기를 바라는 마음에 아이와 함께 다양한 질병들을 탐구하는 데 시간을 보낼지도 모른다. 심지어 아이가 괜찮다는 것을 확인시켜 주기 위해 의사를 찾아갈지도 모른다. 이 모든 행동들은 아이가 아프지 않도록 보호하고자 하는 것이 아니다. 이는 아이가 걱정하거나 불안해하지 않도록 하기 위한 행동들이다. 그렇지만 이 또한 함정이다. 이 모든 행동들은 아이에게 불안해지는 것은 큰 값을 치르더라도 피해야 할 매우 부정적인 일이라는 것을 보여 주고 있다. 다음에 아이가 걱정하게 될 때, 아이는 이 걱정들을 없애야만 하고, 당신에게 더 많은 안심을 구하는 것 외에는 다른 대안이 없다고 믿는 끝나지 않는 악순환을 가져올 뿐이다.

안나는 자신의 집이 침입 당할까 봐 두려워했다. 침대에 누운 안나의 머릿속은 검은 옷과 마스크를 쓴 도둑이 침대에 다가오는 장면으로 가득 차 있었다. 안나는 방 주변 물건들의 그림자를 도둑으로 보았고, 오래된 집의 삐걱거리는 소리를 도둑의 소리로 들었다. 때때로 안나는 한밤중에 깨어 두려움에 떨며 오랫동안 잠들지 못했다. 한번은 도둑에게 납치당하는 꿈을 꾸기도 했다. 그리고 깨어났을 때, 안나는 그것이 진짜였다고 확신했다.

안나의 아빠 브라이슨은 뭔가 조치를 취해야겠다고 생각했다. 그는 새로운 자물쇠-그가 찾을 수 있는 것 중 가장 크고 좋은 것-를 사 왔다. 그는 자물쇠를 설치하고 집이 안전하다는 것을 확인할 수 있도록 안나에게 보여 주었다. "안나, 봤지? 아빠는 너한테 아무 일도 일어나지 않게 할 거야!" 그날 밤 안나는 또다시 집안에 있는 도둑 악몽으로 잠에서 깼다. 안나의 엄마는 그녀를 달래 주려고 했지만, 흐느낌이 진정되는 데 오래 걸렸다. 안나는 엄마에게 말했다. "심지어 아빠도 도둑이 올 거라고 생각해요. 그들을 막기 위해 큰 자물쇠를 사 왔잖아요!"

다음 진술 중 당신과 같은 것이 있는가?

- 불안은 해롭고 아이들에게 상처나 손상을 입힐 수 있다.
- 부모로서 당신의 역할은 아이의 삶을 가능한 한 편안하게 만들어 주는 것이다.
- 당신은 아이를 항상 기분이 좋게 해 주고 싶다.
- 당신의 아이는 다른 아이들보다 더 취약하다.

- 당신은 불안 때문에 사람들이 당신의 아이를 조심스럽게 대해 주기를 원한다.
- 당신은 아이가 가는 길의 장애물과 어려움을 없애려고 노력한다.
- 당신의 아이는 스트레스를 다룰 수 없다.
- 당신의 아이는 좀 더 부드러운 손길이 필요하다.

만약 이 진술들 중 몇몇(또는 이와 유사한 다른 진술들)이 당신과 유사하다면, 워크시트 2(양육 함정)에 당신의 한두 가지 예와 함께 그것들을 적어 보자.

앞의 진술들은 아이를 보호하는 부모에게서 전형적으로 볼 수 있는 것들이다. 이 안에 숨겨진 믿음은 아이를 덜 불안하도록 돕는 것을 방해할 수 있다. 예를 들어, "불안은 좋지 않다"와 "불안은 해롭다"라는 진술은 애매하다. 매우 충격적인 사건과 같은 극단적인 불안에 노출되는 것은 정말로 해로울 수 있다. 외상 후 스트레스는 실제로 삶에 많은 지장을 주고 장기적인 장해를 초래할 수 있다. 하지만 외상 후 스트레스는 당신 아이의 일상생활에서 일어나는 정상적인 사건 때문에 발생하지는 않는다. 정상적인 사건들은 불안을 유발할 수 있다. 하지만 그 불안은 실제로는 위험하지 않다. 만약 당신이 어떤 불안이든 해로운 것이라고 믿는다면, 아이가 항상 불안해지지 않도록 노력하는 것은 이해가 된다. 하지만 당신도 이미 알다시피, 이것은 불가능하다. 그리고 당신의 아이가 때때로 불안을 느낄 것이기 때문에, 자신은 불안을 견딜 수 있고 항상 그것을 피할 필요는 없다는 것을 믿는 것은 도움이 될 것이다. 당신에게 피해와 고통을 줄 끔찍한 일이 있고, 그것을 피할 방법이 없다는 것을 안다면 얼마나 기분이 나쁠지 생각해 보라. 당신 아이가 일반적인 불안은 위험하지 않다는 것을 아는 것이 훨씬 낫다. 그리고 사실 이런 불안은 아이가 해야만 한다면 대처할 수 있는 것들이다.

불안은 좋지 않고 피해야만 하는 것이라는 생각과 유사한 또 다른 믿음은 "나의 역할은 아이의 삶을 가능한 한 편안하게 만들어 주는 것이다"의 진술에 나타나 있다. 물론 대부분의 부모들은 아이가 편안하기를 더 좋아할 것이다. 하지만 이것이 정말 가장 중요한 부모의 역할일까? 당신의 아이가 세상 속에서 살아가기 위해 준비시키는 것은 아이가 삶의 덜 편안한 측면에 대처할 수 있을 만큼 충분히 강해지도록 돕는 것을 의미할 수 있다. 당신의 삶이 항상 수월하기를 기대하는가? 당신은 항상 편안하기를 기대하는가? 아마도 그렇지 않을 것이다. 만일 그렇다면, 당신은 아마도 항상 수월하지 않고, 편안하지 않은 현실 때문에 대부분의 시간을 좌절하게 될 것이다. 당신의 삶에 당면하는 어려움들에 대처할 수 있다면, 그것은 아마도 당신이 어느 정도의 시간은 편안하지 않다는 것을 받아들일 수 있고, 침착하게 대처할 수 있기 때문이다. 불안한 아이들은 또한 그들 자신의 불안까지도 침착하게 대처할 수 있는 법을 배울 수 있다. 최근에 내가 들은 명언은 이를 잘 표현하고 있다. "부모로서 우리의 역할은 자녀가 겪어야 하는 고통을 줄이는 것이 아니라 고통을 덜 받는 방법을 배우게 하는 것이라는 점을 명심해야 한다."

자녀에게 불안을 두려워하지 말고 침착하게 대처하도록 가르치는 것은 불안한 아이에게 줄 수 있는 가장 큰 선물 중 하나이다. 하지만 불행하게도 현재 불안이 높은 아이는 인생 대부분에 걸쳐 평균보다 높은 불안을 경험할 가능성이 있다는 것은 사실이다. 이것은 아이가 인생 전체를 불안장애로 고통받거나 불안에 의해 손상된다는 것을 의미하지는 않는다. 하지만 이것은 불안이 아이의 삶에서 지속되거나 반복되는 요소일 가능성이 높다는 것을 의미하며, 이는 아이가 불안에 잘 대처하는 법을 배우는 것을 더 중요하게 만든다.

앞에 나열된 또 다른 진술들은 유사한 믿음들을 반영하고, 이들은 그럴듯하지만 사실은 부모들이 아이의 불안을 다루도록 걸려들게 할 수 있는 함정이다. 아이가 '더 취약'하거나 '스트레스를 다룰 수 없기' 때문에 '아이가 가는 길의 장애물과 어려움을 없애는 것'이나 '세상이 그들에게 관대하도록 하는 것'을 부모가 해야 할 일로 만든다면, 부모가 아이에게 길을 터 주기 위해 항상 곁에 있지 않으면 스스로 대처할 수 없다는 나약한 자기상을 심어 줄 것이다. 이러한 생각들은 당신을 아이 삶에 있는 지뢰밭의 지뢰 제거반이 되게 할 수 있다. 당신은 아이의 길에서 가능한 한 많은 장애물을 치우고 싶겠지만, 아이는 세상은 정말 많은 지뢰로 가득 차 있고 본인 스스로는 그것들을 없앨 수 없다는 마음으로 남겨질 수 있다.

아이의 길에서 지뢰를 제거하려고 할 때의 또 다른 위험도 중요하게 고려되어야 한다. 당신이 모든 세상을 통제할 수는 없기 때문에 당신이 아이를 보호할 수 있는 능력은 대부분 집안에서 일어나는 것들에 한정되어 있다. 당신의 집에서는 아이의 불안을 일으키는 요인들이 가능한 한 적도록 만들 수 있다. 하지만 집 밖의 세상은 그렇게 사려 깊지 않다. 결과적으로 당신의 아이는 집에서만 안전하다고 느낄지도 모른다. 그리고 많은 불안한 아이들은 점점 더 바깥 세계와의 접촉을 피한다. 부모가 아이의 불안을 일으키지 않는 보호된 환경을 만들수록, 아이에게 세상은 점점 더 무섭게 보일 것이다. 실제 관계는 진짜 사람과의 상호작용을 다룰 필요가 없는 온라인 '우정'과 같은 가상으로 대체될 수 있다. 학교에 가는 것은 점점 더 어려워지고 홈스쿨링으로 대체될 수 있다. 단순히 집을 나서는 것조차도 벅찬 일처럼 느껴지기 시작할 수 있다. 심각한 경우에는 결과적으로 스스로 고립되고 집 밖에서는 전혀 기능하지 못하게 된다. 당신의 아이가 이러한 징후를 보이지 않더라도, 부모가 보호하기 위해 지뢰를 제거해 주는 것은 아이가 나중에 고립될 위험을 증가시킬 것이다.

▼ 당신은 요구적인 부모인가?

앞서 말한 바와 같이, 불안이 높은 아이들의 부모가 빠지기 쉬운 두 번째 함정은 자녀에게 불안을 느끼지 않거나 불안을 느끼지 않는 것처럼 행동하도록 요구하는 것이다. 이 책의 단계를 밟아 가다 보면 당신의 아이가 본인의 불안을 다루어야 하는 상황이 만들어질 것이다. 그러나 당신의 행동을 바꾸는 것은 아이가 행동을 바꾸도록 요구하는 것과는 매우 다르다. 2장에서 설명했듯이, 불안의 치료는 종종 아이의 행동 변화에 초점을 맞춘다. 하지만 이러한 치료법은 부모가 아이에게 변화를 강요하는 것이 아닌 아이가 치료에 참여하기로 선택하는 것에 달려 있다. 아이의 동기와 의지가 없는데 아이가 이러한 변화를 수행하도록 부모가 기대할 때가 바로 부모가 요구하는 경우이다.

그랜트는 여섯 살이고 물을 무서워했다. 그는 수영장이나 바다에 가지 않으려고 했다. 그리고 그의 가족이 친구들과 호숫가에서 모임을 가질 때, 그는 배에 타거나 물 주변에 머무는 그 어떤 것도 거부했다. 대신 그랜트는 오후의 대부분을 나오기를 거부한 채 차 안에서 보냈고, 그의 부모는 그를 지켜보기 위해 교대로 그곳에 머물렀다.

어느 여름, 그의 엄마 카르멘은 더 이상은 안 된다는 생각에 이 문제를 이제는 극복해야겠다고 결심했다. 그랜트를 캠프에서 데리고 온 후에 그녀는 곧장 가까운 수영장으로 향했다. 집으로 가고 있지 않다는 걸 깨달은 그랜트가 어디로 가는 거냐고 물었을 때 카르멘은 말했다. "도착하면 알게 될 거야." 수영장 근처에 주차를 하고 어디로 가는지 그랜트가 알아차렸을 때, 그는 매우 화를 냈고, 차에서 내리기를 거부했다. 단호한 지시와 보상 약속으로 엄마가 그랜트를 수영장으로 데려간 후에는 그랜트는 수영복 입기를 거부했다. 몇 분의 논쟁 끝에 엄마가 말했다. "좋아! 그냥 저기 앉아서 엄마를 봐!" 그녀는 수영복으로 갈아입고 물속으로 뛰어들었다. 카르멘은 몇 바퀴를 수영하고 밖으로 나와 그랜트에게 돌아왔다. "봤지, 아무 일도 일어나지 않아!" 그녀는 말했다. "네 주변을 둘러봐. 여기 있는 모두가 수영하고 물에서 놀고 있어. 아무도 무서워하지 않고, 모두 즐기고 있다고. 너는 이걸 극복해야 하고, 이미 극복했어야만 해!"

그랜트는 대답하지 않고 그녀의 시선을 피한 채 고집스럽게 땅만 쳐다보았다. 카르멘은 좌절했고 화가 나기 시작했다. "그랜트! 내가 말하고 있잖아. 엄마를 봐!" 아이가 올려다보았을 때 그녀는 말을 이어 갔다. "내 말 들었어? 넌 이걸 해야만 해. 더 이상 아기처럼 굴지 마. 수영을 시작하지 않는다면, 너는 평생 물을 무서워하게 될 거야. 너도 그러면 좋겠니? 여기 유아용 수영장에서 시작할 수 있어. 물은 네 허리에도 닿지 않을 만큼 깊지 않아, 젠장. 허리에도 닿지 않는 물을 두려워하는 건 말이 안 돼! 도대체 무슨 일이 일어날 거라고 생각하는 거야? 내가 바로 옆에 서 있는데 무릎 깊이의 물에서 빠져 죽을 거라고 생각하는 거야?!"

그랜트는 울었고, 여전히 꿈쩍도 하지 않았다. 카르멘은 다른 부모들이 자신들을 보고 있음을 깨달았다. 계속하기에는 너무나 불편해져서 그녀는 절망하며 그랜트를 데리고 수영장을 떠났다.

카르멘의 좌절과 아들에 대한 격분은 이해될 만하다. 그의 공포는 명백하게 과도하고, 그것은 그 자신의 활동뿐만 아니라 가족 전체를 방해하고 있다. 친구들이 방문했을 때 부모가 차 안에 그와 함께 앉아 있어야만 했던 것처럼 친목 모임에도 지장을 준다. 카르멘은 아마도 그랜트의 회피가 물에 대한 두려움을 유지시키고 있고, 그가 물과의 접촉을 피하는 한, 두려움을 극복할 가능성은 거의 없다는 것을 알고 있을 것이다. 엄마는 참을 만큼 참았고, 이제는 아이가 이 문제를 완전히 극복해야 할 때라고 믿는다. 하지만 장벽을 뚫고 그랜트가 그의 공포를 극복하도록 하려는 그녀의 노력은 결국 둘 모두에게 더 큰 좌절과 실망감만을 안겨 주며 끝나게 되었다. 그랜트는 이제 물에 가까이 가려고 할 가능성이 더 줄어들고, 카르멘은 한동안은 다시 시도하고 싶어 하지 않을 것이다. 그랜트를 도와주고자 한 그녀의 바람은 궁극적으로는 역효과를 낳는 요구적인 방식으로 그녀를 행동하게 하고 끝났다.

다음 진술 중 당신과 같은 것이 있는가?

- 아이는 정신을 차릴 필요가 있어.
- 아이는 단지 관심을 끌려고 하는 거야.
- 계집애 같은 사람은 세상을 살아 나가기 힘들어.
- 어리광 피우지 마!
- 나를 봐. 봤지? 나는 두렵지 않아.
- 참아!
- 빨리 해!

- 왜 일을 크게 만들어?
- 두려움이 우리를 통제하게 둘 순 없어.
- 아무도 이렇게 하지 않아.
- 언니는 그러지 않았는데 얘는 왜 이러지?

만약 이 진술들 중 몇몇(또는 이와 유사한 다른 진술들)이 당신과 유사하다면, 워크시트 2(양육 함정)에 당신 생활의 한두 가지 예와 함께 그것들을 적어 보자.

자녀가 다르게 느끼기를 요구하기

카르멘이 그랜트에게 "무릎에 닿지도 않는 물을 두려워할 수는 없어"라고 말했을 때, 그녀는 이 말의 문자 그대로를 의미하지는 않았을 것이다. 다른 어떤 것—심지어 존재하지 않는 것—도 두려워할 수 있는 것처럼, 무릎 높이의 물도 물론 두려워할 수 있다. 카르멘이 정말 말하고 싶었던 것은 이것일 것이다. "무릎 높이의 물을 두려워하는 건 이해가 안 돼" 또는 "이걸 두려워할 필요는 없어" 혹은 "맙소사, 이제 그만 물을 무서워했으면 좋겠구나." 하지만 카르멘이 실제로 아들에게 했던 말은 그녀가 아이가 느끼는 것을 믿지 않는다는 것이었다. 당신이 실제로 느끼는 것에 대해 다르게 느끼는 것이라고 말한 사람이 있었는가? 그것은 유쾌한 경험이 아니고 대부분은 그것을 인정하지 않는다! 사실 누군가가 우리가 느끼는 것이 무엇인지를 말하려고 할 때, 우리는 그가 나의 영역을 침범하는 것처럼 느끼고, 우리의 온전한 감정을 보호하기 위해 더 숨게 된다. 카르멘이 의도한 바가 정확하게 그것은 아닐지라도, 그랜트에게 두렵지 않다고 말하는 것은 그를 더욱 확고하고 덜 개방적으로 만들 것이다.

비록 그랜트는 엄마가 그에게 겁먹어서는 안 되고, 실제로 할 수 있다고 믿는다는 의미로 말했다는 것을 알더라도, 그 경험은 여전히 불쾌할 것이다. 그랜트는 단순하게 다르게 느끼기를 선택할 수는 없다. 그래서 그에게 다르게 느껴야 한다고 말하는 것은 본질적으로는 그의 감정이 괜찮지 않다고 말하는 것이다. "그렇게 해야만 한다"와 같은 말은 사실 감정이나 생각에 사용하지 않는다. 누군가가 그렇지 않을 때 그들에게 특정한 방식으로 느껴야 한다고 말하는 것은 무의미하다. 이 모든 것은 그들이 느껴야 하는 감정을 느끼지 못하는 것에 대한 죄책감이나 수치심을 경험하게 하고 또는 그들이 실제로 느끼는 방식에 대해 거부감을 겪게 한다.

자녀에게 다르게 느끼도록 요구하는 것은 미묘하거나 극단적인 방식으로 발생할 수 있다. 미묘한 요구의 예는 아이가 "무서워"라고 말할 때 부모가 "아니야, 그렇지 않아"라고 대답하는 것이다. 그 부모는 아이에게 다르게 느끼라고 말하지는 않았지만 그것이 무섭지 않다고 주장함으로써 부모는 아이가 느끼는 방식이 잘못되었다고 말하고 있다. 보다 정확하고 덜 요구적인 진술은 "나한테는 무섭지 않아" 또는 "위험하지 않아"이다. 상황은 안전하면서도 여전히 무서울 수 있다. 따라서 위험하지 않다고 말하는 것은 다르게 느끼도록 요구하는 것과는 같지 않고, 단순히 보다 객관적인 정보를 제공하는 것이다. "나한테는 무섭지 않아"라고 말하는 것은 부모와 아이가 다르게 느낄 수 있는 다른 사람이라는 것을 인정하는 것이다.

아이가 다르게 느끼도록 요구하는 보다 극단적인 형태의 요구는 부모가 화가 나거나 좌절감을 느낄 때, 또는 본인이 아이를 기분 나쁘게 하거나 무서워하는 것에 대해 창피하게 함으로써 동기를 부여할 수 있다고 믿을 때 발생할 수 있다. 앞의 예에서 카르멘이 그랜트에게 점점 화가 나자 그에게 한 말들이 더 거칠고 비판적이게 되었다는 점을 주목하자. 먼저, 그녀는 그랜트에게 두려워하지 않는 다른 아이들을 둘러보라고 말한다. 이는 그랜트가 이미 알고 있고 부끄러워하고 있을 가능성이 높다. 그다음 그녀는 "아기처럼 굴지 마"라고 말한다. 마침내 그녀의 인내심이 바닥이 났을 때, 그녀는 정말로 그랜트가 '무릎 높이의 물에 빠져 죽을 것'이라고 생각하는지 물으며 그의 두려움을 비웃는다. 카르멘은 그랜트에게 심술궂거나 적대적이지 않다. 그녀는 단지 그가 두려움을 극복하도록 도울 수 없다는 것을 느끼고, 아이가 그녀와 함께 해 보기를 꺼려서 방금의 시도가 실패했다는 사실에 실망했을 뿐이다.

자녀가 다르게 행동하기를 요구하기

또 다른 종류의 요구는 아이가 무서워함에도 불구하고 무섭지 않은 것처럼 행동하라고 요구할 때이다. 카르멘이 그랜트에게 "넌 이걸 해야만 해. 더 이상 아기처럼 굴지 마"라고 말했을 때, 그녀는 그가 당장 그 자리에서 두려움을 극복하고 그에게는 여전히 무서운 무언가에 대처하기를 요구하고 있다. 그랜트는 선택하기 불가능한 것들과 함께 남겨지게 된다. 그는 매우 무섭고 할 수 없을 것 같은데도 불구하고 물에 들어갈 수 있다. 또는 엄마의 말에 따르지 않고 화나게 만들 수 있다. 그랜트가 엄마의 시선을 피하고 대답하지 않은 채 바다만 응시하는 방식으로 상황을 완전히 피하려고 하는 것은 놀라운 일이 아니다. 엄마의 그런 통제적인 요구에 맞닥뜨렸을 때, 상호작용을 완전히 거부하는 것은 그에게 남은 유일한 통제력이다.

하지만 노력한다면 괜찮다는 걸 알게 될 거야

이것은 사실일 수도 있다. 처음 새로운 일을 하는 것을 두려워하는 아이가 많은 격려를 받은 후 시도해 보고, 곧바로 다시 하려고 하는 모습을 보는 것은 매우 흔하다(그리고 다시, 또다시 반복한다). 부모인 당신은 아이가 한 번만 두려움을 극복하려고 노력한다면, 아이는 더 이상 두렵지 않다는 것을 깨닫게 될 것이라고 생각할 수 있다. 이런 믿음은 당신을 과도하게 열심히 하도록 만들 수 있다. 아이를 한 번만 두려움에 직면할 수 있도록 한다면 문제 해결에 가까워질 것이라는 믿음은 아이가 그것을 하도록 아주 극도로 강하게 밀어붙일 수 있다. 하지만 당신이 알아야 할 한 가지가 있다. 아이가 무언가를 한번 시도하고 무섭지 않다는 것을 깨달은 후 다시는 그것과 관련해서는 문제가 일어나지 않는 패턴은 만성적이고 지속적인 불안보다는 정상적인 공포의 전형적인 모습에 가깝다. 롤러코스터 타는 것을 무서워하는 아이를 잘 구슬려서 기구를 타게 하고, 아이는 잘 타고 내려서 다시 줄을 서기 위해 곧장 달려 나갈 수 있다. 하지만 심하고 지속적인 고소공포증이 있는 아이를 잘 설득해서 롤러코스터를 타게 할 가능성은 거의 없다.

중요한 것은 아이가 롤러코스터를 타고 난 뒤에 만족하는가뿐만 아니라 애초에 롤러코스터를 탈 수 있도록 설득이 가능한가이다. 불안 문제가 있는 아이들은 자신이 느끼는 것이 타당하지 않다고 하는 요구에 의해 격려를 받을 가능성이 적고, 그러한 요구에 흔들릴 가능성도 적다. 자신의 두려움을 무시해야 한다는 압력의 증가는 아이를 할 수 없다고 고집 부리고 꿈쩍하지 않게 만들 뿐이다. 당신이 그들에게 이 문제에 대한 선택권이 있다는 것을 인정하고 이것이 그들에게는 힘든 일이라는 것을 이해한다면 불안한 아이들은 새로운 것을 시도할 가능성이 더 높다.

당신은 슈퍼맨-아이는 아니다!

당신의 아이가 다르게 느끼도록 요구하는 또 다른 방법은 어떻게 느껴야만 하는지를 보여 주는 것이다. 예를 들어, 부모인 당신이 '너도 무서워하면 안 된다'라는 것을 암시하며 "나를 봐. 봤지? 안 무서워"라고 말할 때 이런 일이 발생한다. 카르멘은 그랜트에게 그녀가 몇 바퀴 수영을 하는 동안 자리에 앉아서 그녀를 보도록 했고, 그에게 돌아와서는 "봤지, 아무 일도 일어나지 않아"라고 말했다. 문제는 당신의 아이가 당신이 두려워하지 않는 것을 동경할 수는 있지만 이것이 아이가 덜 두려워한다는 것을 의미하지 않는다는 것이다! 사실 많은 불안한 아이들은 두려움을 보이지 않는 부모들에게 감탄한다. 그러나 한 아이가 나에게 "우리 아빠는 슈퍼맨이에요. 이게 내가 날 수 있다 걸 의미하지는 않아요!"라고 말했듯이 부모가 슈퍼맨이라는 것을 안다고 해서 아이가 날 수 있게 되는 것은 아니다. 아이는 감탄할 수 있고 또는 상대적으로 스스로를 작고 연약하게 느낄 수 있다. 하지만 어느 쪽이든 그는 언제나처럼 슈퍼맨이 아니다. 아이처럼 당신도 두려움을 느끼고 있고, 슈퍼맨은 아니며, 아이와 비슷한 종류의 어려움들을 대처하고 있다는 것을 보여 주는 것은 아이도 역시 대처할 수 있다고 믿을 수 있도록 하는 데 훨씬 더 도움이 된다. 아이의 관점에서는 다음과 같이 볼 수 있다.

만약 우리 부모님이 슈퍼맨이 아니고 나처럼 무서워하고 스트레스를 느끼고 있지만 그것들을 극복할 수 있다면…… 글쎄, 슈퍼맨이 가족인 것만큼 멋지지는 않겠지만, 나도 부모처럼 잘 대처할 수 있다는 뜻인 거야. 그리고 그건 부모도 나와 내가 느끼는 것을 더 잘 이해할 수 있다는 걸 의미해.

이 장에서 배운 것들

- 아이의 불안에 대한 반응으로 보호하기와 요구하기
- 당신은 보호적인 부모인가
- 당신은 요구적인 부모인가

Breaking Free of Child
Anxiety and OCD

5장

가족 순응

질은 열두 살이며 부모 중 한 명이라도 심각한 병에 걸릴까 봐 계속 걱정한다. 그녀는 부모들의 건강에 대해 하루에도 몇 번씩 물어본다. 작년에 질의 아빠는 농담으로 그의 심장이 얼마나 튼튼한지를 '증명'하고 건강하다는 것을 보여 주기 위해 윗몸 일으키기 30회를 하겠다고 했다. 그날 이후, 질은 아빠에게 매일 '윗몸 일으키기'를 해 달라고 애원했고 그가 거절하면 울었다. 이제 질은 엄마에게도 윗몸 일으키기를 하라고 부탁하기 시작했다.

말리크는 열 살이고 혼자 침대에서 잠드는 걸 두려워한다. 그는 때때로 소리가 들리고 집에 도둑이 들까 봐 걱정된다고 한다. 말리크는 엄마 키아라 옆에서 자고 싶어 하지만 그녀는 챙겨야 할 집안일이 많다. 키아라는 밤중에 소리를 듣지 않도록 말리크 방에 백색 소음을 내는 기계를 두기도 했다. 이제 말리크는 엄마가 집을 떠나서 그녀의 소리를 들을 수 없을까 봐 두려워한다. 그래서 매일 밤 말리크는 침대에 누워 있고, 엄마는 부엌에서 일부러 프라이팬과 접시를 두드리며 엄마가 여기 있다는 것을 말리크가 들을 수 있도록 많은 소음을 낸다. 안타깝게도 키아라가 만드는 모든 소음은 실제로는 말리크가 잠드는 것을 방해한다.

피오나는 아홉 살이며 9·11 테러로 쌍둥이 빌딩이 무너지는 영상을 본 이후부터 극도로 불안해한다. 그녀는 처음 며칠 동안 악몽을 꿨고, 자신이나 가족에게 빌딩이 무너지는 것을 걱정하기 시작했다. 그녀의 부모들은 처음에는 정상적인 반응이라고 생각했고 그녀를 안심시키기 위해 노력했다. 하지만 어느 날 고층 빌딩 근처에 차를 주차했을 때 피오나가 엄청난 정신적 혼란감을 겪는 것을 보고 문제가 심각하다는 것을 깨달았다. 피오나는 차를 건물에서 떨어진 곳으로 옮기겠다고 할 때까지 울면서 평소 그녀답지 않은 분노 발작을 보였다. 그날 이후, 피오나는 부모가 빌딩, 굴뚝, 핸드폰 기지국 등 높은 구조물 근처의 공원은 운전하지 않겠다고 약속하지 않는 한, 차에 타기를 거부했다. 피오나의 가족은 그들이 갈 지역의 타워를 미리 파악하고 운전할 때는 항상 타워를 피해야 한다.

이전 장에서 아이들이 불안을 느낄 때 부모에게 자연적으로 도움을 구하도록 타고났음을 배웠다. 이 장에서 우리는 상황을 바꿔서 부모의 관점에서 자녀의 불안을 이야기할 것이다. 결국 아이들은 부모가 자신의 기분이 나아지도록 도와주기를 바랄 뿐만 아니라, 당신도 자녀를 도우려는 강력한 동기를 가지고 있다. 불안 문제가 있는 아이의 부모로서, 아마도 당신의 행동에 다음과 같이 많은 변화가 있었을 것이다.

- 자녀의 질문에 반복적으로 대답하거나 지속적으로 안심시킨다.
- 자녀의 불안으로 인해 가족의 잠자리 준비와 밤 시간 의식(ritual)이 바뀌었다.
- 자녀의 불안을 촉발할 것으로 생각되는 장소는 피한다.
- 다른 사람과 이야기하는 것을 아이가 불편해하는 것을 알기 때문에 아이에게 한 질문에 당신이 대답한다.

이런 변화가 있었다면 안심하라. 당신은 혼자가 아니다.

불안 문제를 겪고 있는 자녀를 둔 수백 명의 부모들에게 아이의 불안이 그들의 행동에 변화를 가져왔는지 물었을 때, 97%가 이러한 변화가 있었다고 답했다. 반복적으로 안심시켜 주는 것은 부모에 의해 보고된 가장 흔한 행동 변화이다. 세계의 많은 다른 연구들은 각

계각층의 부모, 심지어 다른 나라와 문화의 부모들도 불안한 자녀가 있는 경우 비슷한 행동 변화가 일어난다고 보고하고 있다.

▼ 가족 순응은 무엇인가?

가족 순응은 자녀가 불안한 감정을 피하거나 줄일 수 있도록 부모 자신의 행동을 바꾸는 것을 설명하기 위해 심리학자들에 의해 사용되는 용어이다. 〈표 5-1〉은 가족 순응의 흔한 몇몇 유형을 보여 주고 이것이 아동 불안 문제 및 증상과 어떻게 관련이 되는지를 설명한다.

〈표 5-1〉 가족 순응의 흔한 유형들

아동 불안 문제	증상	가족 순응
사회불안	손님이 방문할 때 아이가 불편해한다.	아이가 집에 있을 때는 손님을 초대하지 않는다.
	웨이터가 저녁 식사 주문을 받을 때 아이는 시선을 돌리고 대답하지 않는다.	부모가 항상 아이를 위해 주문해 주고, 웨이터의 질문에 대답한다.
범불안	엄마가 교통사고를 당할까 봐 걱정한다.	엄마는 운전을 조심히 하겠다고 반복적으로 아이와 손가락 걸고 맹세하고, 회사에 도착하면 문자를 해야 한다.
	숙제가 완벽하지 않을까 봐 걱정한다.	아빠가 매일 숙제를 확인하고, 아이와 함께 여러 번 검토해야 한다.
	아이가 중병에 걸릴까 봐 걱정한다.	부모는 아이가 건강하다는 것을 반복적으로 설명하고, 건강과 질병에 대한 아이의 많은 질문에 대답해야 한다.

강박사고와 강박행동	세균에 감염될까 봐 걱정한다.	엄마는 케첩이나 요거트 같은 것은 이전에 개봉하지 않은 새 것만 사용하고, 남은 것은 버려야 한다.
	숫자 3에 집착한다.	아이가 방에 있으면 부모는 세 번 불을 껐다 켰다 해야 한다.
	무언가 나쁜 일을 해서 벌을 받을까 봐 두려워한다.	엄마나 아빠는 매일 아이의 '고백'을 듣고 아이가 범죄나 죄를 저지르지 않았다고 보증해 주어야 한다.
분리불안	아이는 생일 파티, 친구들과 놀 때, 스포츠 행사 때 혼자 있는 것을 두려워한다.	부모는 끝날 때까지 함께 있어야 한다.
	밤에 침대에 혼자 있는 것을 무서워한다.	엄마나 아빠가 아이가 잠들 때까지 옆에 누워 있거나, 아이를 부모의 침대로 데려가 재운다.
	엄마를 볼 수 없다면 아이는 멘붕에 빠질 것이다.	엄마는 볼일을 볼 때에도 화장실 문을 열어 두어야 한다.
	아이는 저녁에 베이비시터와 있는 것을 무서워한다.	부모는 저녁에 함께 외출하지 않는다.
구토 공포	멀미할까 봐 두려워한다.	가족은 45분 이상 운전해서 가지 않는다.
	병에 걸려서 토할까 봐 두려워한다.	전날 학급에 누군가 아픈 사람이 있었다면 아이를 학교에 보내지 않는다.
벌레 공포	봄이나 여름에 바깥에 나가는 것을 무서워한다.	가족은 모든 피크닉이나 소풍을 피한다.
	집에 있는 벌레를 두려워한다.	부모는 매일 잠들기 전 30분 동안 벌레를 찾으러 다녀야 한다.
분장한 캐릭터 공포	분장을 한 사람에 대한 언급 자체를 두려워한다.	부모는 분장에 대한 언급을 자제하고 관련된 모든 이야기를 피한다.

참여하기와 조정하기

가족 순응은 셀 수 없이 다양한 형태를 취할 수 있지만, 두 가지 주요 범주로 나누는 것이 유용할 수 있다. ① 불안에 끌려가는 행동에 참여하기, ② 가족 일상과 스케줄 조정하기이다.

불안에 끌려가는 행동에 참여하기

불안에 끌려가는 행동에 참여하기는 아이의 불안을 줄이거나 피하기 위한 행동에 적극적으로 참여할 때 발생한다. 아이 옆에서 자는 것은 참여 순응의 한 예이다. 반복해서 같은 질문에 대답하는 것은 또 다른 예이다. 이러한 적극적인 참여 순응은 매일 상당한 시간을 빼앗을 수 있다. 또한 많은 비용이 들 수도 있다. 아이가 충분히 깨끗하지 않다는 느낌을 털어 내지 못해서 대량으로 화장지를 구입해야 하는 강박장애 아동의 엄마는 그녀가 화장지에 매달 100달러가량을 쓴다고 했다! 그녀는 또한 배관을 뚫기 위해 일 년에 두 번 배관공을 부르는 데에도 돈을 써야 했다. 또 다른 예로, 병에 걸릴까 봐 두려운 아이는 남은 음식과 유통기한이 일주일도 안 남은 음식을 모두 피하기 때문에 부모는 아직 괜찮은 음식들을 모두 버려야만 하고 새로운 음식을 사 두어야 한다.

순응의 비용은 시간 소비의 측면에서도 그만큼 높을 수 있다. 한 고등학생의 아빠는 아들이 아빠가 계속 있겠다고 약속을 하지 않으면 학교에 가기를 두려워하기 때문에 매일 아침 아들 교실 밖에 몇 시간 동안 서 있는다고 했다. 매일 근무 시간에 수없이 제 시간에 엄마가 집에 있을 거라고 전화로 자녀를 안심시켜 주어야 하는 엄마는 가족 순응 때문에 더 이상 직장에서 제대로 일할 수 없을 것 같다고 느꼈다.

가족의 일상과 스케줄 조정하기

가족과 일상과 스케줄 조정하기는 자녀의 불안으로 당신의 일상생활 패턴을 변경할 때를 말한다. 사회적 상호작용이 아이의 불안을 초래하기 때문에 더 이상 집에 손님을 초대하지 않거나, 원래보다 일찍 퇴근하거나 늦게 출근하는 것을 예로 들 수 있다. 가령 아이가 물이나 비행을 무서워할 때 불안을 유발할 수 있는 휴가를 가지 않는 것도 또 다른 조정 순응이다. 종종 이러한 조정 순응은 너무 오랫동안 지속되어 정상적인 것처럼 보인다. 어떤 어머니는 출장을 가게 되면 아이가 화낼 것을 알기에 정기적으로 직장에서의 승진을 거절하기도 한다.

조정 순응은 부모뿐만 아니라 가족 전체에 영향을 미칠 수 있다. 형제자매들은 그들의 욕구나 계획을 불안한 아이 때문에 바꾸게 될 수도 있다. 가족 순응이 불안한 아이의 형제자매에게 미치는 영향을 인식하는 것은 중요하다. 우리는 이 장 뒷부분에서 이 문제에 대해 좀 더 자세히 다룰 것이다. 이 장에서는 순응이 시간이 지남에 따라 실제로는 도움이 되지 않고 어떤 방식으로 불안을 줄이기보다는 유지하게 되는 것인지를 알아볼 것이다.

▼ 당신은 순응하고 있는가?

아마도 그럴 것이다. 하지만 괜찮다. 초반에 말했듯이, 불안한 자녀가 있는 거의 모든 부모들은 그들이 아이의 불안에 순응하고 있다는 것을 알게 될 것이다. 당신에게 중요한 것은 당신의 순응을 알아차리는 것이다. 이를 통해 당신은 어떤 변화를 만들 것이고 어떻게 변화할 것인지를 계획할 수 있다.

몇 가지 간단한 질문을 스스로에게 물어보는 것으로 시작할 수 있다. 그리고 그 답변은 이 책 뒷부분에 있는 부록 A의 워크시트 3(당신과 아이의 불안)에 적어 보자.

- 당신의 시간 중 얼마나 많은 부분이 자녀의 불안에 쓰이는가?
- 당신은 다른 형제자매들과 비교해서 이 아이를 위해 무엇을 다르게 하고 있는가?
- 만약 아이가 불안하거나 두려워하지 않는다면 당신은 무엇을 다르게 할 것인가?

이러한 질문들은 당신이 그동안 제공해 왔던 가족 순응을 알아차리는 데 도움이 될 것이다. 배우자와 함께 살고 있다면 같이 이야기해 보는 것도 좋은 생각이다. 당신은 각각 상대방이 알지 못하는 순응을 지적할 수 있을 것이다. 하지만 비난해서는 안 된다! 이것은 서로 헐뜯거나 손가락질 할 기회가 아니다. 자녀의 불안이 당신의 삶에 어떠한 영향을 끼쳤는지, 자녀가 두려움을 느끼지 않도록 각자 어떻게 노력을 해 왔는지를 되돌아볼 수 있는 기회이다. 믿을 만한 친구와 친척과 이야기해 보는 것도 도움이 된다. 다시 말하지만, 여기서 요점은 통찰과 지식을 얻는 것이지 비난하는 것이 아니다.

이후 이 책에서 당신은 다양한 형태의 가족 순응을 식별하고, 지도를 그리고, 모니터링하는 방법을 배울 것이다. 당신은 자녀가 덜 불안하고 강하게 자랄 수 있도록 그 순응의 일부를 줄이는 방법을 배울 것이다. 지금은 그저 되돌아보고 알아차리는 시간을 가져라. 아직은 아무것도 바꾸지 마라. 순응을 줄이는 것은 중요하지만, 계획적이고 신중한 방식으로 진행하는 것이 가장 효과가 있다. 당신이 일상생활에서 자녀의 불안에 어떻게 순응하고 있는지 알아차리는 것은 주력하기에 가장 적절한 순응을 선택하고, 효과적이고 힘이 되는 방식으로 당신의 행동을 변화시킬 수 있는 가장 좋은 계획을 세우는 데 도움이 될 것이다.

▼
당신이 도움이 되었다고 생각하는가? 당신이 해야 할 일이 아닌가?

올리비아는 13세 여자 아이의 엄마이다.

내 딸이 심각한 음식 알레르기 진단을 받았을 때, 의사는 가족이 바뀌어야 할 모든 부분에 대해 이야기해 주었다. 특정한 음식이 딸에게 얼마나 해로운지와 그리고 우리는 딸이 '알레르기 유발 음식'을 피할 수 있도록 항상 안전하고 건강한 환경을 계획해야 한다는 것이었다. 아이가 불안해졌을 때, 나는 음식 알레르기와 똑같이 해야 한다고 생각했다. 아이를 '촉발 자극'으로부터 확실히 떨어뜨려 놓고, 아이의 불안을 자극하지 않도록 우리의 삶을 정돈하는 것이었다. 무엇이 다른가?

당신의 아이가 어려움에 대처할 수 있도록 돕는 것은 부모가 되는 가장 중요한 요소 중 하나이다. 처음 주사를 맞히기 위해 아이를 안고 있었던 순간부터 밤에 잠자리에 들라고 하고, 아침에 학교에 가게 할 때까지 육아는 종종 어려운 선택을 해야 한다. 아이의 불안을 위해 너무 많은 순응을 제공하는 것은 마치 아이에게 더 이상 주사를 맞을 필요가 없다고 말하는 것과 같다. 그 순간은 아이의 기분이 좋겠지만 장기적으로는 아이에게 더 큰 위험을 안겨 줄 것이다.

스스로에게 질문해 보라. 불안에 취약한 아이들이 배워야 할 가장 중요한 것은 무엇일까? 정답은 아이가 불안에 대처할 수 있고 때때로 불안을 느끼는 것은 괜찮다는 것을 아는 것이라고 나는 생각한다. 결국 당신의 아이가 삶에서 많은 불안을 경험할 가능성이 높다면(현재 연구들은 지나치게 불안한 아이들의 경우 살아가는 동안 높은 불안을 경험할 가능성이 높다고 시사한다), 아이가 그것을 감당할 수 없다고 생각하지 않기를 바랄 것이다. 우리는 아이들이 그들이 대처할 수 있다고 믿고, 가장 효과적으로 대처할 수 있는 기술을 배우기를 원한다. 이런 방식으로 불안을 생각하면 그들이 불안에 대처할 수 있다는 사실을 아이에게 심어 주는 것이 불안한 자녀를 둔 부모의 중요한 역할임이 분명해진다. 여덟 살짜리 소년의 아버지가 들려준 다음의 일화를 살펴보자.

이 모든 것은 6개월 전에 시작되었다. 뉴욕 여행 중이었던 우리 가족은 시내의 작은 식당에서 점심을 먹고 있었다. 우리가 떠나기 전에 리키는 화장실을 써야 했다. 그는 화장실로 갔고, 우리는 계산서를 부탁했다. 계산을 마치고 나갈 준비를 마칠 때까지 리키는 돌아오지 않았다. 나는 리키를 확인하러 가서 화장실 밖에서 불렀다. 리키는 계속 안에 있었고 힘들어하는 소리가 들렸다. 그는 문을 열려고 애를 썼지만 손잡이가 움직이지 않았다. 나는 문을 열었고 아이는 울음을 터뜨렸다. 나는 아이에게 괜찮다고 말했고, 너를 두고는 떠나지 않았을 것이라 위험하지 않았다고 했지만, 아이는 진정되지 않았다. 우리가 너를 데리고 나갔을 것이기 때문에 실제로 갇힌 것은 아니라고 리키에게 설명하려고 노력했다. 우리는 리키에게 여행을 계속할 마음이 있는지 물었고, 리키는 그저 어깨를 으쓱할 뿐이었다. 아이가 더 이상 여행에 재미를 느끼지 않는 것처럼 보여서 우리는 일정을 줄여 집에 일찍 돌아가기로 결정했다. 이후 식당에 갔을 때, 리키는 나에게 화장실에 같이 가 달라고 했다. 1인용 화장실이었지만 아이는 내가 함께 들어가기를 원했고, 나 역시 아이가 무서워하는 것을 원하지 않았기에 함께 들어갔다. 그 이후부터 리키의 두려움은 더 심해지기 시작했다. 학교 화장실에 가는 것도 무서워해서 누군가가 바로 앞에 서 있기를 원했다. 우리가 외식을 하자고 할 때마다 리키가 스트레스를 받아서 외식하는 횟수를 많이 줄였다. 이제는 리키가 집에서도 혼자 화장실을 가고 싶지 않다고 말하기 시작해서 우리는 도움이 필요하다. 그는 혼자서는 대처할 수 없고 우리가 필요하다면서 사고가 나더라도 우리 없이는 가지 않겠다고 말한다. 우리는 그와 함께 있어 주고 있지만 이것은 점점 도를 넘고 있다. 우리의 도움에도 불구하고 그는 점점 더 겁을 먹고 있는 것 같다.

리키는 식당 화장실에 갇히는 불쾌한 경험을 했고 당연히 무서울 만했다. 그리고 그의 부모들은 리키를 안심시키기 위해 최선을 다했다. 이제 리키는 미래에 있을지도 모를 유사한 경험들을 피하는 데에 온 힘을 기울이게 되었다. 그는 그 사건을 생생하게 기억하고 있고 다시는 그런 느낌을 경험하지 않겠다고 결심했다. 대부분의 아이들처럼 리키는 이런 일이 일어나지 않을 거라는 안심을 구하기 위해 부모에게 의존했지만, 엄마나 아빠와 화장실을 갈 때마다 혼자서는 대처할 수 없다는 믿음이 강해져만 갔다. 그는 어떻게 대처할 수 있는지를 배울 기회를 얻지 못했다. 이는 부모가 리키에게 이렇게 이야기하는 것과 같다. "너는 힘든 일을 다룰 수 없어. 너를 위해 처리해 줄 우리가 필요해." 대부분의 어른들뿐만 아니라 아이들과 마찬가지로 그는 불안의 엄청난 아이러니 중 하나를 경험하고 있다. **불안을 피하려고 할수록 더 큰 불안을 느끼게 될 것이다.** 리키를 돕기 위해 그의 부모들은 리키가 화장실에서 무서워하지 않도록 돕는 것에 관심을 집중하는 대신, **무서워도 괜찮**다는 것을 가르치는 것에 집중해야 한다. 이는 단순히 말로 알려 줄 수 있는 가르침이 아니다. 하지만 이 가르침은 그들이 가족 순응을 없애 버렸을 때 가장 강력하게 전달될 것이다.

▼
좋은 순응과 나쁜 순응

순응이라는 단어는 문맥에 따라 다른 의미를 가진다. 많은 경우 순응은 아주 긍정적인 것으로 묘사된다. 가령, 특수 아동은 그들의 잠재력을 발휘할 수 있도록 학교에서 순응들을 제공받는다. 쓰기가 느린 아이들은 쓰기 시험에서 추가 시간을 얻을 수도 있고, 이것은 중요하고 긍정적인 순응이 된다. 또한 순응이라는 단어는 고집 세거나 이기적인 것과는 반대로, 함께 지내기 수월한 사람을 묘사하는 데 사용된다.

　왜 불안에 순응하는 것은 다른 것인가? 왜 내가 순응을 문제이거나 줄여야 하는 것으로 설명할까? 불안에 관한 한, 모든 순응이 부정적이거나 도움이 되지 않는 것은 아니다. 어떤 순응은 아이가 불안을 극복하는 데 도움이 될 수 있다. 어떤 경우에는, 순응이 아이들을 지탱하고 그들이 더 강하고 독립적으로 성장하도록 돕는 발판 역할을 할 수 있다. 하지만 많은 경우 순응은 우리가 의도한 것과는 반대로 작용해서 불안을 더 악화시킨다. 앞 예시의 리키 부모처럼 당신의 순응들에도 불구하고 아이의 불안이 줄어들기보다 더 심해져서 좌절하게 될지도 모른다. 어떤 순응이 도움이 되고 도움이 되지 않는지를 가려내는 것은 중요한 단계이다. 그리고 이를 가려내는 가장 좋은 방법은 다음의 질문으로 자문하는 것이다.

- 이 순응은 당신의 아이가 점점 더 잘 대처하는 데 도움이 되는가?
- 또는 당신의 아이가 점점 더 피하는 데 도움이 되는가?
- 이것은 당신의 아이가 최근에 어떻게 대처해 왔는지에 비해 진전된 것인가, 후퇴된 것인가?

　순응이 대처능력을 높이는 길을 향할 때는 도움이 된다. 예를 들어, 아이가 불안 문제 때문에 등교를 하지 못할 때 부모와 함께 등교하는 것은 도움이 되는 순응이다. 이는 점진적인 단계가 되어 대처가 증가함에 따라 순응을 없앨 수 있다. 아이가 더 많이 피하고 덜 대처하도록 할 때는 순응이 도움이 되지 않는다. 약간의 어려움이 있긴 하지만 아이가 혼자서 학교를 등교하고 있다면, 그때 학교에 동행하기로 결정하는 것은 도움이 되지 않는 순응이 될 것이다.

즉, 순응은 아이에게 불안감을 느끼는 것에 대처할 수 있다는 귀중한 가르침을 줄 때 도움이 된다. 순응이 불안에 대처할 수 없고 불안을 일으키는 상황을 피해야만 한다는 아이의 믿음을 강화시킬 때는 도움이 되지 않는다.

〈표 5-2〉는 불안한 아이가 대처하는 데 도움이 되는 순응과 도움이 되지 않는 순응의 예시이다.

〈표 5-2〉 도움이 되거나 도움이 되지 않는 순응의 예

상황	도움 되는 순응	도움 되지 않는 순응
아이가 매일 직장에 있는 당신에게 전화한다.	매일 한 번 자녀에게 전화하여 확인하는 것으로 합의한다.	아이가 전화할 때마다 받고 아이가 안심할 때까지 통화한다.
아이가 야구를 엉망으로 할까 봐 두려워 연습하러 가기를 원하지 않는다.	코치와 이야기해서 아이의 두려움을 코치에게 설명하는 것으로 합의한다.	아이가 기분 상하지 않도록 집에 머물도록 한다.
아이가 혼자 샤워하는 것이 무서워 그동안 욕실에서 당신이 기다려 주기를 원한다.	아이와 함께 욕실에 들어가되, 매일 조금 더 길게 아이를 욕실에 두고 나오는 것으로 합의한다.	아이가 샤워할 때마다 욕실에 있는다.
아이는 혼자 자는 것을 무서워해서 매일 밤 당신의 침실로 온다.	아이를 침실로 돌려보내고 아이가 편안해하고 잠이 들 동안 몇 분간 함께 있는다.	아이를 당신의 침대에서 재워서 밤에 일어날 필요가 없도록 한다.

▼ 순응하지 않기는 어렵다!

이것은 정말 사실이다! 순응은 힘들지만 순응하지 않는 것은 더 힘들 수 있다. 아이에게 순응하지 않는 것이 더 힘든 선택으로 보일 수 있는 많은 이유가 있다. 순응하는 것이 도움이 되지 않는다는 것을 깨달았을 때에도 이를 없애기 어려운 몇 가지 사항을 살펴보자.

당신은 아이가 동요하는 것을 보기가 힘들다

이는 세상에서 가장 자연스러운 감정이다. 아이들의 괴로움에 마음이 움직이는 것은 우리의 본성이다. 자녀가 울고, 숨을 가쁘게 쉬고, 도움을 요청하는 모습은 부모인 당신에게 엄청난 부담감을 줄 수 있으며, 이에 순응하지 않는 것은 잔인하고 비정하게 느껴질 수 있다. 당신의 아이 또한 정서적 표출의 힘을 깨달을 수 있고, 그 결과는 훨씬 더 극적인 고통의 표출로 이어질 수 있다. 이것을 아이가 당신을 조종하는 것으로 생각하지 말아야 한다. 이를 단순히 학습과 강화 효과로 생각하는 것이 더 공정하고 정확하다. 아이는 당신이 자신에게 순응해야 한다는 것을 강하게 느끼고, 순응이 발생할 가능성이 더 높아지게 만드는 모든 것은 자연스럽게 강화될 것이다. 과거에는 순응하지 않았던 것을 아이가 매우 흥분한 뒤에는 받아들여주었다면, 그 행동이 반복되거나 추후 더 악화되는 것은 거의 필연적이다.

이것은 자녀가 순응 없이 대처하는 것을 배울 수 없다는 것을 의미하지는 않는다. 하지만 목표를 달성하기 위해서는 당신 스스로 힘든 순간들을 견딜 수 있도록 단련할 필요가 있다는 것을 의미한다. 당신이 자녀의 고통을 참는 것을 아이를 가르치는 수업이라고 생각해 보라. 마치 "이것은 나를 아주 불편하게 하지만 내가 해야 한다는 것을 알기 때문에 나는 할 수 있어"라고 말하는 것처럼, 이것이 바로 당신이 원하는 아이가 자신의 불안에 대해 말하는 방식이다. 그것은 나를 불편하게 하지만 해내야만 한다는 것을 알기 때문에 참을 수 있다.

당신은 시간이 없다. 처리해야 할 다른 일들이 많다

이것은 앞의 예시만큼 감정적인 어려움은 아니지만, 흔히 일어나는 일반적인 것이다. 우리 모두는 매일 처리하고 성취해야 할 여러 가지 일들이 있고, 당신 아이에게 순응하기를 거부하는 것은 매우 자주 다른 목표들을 완수하는 것을 어렵게 만들 것이다.

한 어머니의 이야기이다.

> 코트니는 혼자 위층에 올라가는 걸 싫어한다. 처음에는 어두워진 후인 밤에만 싫어했는데, 최근에는 아무 때나 싫어한다. 위층에서 무언가가 필요할 때면, 그녀는 우리들 중 한 명이나 적어도 형제들 중 한 명이라도 데리고 갈 것이다. 오늘 아침 코트니가 위층에 책가방을 놓고 왔다는 걸 알았을 때 우리는 급하게 학교로 출발하려던 참이었다. 나는 그녀에게 얼른 가져오라고 말했지만, 물론 나는 그녀가 뭐라고 말할지 알고 있었다. 그녀가 나에게 함께 가자고 했을 때, 나는 선택권이 있다는 걸 알았다. 나는 그녀와 함께 가서 가방을 가져올 수 있다. 또는 그녀와 30분가량 이에 대해 말다툼을 하고, 이후 아이는 혼자 가방을 가져오겠

지만 그녀와 그녀의 형제들은 분명히 학교에 지각할 것이고 나도 직장에 늦을 것이다. 나는 그녀와 함께 올라갔다.

당신도 아마 불안이 높은 아이를 둔 부모로서 이와 유사한 딜레마를 경험해 본 적이 있을 것이다. 당신은 순응을 거부할 수 있지만 모든 것이 마비될 것이다. 또는 당신이 이런 순응이 궁극적으로 도움이 되지 않는다는 것을 알더라도, 함께 가서 그 순간을 모면할 수도 있다. 만약 당신이 코트니 엄마와 같은 선택을 했다고 하더라도 자책할 필요는 없다. 기억해라, 거의 모든 부모들은 때때로 그들의 불안한 아이들에게 순응한다. 그리고 그 이유는 가정 생활이 원활하게 돌아가도록 하기 위해서이다.

이것이 한꺼번에 모든 순응을 없애지 못하는 중요한 이유이다. 계획 세우기, 어려움에 준비하기, 그들을 다루기 위해 필요한 자원 마련하기, 계획을 일관되게 고수하기는 문제를 극복하기 위한 핵심 열쇠들이다. 이 책은 당신이 그 계획 세우는 것을 돕고, 다른 부모들에게 효과가 있었던 몇몇 해결책을 제시할 것이다. 아마도 처음에는 방과 후에 발생하는 순응에만 집중하는 것을 선택할 것이다. 또는 당신의 순응을 계획하고 1~2주 동안 모니터링한 후, 시작하기에 더 좋은 곳이 있음을 알게 될 것이다. 지금은 여유를 갖고 누구도 항상 완벽한 선택을 할 수 없다는 것을 기억하라.

당신이 순응하지 않으면 아이는 화를 내고, 때로는 공격한다

많은 사람들은 불안한 아이들의 경우 온순하거나 항상 순종적일 것이라고 생각한다. 이것은 사실과는 거리가 멀다. 불안장애나 강박장애가 있는 아이들은 다른 아이들만큼 공격적일 수 있으며, 적절한 동기가 있다면 원하는 것을 성취하기 위해 모든 노력을 기울일 것이다. 부모로부터 지속적인 순응을 보장받는 것만큼 불안한 아이에게 동기를 부여하는 것은 없다. 강박장애 치료 전문가들을 대상으로 한 조사에서 75%는 그들의 어린 환자들이 그들을 위한 순응을 요구할 때 강압적이고 강제적이라고 묘사했다. 신체적 폭력, 언어적 공격성, 물건 파괴, 그리고 다른 형태의 파괴적인 행동들이 흔히 보고되었다. 이것을 나쁜 행동으로 생각하지 않는 것이 좋다. 그리고 이는 아동의 부정적인 성격 특성의 신호도 아니다. 당신이 순응하지 않을 때 아이가 공격적인 행동을 보인다면, 그것은 아마도 아이가 순응 없이는 대처할 수 없다고 믿고 있음을 의미한다. 또한 과거에는 이런 종류의 행동들이 당신의 순응을 얻어 내는 데 성공적이었음을 의미할 수도 있다. 불안이 높은 아이들의 부모로부터 파괴적인 행동들이 흔히 보고되기 때문에 12장에서는 순응이 거절되었을 때 보이는 아동의 공격적 행동에 어떻게 대처할 것인가를 다룰 것이다.

순응하지 않는 것은 불안을 더 심하게 할 뿐이다

여기서 우리는 다시 약간 더 긴 기간에 초점을 맞출 필요가 있다. 아주 긴 기간이 아니라 약간 긴 기간이다. 당신이 순응하지 않는다면 아이는 더 불안해 보일 가능성이 매우 높다. 하지만 당신이 꾸준히 지속할 수 있다면, 아이는 짧은 시간 안에 덜 불안해하기 시작할 것이다. 아이에게 가장 어려운 것은 당신이 실제로 순응하지 않을 것이라는 생각을 받아들이는 것이다. 아이 초기 반응의 많은 부분은 자기가 여전히 당신의 순응을 얻어 낼 수 있을 것이라는 믿음에 의해 만들어질 것이다. 아이가 당신이 더 이상 본인에게 순응하지 않을 것이라는 것을 알게 되면, 아이는 스스로 대처할 수 있다는 것을 깨닫기 시작할 것이다. 그러면 아이의 불안이 줄어들고, 순응에 대한 요청도 줄어들 것이다.

아이는 어떻게 생각할까? 당신이 신경 쓰지 않는다고?

아이는 당신을 오랫동안 알아 왔다. 당신이 이 책을 읽고 있다면, 분명 당신은 자녀를 사랑하고, 아이가 좀 더 나아지길 바라는 것이다. 우리는 부모들의 사랑을 우리가 원하는 것을 얻거나 얻지 못하는 특정 순간으로 판단하지 않는다. 당신의 아이는 당신이 자신을 사랑하지 않는다고 비난할지도 모른다. 그리고 이런 비난은 어떤 부모도 듣기 힘들다. 하지만 "엄마는 날 사랑하지 않아!"라고 말하는 것은 사랑을 느끼지 않는 것과는 같지 않다. 아이들은 그들이 원하는 것을 얻을 때 사랑받는다고 느끼는 것은 아니라는 걸 명심하라. 그들은 그들에게 필요한 것을 얻을 때 사랑받는다고 느낀다(항상은 아니지만 충분히 자주).

아이가 당신의 조치와 변화를 이해하도록 돕는 것은 이 프로그램의 중요한 부분이다. 당신의 조치에 아이가 동의할 필요는 없다. 하지만 아이의 동의 여부와 상관없이 당신이 아이를 돕기로 결심했기 때문에 모든 것이 사랑해서 하는 행동이라는 걸 아이가 확실히 알 수 있도록 조치를 취할 수 있다.

7장에서는 순응을 제거하기 전에 자녀에게 지지를 표현하고, 아이를 돕기 위해 취할 단계를 설정하기 위해 당신이 어떻게 하면 될지를 설명하고 있다.

▼ 순응과 형제자매

 부모는 불안이 높은 아이에게 영향을 받는 유일한 가족 구성원이 아닙니다. 형제자매를 포함한 모든 가족 구성원들도 어느 정도 영향을 받는다. 때로는 형제자매에게 미치는 영향이 크고 뚜렷하고, 때로는 더 미미할 수 있지만, 아이의 불안감이 가정의 다른 구성원들에게 어느 정도 영향을 미치고 있을 가능성은 높다.

 불안한 아이가 형제자매에게 영향을 미칠 수 있는 한 가지 방법은 당신이 불안한 아이를 돕기 위해 시간과 자원을 쏟아서 다른 아이들에게는 시간과 자원을 덜 쓰게 되는 것이다. 이에 대해 죄책감을 느끼거나 자책할 필요는 없다. 어려움이 있는 아이의 부모가 되는 것은 필연적으로 그 문제를 해결하기 위해 추가적인 시간과 자원을 바쳐야 한다는 것을 의미한다. 시간이든, 돈이든, 에너지든, 관심이든 당신의 자원은 한정되어 있다. 하루에는 너무 많은 시간이 있고, 우리는 마치 수입에 대한 예산을 짜는 것처럼 시간에 대한 예산을 짜야 한다. 만성적이거나 심각한 신체 질환이 있는 아이들의 부모들은 아이의 회복을 위해 엄청난 자원을 써야 한다. 그리고 심리적이고 정서적인 문제가 있는 아이들의 부모들도 마찬가지이다.

 심지어 당신이 이 책으로 작업하는 데 전념하는 시간(그리고 책 구입 비용)도 당신이 다른 아이의 숙제를 돕는 대신 불안해하는 아이를 돕기 위해 바치고 있는 자원이다. 좋은 소식은 이 책을 통해 아이의 불안으로 소비되었던 시간을 줄일 수 있다는 것이다. 가족 순응은 대체로 아이의 불안에 대처하는 데 시간을 가장 많이 소비한다. 순응을 줄이는 법을 배우면서, 불안이 높은 아이의 형제자매와 자신의 돌봄을 포함한 다른 필요에 전념할 시간이 더 많다는 것을 알게 될 수도 있다.

　불안한 아이들의 형제자매들은, 그들의 불안 수준이 높은 편이든 아니든 상관없이, 매우 자주 다양한 방식으로 그들의 형제자매에게 이끌려 순응하게 된다. 어떤 경우에는 형제자매들이 기꺼이 하는 순응이고, 아마도 그들이 형제 또는 자매의 불안에 순응되고 있다는 것을 깨닫지 못할 것이다. 그 예는 다음과 같다.

　　　클로이는 여덟 살이고 혼자 샤워하는 것을 두려워했다. 샤워를 해야 할 때마다 클로이는 여동생 메건에게 물어봤다. "재미있는 이야기를 해줄까?" 메건은 클로이의 이야기를 좋아했고 항상 욕조 옆 의자에 앉아 클로이의 이야기를 듣고 싶어 했다.

　클로이의 불안은 여동생에게 영향을 미치고 있었지만 여동생은 그 행동이 불안의 징후라는 것을 알아차리지 못했고 언니로부터 더 많은 관심을 받는 그 결과를 좋아했다. 순응하는 형제자매들의 또 다른 경우는 자신의 형제자매가 두려워하거나 걱정한다는 것을 훨씬 더 잘 알고 있지만, 그의 기분이 나아질 수 있도록 기꺼이 순응하거나, 단순히 순응하는 것에 크게 개의치 않는 것일 수 있다.

　하지만 순응에 대한 요구가 시간이 지남에 따라 형제자매의 스트레스, 분노, 곤란함, 또는 억울함을 유발한다면 상황이 더 어려워질 수 있다. 예를 들면 다음과 같다.

- 가족들이 정기적으로 모임에 빠져야 하는 경우
- 영화 중간에 자리를 떠야 하는 경우

- 집에 손님을 들일 수 없는 경우
- 불안한 다른 형제자매 때문에 부모가 아이의 스포츠 경기에 참석할 수 없는 경우
- 순응에 대한 논쟁이 즐거워야 할 것들을 항상 망치는 것처럼 보이는 경우

불안한 아이가 형제자매의 의지에 반하여 강제로 강요하는 순응은 특히 문제가 될 수 있다. 불안한 아동과 청소년은 불안이 일어나지 않도록 하기 위해 종종 공격적인 강압까지 시도한다.

조스는 열두 살이고, 세균 오염에 대해 매우 걱정한다. 그의 쌍둥이 누이 린디는 조스의 두려움에 익숙했고, 그를 자극하는 그 어떤 것도 하지 않으려고 최선을 다했다. 그녀는 자신의 물건들을 그에게서 멀리하려고 조심했고, 그녀가 손을 씻었는지, 아프지는 않은지에 대한 그의 질문에 참을성 있게 대답했다. 하지만 식사시간은 참는 것이 거의 불가능해지고 있었다. 조스는 누군가가 재채기나 기침을 하면 화를 내며, 종종 '범인'에게 세균을 퍼뜨리고 그를 병들게 하는 것을 멈추라고 소리친다. 린디는 저녁 식사 자리에서 조스로부터 최대한 멀리 앉으려고 했지만 그의 분노로부터 오랫동안 벗어나 있을 수는 없었다. 조스는 매주 새로운 규칙을 만들어 내는 것 같았고, 그녀가 아무리 노력해도 린디는 그를 항상 화나게 하는 것 같았다. 조스는 어느 날 저녁 식사에서 그녀가 하품하는 것을 보고는 그녀의 이름을 부르며 더러운 세균 덩어리 입을 치우라고 폭발하듯 화를 냈다. 린디는 참을 만큼 참았다. 그녀도 화를 참지 못하고 그에게 소리 질렀다. "피곤해서 하품했어! 니가 지긋지긋하다구! 너랑 너의 그 미친 규칙들. 대체 니가 뭐야? 왜 우리 모두가 니 말을

들어야 해?" 린디는 부모에게도 소리쳤다. "왜 얘를 그냥 놔두는 거예요? 여기서 중요한 사람은 조스뿐인가요?"

이 예시에서 부모는 어려움에 맞닥뜨리고 있지만, 이는 흔하게 접하는 딜레마이다. 그들은 조스가 단순히 불쾌해하거나 횡포를 부리는 것이 아니라 강박증을 보이고 있다는 것을 알았다. 그들은 조스가 자신(그리고 그들)에게 훨씬 더 엄격한 위생 규칙을 부과했고, 그가 강박증 문제의 '최대 피해자'라는 것을 순간 알아차렸다. 또한 그들은 그의 요구가 린디에게는 불합리하고 이 문제로 인한 분쟁이 가족 분위기에 매우 부정적인 영향을 미치고 있다는 것도 알았다.

이 책에서는 다른 자녀들이 제공하는 순응보다는 당신 자신의 순응에 우선적으로 초점을 맞출 것이다. 이에는 두 가지 이유가 있다.

1. 이미 말했듯이 이 책의 목적은 당신이 가장 잘 통제할 수 있는 사람의 행동을 변화시키는 것이고, 그 사람은 바로 당신이다. 불안한 아이의 감정이나 행동을 통제할 수 없기 때문에 그 아이가 불안해하는 것을 멈추거나, 순응을 요청하는 것을 멈추도록 계획할 수 없는 것처럼 다른 아이의 행동들을 통제하여 이에 의존하려는 계획을 세울 수도 없다. 설사 그런 계획을 세운다 하더라도 그 아이가 당신의 뜻에 따르거나, 꾸준히 하거나, 당신이 의도한 대로 하리라는 보장은 없다.
2. 부모가 형제자매의 행동을 변화시키려고 하면 그 계획은 종종 역효과를 낸다. 당신의 두 아이(또는 그 이상) 사이의 관계를 개선하려는 당신의 시도는 더 많은 다툼을 일으킬 수 있다. 또는 당신의 노력에 고마워하지 않고 순응을 유지하기 위해 더 밀접

한 동맹을 맺을 수도 있다. 형제자매 관계를 만들어 나가는 것은 최상의 상황에서도 어려운 일이다. 따라서 당신 스스로의 행동에 집중하는 것이 자녀의 불안감을 줄이는 데에 훨씬 더 좋은 결과를 얻게 할 것이다.

꼭 할 필요는 없어!

그렇다면 불안이 높은 형제자매에게 중요한 순응을 제공하고 있는 아이에게 부모는 어떤 메시지를 줄 수 있을까? 나는 당신의 아이들이 꼭 순응할 필요는 없다는 것을 알게 해 주라고 제안하고 싶다. 순응을 금지하거나(명백하게 부적절하지 않는 한) 순응하지 않는 규칙을 만들기보다는, 단순히 무슨 일이 일어나고 있는지 당신이 보고 있다는 것을 형제자매에게 알게 해 주고, 불안한 형제자매에게 순응하는 것이 그들의 의무가 아니라는 걸 알기를 당신 또한 바란다는 걸 알려 주어라. 당신의 아이에게 순응하지 않는 것을 허락한다 하더라도 그들은 여전히 그 행동을 계속하는 선택을 할지 모른다. 하지만 그들은 당신의 지지를 받고 있음을 알게 될 것이고, 덜 좌절하고 덜 억울할 것이다. 당신의 아이가 자신의 형제자매가 불안하다는 것을 알기 때문에 순응하고 도와주려고 한다면, 당신은 이를 명확하게 인정하고 그들의 배려심과 이해심을 칭찬해 줄 수 있다. 그들의 순응이 궁극적으로는 도움이 되지 않더라도, 그들이 하고 있는 노력은 여전히 관심 받을 만하고 기특한 것이다. 당신은 아마도 아이들 모두가 서로에 대해 그리고 다른 사람들에 대해 친절하고 배려하기를 원할 것이다. 그리고 배려를 강조하는 동시에 그들이 계속 배려할 것을 기대하지는 않는다는 것을 알려 주는 것 또한 중요하다.

불안이 높은 아이에 대한 당신의 순응을 줄이는 작업을 함에 따라, 다른 아이들도 당신의 변화를 볼 수 있고, 이는 그들 자신의 순응을 어느 정도 바꾸는 데에도 도움을 줄 것이다. 그들은 아이가 순응 없이 잘 대처할 수 있도록 돕는 것이 불안해하는 아이를 도와주는 방법이라고 당신이 믿고 있다는 것을 알게 될 것이며, 그들도 같은 선택을 할 것이다.

불안한 아이가 다른 형제자매에게 강제로 순응을 강요하고 있다면, 그것이 과도한 조르기이든, 언어적 공격이든, 신체적인 힘이든 부적절한 강요의 사용은 막아야 한다. 그런 다음, 당신의 불안하지 않은 아이에게 불안한 아이에 대한 순응을 요구하거나, 기대하지도 않는다는 것을 알게 해 주고, 당신의 행동에 계속 집중하라. 일단 이 책과 함께 성공적으로 당신 아이의 불안감을 줄이게 된다면, 그가 형제자매들에게 순응을 요구하는 것도 줄어들게 될 것이다.

이 장에서 배운 것들

- 가족 순응은 무엇인가
- 당신이 순응하고 있는지 구별하는 방법
- 왜 부모들이 순응하는가
- 좋은 순응과 나쁜 순응
- 순응하지 않는 것이 왜 어려운가
- 형제자매의 순응

Breaking Free of Child
Anxiety and OCD

6장

순응 지도 그리기

지금까지 당신은 순응의 개념을 이해하고, 이것이 불안한 아이들에게 장기적으로는 얼마나 도움이 되지 않는지를 알았다. 순응은 당신 아이의 불안을 오랜 시간 유지시키고 아이가 공포에 직면할 가능성을 줄인다. 또한 당신이 제공하는 순응에 대해서도 더 잘 알게 되었을 것이다. 순응은 당신의 아이에게 도움이 되지 않고, 다른 가족들에게도 큰 부담을 줄 수 있기 때문에 덜 순응하려고 노력하는 것이 이치에 맞다. 순응 줄이기는 이 책에서 설명하는 방법 중 중요한 부분이다. 하지만 가족 순응 줄이기로 넘어가기 전에 해야 할 매우 중요한 두 가지가 있다.

1. 첫 번째, 당신이 현재 제공하고 있는 순응에 대해 자세하게 이해할 필요가 있다. 이미 많은 것들을 확인했더라도 당신이 생각하지 못한 다른 것들이 있을 가능성이 높다. 이 장은 당신과 당신의 가족이 제공해 왔던 순응을 가능한 한 많이 포함한 '순응 지도'를 자세히 만들 수 있도록 도와줄 것이다. 이 책으로 계속 작업하면서 지도를 업데이트하고, 알게 된 추가적인 순응을 덧붙일 것이다.
2. 순응 줄이기를 시작하기 전에 두 번째로 해야 할 일은 아이가 불안해할 때 대처할 수 있는 대안을 마련하는 것이다. 순응을 줄이는 것은 꽤 어려운 일이다. 하지만 대신 무엇을 해야 할지에 대한 적절한 계획이 없다면 훨씬 더 어려워질 것이다. 가족 순응의 대안은 지지이다. 7장에서는 아이의 불안에 대한 지지적인 반응이 무엇인지, 당신의 아이를 어떻게 지지할 수 있는지를 배울 것이다.

일단 가족 순응에 대한 자세한 지도를 만들고 순응 대신 사용할 지지적인 반응을 배우면, 실질적으로 순응을 줄이는 작업을 시작할 준비가 된 것이다. 그리고 당신의 아이는 곧 훨씬 덜 불안해질 것이다.

왜 그렇게 자세한 가족 순응 지도가 중요한 것인지 궁금할 것이다. 당신이 이미 몇몇 순응을 알고 있다면 일단 거기에 먼저 집중하고, 다른 순응은 이후 명확해질 때 다루는 것이 어떨까? 좋은 질문이다. 그리고 거기에 대한 답은 대부분의 부모가 매우 다양한 형태의 순응을 제공하고 있고, 따라서 어떤 것에 먼저 집중할지를 선택하는 것이 중요하다는 것이다. 이는 당신이 내리는 핵심적인 선택이며, 대부분의 결정과 마찬가지로 가능한 한 많은 정보를 가지고 있을수록 최선의 결정을 내릴 수 있다. 몇몇 순응은 다른 것보다 더 집중하기 쉬울 수 있다. 8장에서는 어떤 순응을 먼저 줄일 것인지를 선택하기 위한 몇 가지 팁을 다룰 것이다. 하지만 당신이 해 온 다양한 순응에 대해 가능한 한 많이 아는 것은 당신이 가장 많은 선택권을 가지고 있다는 것을 의미하고, 이는 당신이 먼저 줄이기 가장 좋은 순응을 선택할 가능성을 더 높여 준다.

▼ 당신의 순응 지도 만들기

더 들어가기 전에, 이 책의 뒷부분 부록 A에 있는 워크시트 4(순응 목록)를 보자. 이 워크시트는 당신이 이미 인식하고 있는 순응을 적도록 한다. 몇 분간 당신의 일상생활을 생각해 보고, 떠오르는 순응을 가능한 많이 적어 보아라. 순응인지 아닌지 헷갈리는 것이 있다면, 스스로에게 다음의 질문을 해 보자.

- 아이의 불안 때문에 내가 하는 것인가?
- 내가 이것을 하지 않는다면 아이가 더 불안해하는가?
- 다른 자녀를 위해서도 같은 일을 하는가? 또는 할 것인가?
- 이것을 하는 것 외엔 달리 방법이 없는 것처럼 느껴지는가?
- 대부분의 사람들이 이 나이대의 아이들을 위해 하는 일인가?
- 그만하려고 해 봤는가?

아이가 불안하기 때문에 당신이 어떤 행동을 한다면, 아이는 당신이 그 행동을 하지 않을 때 더 불안해지고, 그것은 순응일 가능성이 높다. 마찬가지로, 이 행동을 하는 것 외엔 달리 다른 방법이 없다고 느껴지거나 과거에 그만하려고 노력한 적은 있지만 아이의 불안 때문에 지속하고 있다면, 이 또한 순응일 것이다. 반면, 덜 불안한 다른 아이에게도 당신이 똑같이 행동하거나 대부분의 사람들이 그 또래의 아이들에게 하는 행동이라면, 그것은 순응이 아니다. 그래도 여전히 확실하지 않다면, 일단 걱정하지 말고 그것을 적어라. 처음에 집중하기로 선택한 것이 아닐 수도 있지만, 다른 순응과 함께 적어 두는 것도 나쁘지 않다.

가장 쉽게 떠오르는 순응을 적었으니, 이제는 당신이 하고 있는 다른 순응을 파악할 시간이다. 이를 위해서 부록 A에 있는 워크시트 5(순응 지도)를 사용해 보자. 워크시트 5는 기상부터 잠들 때까지 당신의 하루 전체를 생각하도록 한다. 최근의 기억을 더듬어 보고 하루의 각 부분을 생각해 보자. 아이의 불안감 때문에 하루 중 특정 시점에서 다르게 행동하는 것이 있는지 스스로에게 물어보자. 순응인 것 같은 무언가 떠오른다면 기록해라. 이 워크시트에는 가족 중 **다른 사람**이 제공하는 순응도 포함시킬 수 있다. 배우자나 아이의 형제자매일 수 있으며, 친척, 선생님, 코치, 친구와 같은 아이의 삶에 있는 다른 사람일 수도 있다. 친척, 친구, 형제자매가 순응을 제공하는 일은 흔하다. 제공자가 누구이건 간에 가능한 한 많은 순응을 적어 두길 바란다. [그림 6-1]은 9세 레지의 부모가 작성한 순응 지도이다.

시간	무슨 일이 발생하는가? 누가 관여하는가?	빈도
오전 (기상, 옷 입기, 아침 식사, 등교)	예: 엄마가 '특별한' 요리로 아침 식사를 준비한다.	하루 한 번
	부모들은 레지와 함께 위층에 올라가서 레지가 옷을 고르고 입을 동안 함께 있다.	매일
	엄마는 레지를 학교에 데려다준다. 엄마는 레지를 교실로 데려다줄 사회복지사가 올 때까지 기다린다.	매일
	부모는 픽업에 대해 걱정하는 아이의 질문에 답한다.	매일
오후 (점심 식사, 하교, 숙제, 방과 후 활동, 사회 활동)	엄마는 레지를 데리고 온다. 픽업 차량의 첫 줄에 있어야 한다.	매일
	축구 연습 때 엄마는 항상 시야 안에 있어야 한다.	주 2회
저녁 (저녁 식사, 가족 시간, 잠자리 들기 전)	엄마는 항상 엄마가 어느 방에 있는지 레지가 알도록 해야 한다.	하루 수차례
	부모는 캐스의 취침 준비를 위해 위층으로 올라가기 전에 레지가 놀이를 마치기를 기다린다.	매일 저녁
취침 시간 (취침 준비, 씻기, 잠자리 들기)	레지가 샤워할 때 엄마나 아빠가 욕실에 있어야 한다. (간혹 캐스가 대신 있기도 한다.)	매일 밤
	레지가 잠들 때까지 엄마/아빠가 침대에 함께 누워 있어야 한다.	매일 밤
밤 시간	레지가 깨서 부모의 침대로 오면, 아빠가 레지의 침대에서 함께 잔다.	주 2~3회
	엄마와 아빠는 그들의 침실 문을 계속 열어 두어야 한다.	매일 밤
주말	엄마와 아빠 중 한 명은 반드시 레지와 함께 있어야 한다. (함께 외출하거나 베이비시터에게 맡길 수 없다.)	매주 하루 종일

[그림 6-1] 순응 지도 예시-9세 레지

하루를 보내면서 흔히 발생하는 다양한 상황들을 상상해 보자. 가령 아침 시간을 떠올려 보자. 아이들이 등교하기 전에 당신은 주로 집안 어디에 있는가? 주방? 아이들 침실? 또는 이미 출근을 해서 집에 없을 수도 있다. 각각의 시간 동안 당신이 무엇을 하고 있는지 스스로에게 질문해 보자. 아이와 상호작용을 하는가? 아이가 하는 일을 도와주는가? 일 때문에 통화를 하거나 바쁜가? 그리고 아이가 덜 불안해했다면 어떤 것이 달라졌는지 생각해 보자. 당신이 뭔가 다르게 했는가? 당신이 완전히 다른 장소에 있었는가? 아이보다는 당신의 일에 집중했는가? 당신의 아이가 불안하기 때문에 다르게 행동하는 것 하나하나가 또 다른 순응이 될 수 있다. 워크시트 5가 가능한 한 완전한 목록이 되도록 워크시트 4에 이미 기입한 순응을 워크시트 5에도 포함시켜야 한다.

순응은 아이가 불안하기 때문에 당신이 적극적으로 하는 행동만이 아니라는 것을 기억하자. 종종 우리는 아이가 불안하지 않았으면 했을 행동을 하지 않는 방식으로 순응하기도 한다. 아이가 불안해해서 하지 않는 행동이 있다면 그 순응 역시 기록하라. 가령, 아이가 스트레스를 받거나 불안해할까 봐 집에 있을 때는 배우자와 경제적인 부분에 대해 이야기하지 않으려고 노력한다면, 이것 또한 순응이다.

아이는 당신이 순응을 제공하기에 불안해할 필요가 없어진다는 것을 아는 것이 중요하다. 많은 순응들은 예방효과가 있다. 이는 그렇지 않으면 아이가 **불안해질 것이기** 때문에 부모들이 순응을 제공해 왔음을 의미한다. 아이가 실제로 불안해질 때까지 기다릴 필요 없이 순응을 통해 불안을 사전에 예방할 수 있다. 물론 이러한 순응들은 실질적으로 불안을 예방하지 못하고 아이는 전반적으로 불안한 상태를 유지할 가능성이 높다. 아이가 그 순간 불안해하든 말든,

아이의 불안 때문에 당신이 하는 모든 것들을 적어라. 아이가 순응을 요청하지 않더라도, 그렇지 않으면 아이가 불안해질 것이라는 것을 알기에 당신이 무언가를 한다면 그것 역시 순응에 해당된다.

마지막으로 순응은 정상적인 것이며, 불안이 높은 아이들의 거의 모든 부모가 순응을 제공한다는 것을 기억하라. 마치 범죄자나 죄인인 것처럼 순응을 '고백'하는 것이 아니다. 순응은 아이를 돕고 나머지 가족이 하루를 보낼 수 있기 위해 당신이 찾아온 도구이다. 순응이 당신이 해 온 '나쁜' 것이라서가 아니라 가능한 한 많은 정보를 얻어서 집중할 것을 고르기 위해 이것들을 적는 것이다. 이는 다른 사람이 제공하는 순응에도 적용된다. 당신의 임무는 그들이 순응하는 것을 '잡는' 것이 아니다. 그들은 '유죄'가 아니다. 당신은 단지 아이가 덜 불안해지도록 돕는 데 도움이 되는 데이터를 수집하는 것뿐이다.

일단 아침부터 밤까지 하루 종일을 살펴봤다면, 다시 시도해 보자. 그리고 이제는 평일보다는 주말을 생각해 보자. 주말은 학교에 가는 날들과는 다르다. 주말에는 당신이 아이를 위해 더 많은 시간을 보낼 수도 덜 보낼 수도 있다. 당신은 아마도 아이와 다른 일들을 할 것이고, 다른 장소에 가거나 다른 사람들과 어울릴 것이다. 평일을 살펴봤던 것과 같은 방식으로 주말을 살펴보자. 그리고 가능한 한 많은 순응들을 기록하자.

순응 지도를 완성하기 위한 다음 단계는(이제 거의 다 왔다!) 워크시트에 작성한 순응을 점검하고 각각 얼마나 자주 일어나는지 작성하는 것이다. 몇몇 순응들은 매우 자주 일어나서 하루에도 여러 번 발생하기도 한다. 예를 들어, 아이가 걱정하는 문자를 하루에 여러 번 당신에게 보낸다면, 당신은 그때마다 안심시키는 문자를 답할 것이고 그것은 매우 빈번한 순응이 된다. 다른 순응들은 아이가 자주 불안해하지 않기 때문에 또는 관련되는 상황이 드물게 발생되기 때문에 훨씬 덜 빈번하다. 예를 들어, 아이가 체조 수업에 혼자 남겨지는 것을 두려워하고 당신이 아이가 볼 수 있도록 주변을 서성인다면, 그 순응은 수업이 있을 때만 일어나는 것이다. 각각의 순응에 대해 하루에도 여러 번 일어나는지, 하루에 한 번인지, 또는 주에, 달에 몇 번인지 모두 기록하라. 순응의 빈도수에 대한 이 자료는 다음 단계에서 집중할 것을 선택하고, 어떤 순응을 먼저 줄일지 정하는 데에(8장에서 다룰 것이다) 매우 유용하게 사용될 것이다.

▼
순응 모니터링–일지 작성하기

이제 순응 지도가 있으니 앞으로 며칠 또는 몇 주 동안 계속 제공하고 있는 순응들을 추적하기가 훨씬 쉬워질 것이다. 하루하루 당신이 제공한 순응들과 횟수를 기록하여 일지를 작성해 보자. 목록에는 없는 추가적인 순응들이 있음을 깨달을 수 있다. 그러면 단순히 순응 지도에 추가하고 이 역시 계속 모니터링하면 된다. 당신의 순응 지도(워크시트 5) 복사본을 만들거나 파일로 저장해서 매일 일지를 업데이트하라.

아직은 적극적으로 순응을 줄이고 있지 않으니(곧 진행될 예정이지만), 특별한 변화 없이 계속 추적해 보자. 적극적으로 순응을 줄이기 시작하면, 이 일지는 줄이기로 선택한 순응에 특별히 더 초점을 맞추는 것과 함께 당신의 전반적인 순응 변화를 추적하는 데 유용하게 쓰일 것이다.

이 장에서 배운 것들

- 순응 지도 만들기 시작하기
- 순응 지도 모니터링

Breaking Free of Child
Anxiety and OCD

7장

어떻게 지지해 줄 수 있을까

지금까지 불안과 순응을 배웠고, 당신이 아이에게 제공하고 있던 순응을 배치해 보았다. 이제 당신은 가족 순응을 줄이고 아이가 덜 불안해지도록 도와주는 작업을 시작할 준비가 거의 다 되었다. 가족 순응 줄이기는 부모로서 어려운 작업이다. 하지만 순응에 아주 많이 의존해 왔고, 그 순응들을 당연시했던 당신 아이에게도 매우 힘든 작업이다. 마치 당신과 당신 아이 사이에 암묵적인 협정이 존재했던 것처럼 당신은 순응을 제공하면서 아이를 도왔을 것이고, 이러한 협정의 변화는 아이 입장에서는 받아들이기 매우 어려울 것이다. 당신의 아이는 순응만이 기분이 괜찮아지고, 불안에 대처하고, 힘든 날을 헤쳐 나갈 수 있는 유일한 방법이라고 믿게 되었을 수 있다. 하지만 그렇지 않다. 당신과 아이는 머지않아 실제로는 당신이 생각했던 것보다 아이가 더 잘 불안에 대처할 수 있다는 것을 알게 될 것이다. 그렇지만 아이가 당신의 순응을 통해서만 불안에 대처할 수 있다고 계속해서 믿는 한, 어떤 변화도 아이에게는 극복하기 어려운 일이 될 것이다. 이것이 바로 순응을 줄이는 것뿐만 아니라 **지지를 늘리는** 것이 중요한 이유이다.

지지하는 것은 아이가 줄어든 순응 때문에 겪는 어려움에 대처할 수 있도록 도와주는 방법이며, 아이가 불안해할 때 대응할 수 있는 대안적인 방법을 제공한다. 순응을 대신할 수 있는 것에 대한 계획 없이 순응하지 않는 것은 거의 불가능하다. 결국 무언가를 해야 하는 것처럼 생각될 것이고, 계획 없이는, 아마도 당신은 평소의 순응을 다시 하고 있다는 것을 깨닫게 될 것이다. 아이의 불안에 어떻게 반응할 것인지 미리 계획을 세운다는 것은 즉흥적으로 행동하지 않는다는 것을 의미한다. 아이가 많이 불안해할 때 당신은 그를 도와줘야 한다는 생각에 스트레스를 받을 것이다. 아이의 불안이 매우 눈에 띄게 드러난다면, 그 스트레스는 엄청날 것이다. 하지만 당신은 어떻게 반응할지에 대한 계획을 가질 것이기 때문에 임시방편으로 행동할 필요는 없다. 그리고 그 계획은 바로 지지적으로 반응하는 것이다.

▼
지지하는 것은 아이가 정말로 두려워하고 있음을 수용하는 것 – 하지만 아이가 대처해 나갈 수 있다는 것 또한 아는 것

불안한 아이에게 반응할 때 지지하는 방법은 다음의 두 가지를 아이에게 보여 주는 것이다. 수용과 신뢰. 두 가지 재료만 있으면 되는 간단한 조리법 같지만, 도움이 되는 결과를 얻으려면 두 가지 재료가 모두 필요하다. [그림 7-1]은 이에 대한 공식이다.

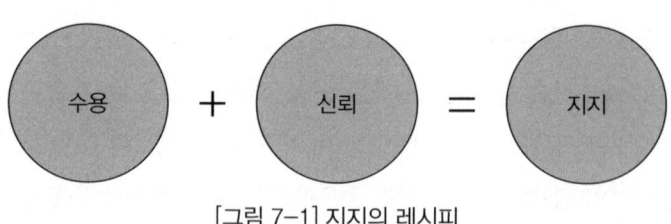

[그림 7-1] 지지의 레시피

이는 꽤 간단한 레시피이다! 당신이 아이를 이해하고 있고, 아이가 실제로 두렵다는 것을 알고 있으며, 그리고 판단하지 않고 있다(수용)는 것을 알려 줄 때, 또한 당신이 아이가 불안에 대처할 수 있다고 전적으로 믿고 있고, 아이는 불안하지만 괜찮아질 수 있다는 것을 당신이 알고 있다는 것을 보여 줄 때(신뢰), 당신은 아이의 불안에 대해 지지적으로 반응하고 있는 것이다.

마카로니와 치즈 중 하나라도 없으면 맥앤치즈를 만들 수 없는 것처럼, 수용과 신뢰 둘 다가 없으면 지지할 수가 없다!

4장에서의 함정과 덫을 생각해 보자. 아이가 불안할 때 얼마나 보호적이거나 요구적인 습관에 쉽게 빠질 수 있는지 떠올려 보라. 지지하는 것은 완벽히 반대되는 것이다.

- **지지하는 것은 요구적이지 않다.** 당신이 아이에게 불안해하지 말거나 불안하지 않은 것처럼 행동하기를 원하는 것과 같은 요구적인 방식으로 반응한다면, 여기에는 수용이 빠져 있기 때문에 지지하는 것이 아니다. 수용한다는 것은 당신의 아이가 실제로 불안하고, 당신이 말한다고 해서 다르게 느끼기를 선택할 수 없으며, 불안 때문에 어떤 일들은 정말로 하기가 어렵다는 것을 인정하는 것을 의미한다.
- **지지하는 것은 보호적이지 않다.** 반면, 당신이 아이에게 불안으로부터 보호하는 방식으로 반응한다면 그것 또한 지지하는 것이 아니다. 여기에서는 신뢰라는 재료가 빠져 있다. 보호는 당신이 아이가 불안에 대처할 수 있다고 믿지 않고, 아이를 보호해야 한다고 믿음을 의미한다.

수용과 신뢰가 모두 합쳐졌을 때, 그때가 바로 당신이 제대로 지지할 수 있는 때이다.

지지한다는 것이 아이가 갑자기 불안해하지 않게 될 것이라는 것을 의미하지 않는다. 지지가 불안을 없애 버리는 마법은 아니다. 수용과 관련해서 아이를 속일 수 없다. 아이에게 지지하는 어떤 말을 하고 이제 아이가 불안해하지 않기를 바란다면 그건 진정한 수용이 아니다. 말보다는 행동의 힘이 항상 크다. 수용하는 말은 하지만 아이의 불안을 진실로 받아들이지 못하는 것처럼 행동한다면, 아이는 지지받는다고 느끼지 못할 것이다. 신뢰도 마찬가지이다. 말보다는 행동의 효과가 훨씬 더 크다. 아이가 불안에 대처할 수 있을 것이라 믿는다고 말은 하면서 당신의 행동은 그렇지 않다면(가령, 순응을 제공하면서 지지하는 말을 하는 것과 같이), 아이는 결국 당신이 자신을 신뢰한다고 믿지 않을 것이다.

멜라니와 브로디는 열한 살인 6학년 딸 다야나 때문에 힘들어했다. 학기 초부터 다야나는 스쿨버스로 등교하는 데에 어려움이 있었다. 아이는 가장 친한 친구 옆에 앉지 못할까 봐 걱정했고, 다른 아이가 놀리거나 괴롭힐까 봐 걱정했으며, 버스를 탔을 때 너무 화가 나서 학교 생활 전체가 엉망이 될까 봐 두려워했다. 멜라니와 브로디는 다야나에게 스쿨버스를 타는 것에 대해 수차례 이야기를 했다. 엄마, 아빠 출근 때문에 매일 학교에 데려다주기가 힘들다고 했다. 다른 모든 친구들은 스쿨버스를 타고 모두 문제가 없다고도 이야기해 주었다. 실제로 다야나가 버스에서 괴롭힘을 당한 적이 있는지 물어보기도 했지만 그런 적은 없다고 했다. 하지만 그건 중요하지 않았다. 그들의 말은 전혀 도움이 되지 않는 것 같았고, 매일 아침 똑같은 상황이 반복될 뿐이었다. 멜라니와 브로디는 딸이 버스를 탈 것이라고 가정하고 하루를 시작했다. 아침식사를 하면서 둘 중 누군가가 스쿨버스가 곧 도착할 거라는 이야기를 했다. 이때 이 주제가 아주 일상적이고 큰 문제가 아니라는 듯이 최대한 평온한 목소리 톤으로 말하려고 애를 썼다. 다야나는 바로 식사를 멈추고 화를 내거나 슬픈 목소리로 말했다. "내가 버스 못 타는 거 알잖아요." 부모는 시치미를 떼며 물어봤다. "왜 못 타?" "무슨 문제라도 있니?" 다야나는 점점 더 화를 냈다. 그러면 부모는 또다시 아이가 갈 수 있고, 가야만 한다고 느끼도록 설득을 했다. 다야나는 스쿨버스 타러 가기를 거부했고, 결국은 부모 중 한 명이 학교에 데려다주었다. 이런 상황은 그다음 날에도 반복되었다. 한 달 뒤에 부모는 학교 가는 날 아침을 싫어하게 되었고, 아침 식사 장면을 두려워하며 깨어나곤 했다.

멜라니와 브로디는 그들의 딸이 공포를 극복할 수 있도록 최선을 다했다. 그들은 모두 옳은 말을 하는 것 같았지만 아무것도 도움이 되지 않는 듯했다. 다야나에게 했던 그들의 반응이 지지적이었는지를 생각해 보자. 어떻게 생각하는가? 수용과 신뢰라는 간단한 레시피를 기억하라. 다야나의 부모들이 그녀의 두려움을 수용했다고 생각하는가? 처음에는 그들이 수용하고 있는 것처럼 보일 수 있다. 그들은 아이에게 못되게 말하거나 강압적으로 말한 것이 전혀 없다. 그리고 아이의 두려움을 놀리거나 비아냥대지도 않았다. 하지만 예문을 좀 더 자세히 읽어 보면, 다야나는 그다지 수용받지 못했다고 느낄 것 같다. 다야나의 부모가 아이에게 모든 친구들이 버스를 탈 수 있다는 이야기했을 때, 그들은 아마도 다야나도 똑같이 할 수 있다는 것을 느끼게 하거나, 버스를 탔어도 그녀의 친구들에게 나쁜 일이 일어나지 않았다는 것을 알려 주기 위한 의도였을 것이다. 그러나 친구들 중 아무도 이런 문제가 없다고 말하는 것은 사실 다야나도 문제가 없어야 한다고 말하는 것이다.

다야나는 그녀의 친구들이 버스를 탄다는 것을 이미 알고 있었고, 그들은 없는 문제를 자신은 가지고 있다는 것에 대해 기분이 좋지 않았을 것이다. 불안이 높은 아이를 그렇지 않은 아이들과 비교하는 것은 아이가 나아지는 데 전혀 도움이 되지 않는다. 발목을 삔 아이에게 "다른 친구들은 잘만 달리는데 너는 왜 못하니?"라고 말하겠는가? 물론 그러지 않을 것이다. 터무니없지 않은가? 문제가 있는 아이를 문제가 없는 아이와 똑같이 행동하기를 바라는 것은 말이 되지 않는다. 아이들은 보통 비교에 민감하다. 그리고 이는 전혀 도움이 되지 않는다. 아이들은 특히 자신의 형제자매와 비교되는 것에 익숙하다. 당신이 불안한 아이에게 "형은 네 나이 때 했었어" 또는 "네 여동생처럼 왜 못하니?"라고 말한다면, 아이를 격려하려고 노력한 것이겠지만, 사실은 지지하는 말을 하고 있지 않은 것이다.

그들은 흔히들 하지만 딸의 불안을 받아들이지 않는 또 다른 일을 했다. 그들은 매일 다야나가 문제없이 버스를 탈 것을 기대하는 것처럼 행동했다. 부모가 솔직하지 못하거나 다야나에게 문제가 있다는 것을 부인하려고 한 것은 아니다. 다야나가 버스를 탈 것이라고 상상한 그들의 기대는 단순히 다야나가 버스를 탈 수 있다고 생각한다는 것을 보여 주기 위한 그들의 방식이었고, 아침이 다른 방향으로 흘러갈 수 있다는 희망, 희미한 바람의 표현이었다. 그들은 다야나가 가지 않을 것이라고 미리 생각한다면 불안이 나아지더라도 그녀가 문제없이 학교에 가는 습관으로 돌아가기가 더 어려워질 것이라고 생각했을지도 모른다. 이는 어느 정도는 일리가 있다. 아이들은 때때로 자신이 변화하고 싶다는 것을 인정하지 못하고, 이러지도 저러지도 못하는 자신들을 발견하기 때문이다. 멜라니와 브로디는 버스를 타지 않을 이유가 없다는 듯이 행동함으로써 다야나에게 야단법석 떨지 않고 간단하게 버스를 탈 수 있는 기회를 주고 있다고 생각했을 것이다.

하지만 사실, 이는 다야나에게는 큰일이었다. 그리고 부모가 마치 버스를 타고 학교에 가는 데 어려움을 겪을 이유가 없다는 듯이 행동하는 것이 다야나에게는 거짓으로 느껴졌고, 받아들여지지 않았을 것이다. 다야나는 부모님이 그녀가 몇 주 동안 버스를 타지 않고 있음을 안다는 것을 알고 있었고, 부모님은 문제를 부인하는 방식으로 스쿨버스를 타는 것이 어려울 수도 있다는 것을 거부하고 있다고 느꼈을 것이다. 이런 종류의 부인은 다야나를 꽤 기분 나쁘게 했을 것이다.

신뢰는 어떠한가? 멜라니와 브로디가 지지하기의 또 다른 구성요소인 신뢰를 보여 주었는가? 그들은 다야나가 버스를 탈 수 있다고 믿는다는 것을 보여 주기 위해 매우 노력했다. 그들이 수없이 반복했던 친구들이 어떻게 버스를 타는지에 대한 이야기들은 다야나 또한 할 수 있다는 것을 본인들은 믿는다는 것을 알려 주기 위한 것이었다. 하지만 기억하라. 항상 말보다는 행동이 중요하다. 매일 아침은 결국 부모 중 한 명이 다야나를 학교에 데려다주는 것으로 끝이 났다. 아이를 학교에 태워다 줌으로써 부모는 다야나가 버스를 잘 견뎌 낼 수 있다고 믿는다는 메시지의 힘을 약화시키고 말았다. 아이를 데려다주기로 함으로써, 적어도 그날만큼은, 아이가 갈 수 없다는 것을 결국 인정하게 된 것이다. 메시지에 순응이 뒤따른다면, "우리는 네가 할 수 있다고 믿어"가 "우리는 네가 할 수 있어야만 한다고 생각해(하지만 할 수 없다는 걸 알겠구나)"로 변형되고 만다.

물론 멜라니와 브로디는 선택의 여지가 없다고 느꼈을 것이다. 다야나는 어떤 식으로든 학교에 가야 했고, 아이를 버스에 태울 수 없었기 때문에 아마도 직접 데려다주는 것이 유일한 선택지라고 생각했을 것이다. 이게 사실이라고 해도 지지하기의 신뢰 요소는 계속 약화되어 있고, 실제로는 사실도 아니다. 부모들이 결국 매일 아침 학교에 데려다주었기 때문에 다야나가 실질적으로 무엇을 할 수 있는지를 알아낼 기회는 없었다. 그들이 데려다주지 않았다면, 다야나는 결국은 버스를 타는 것 외에는 다른 선택의 여지가 없다고 느꼈을 것이다. 아니면 학교를 하루 결석했거나, 지각했거나, 다른 사람에게 도움을 요청하는 것과 같은 다른 방법을 찾았을 수도 있다. 만약 결석을 하게 되었다면, 다야나는 부모가 데려다주지 않을 것이라는 걸 깨닫고 버스를 탈 용기를 얻었을 수도 있다. 많은 가능성들이 있지만, 부모가 매일 아침 다야나를 데려다주는 한, 그 어떤 것도 일어날 수 없다.

곧 순응 줄이기 계획을 세울 당신은 이와 비슷한 어려움에 마주하게 될 것이다. 어느 지점에서 포기하고 순응을 제공할지를 결정하기, 일어날 만한 결과 생각하기(예: 등교 거부), 이런 결과들을 처리하기 위한 세부적인 계획 세우기 모두 가능한 한 적은 스트레스로 성공적으로 순응을 줄이는 데 도움이 될 것이다. 9장에서는 가능한 최고의 계획을 세우는 데 도움이 되는 유용한 도구를 얻을 것이고, 12장과 13장에서는 그 계획을 실행하면서 발생하는 어려운 상황들에 대처할 수 있는 전략을 배울 것이다. 하지만 그동안 계속해서 지지하기 연습은 해야 한다.

▼ 지지하는 것이 왜 중요한가?

계획이 있다는 것은 아이가 불안할 때 즉흥적으로 대응할 필요가 없다는 것을 뜻하며, 계획은 순응을 줄이기 시작할 때 대안적인 대응을 제공해 준다. 순응하지 않는 방식으로 아이의 불안에 대응하는 모든 계획은 이 두 가지를 다 포함한다. 그렇다면 **지지적으로 대응하는 계획이 왜 그렇게 중요한가?**

불안이 높은 아이를 위한 지지는 특히 유용한 메시지이다. 이는 불안한 아이를 도울 수 있는 가장 중요한 두 가지(수용과 신뢰)를 결합한 것이다. 많은 불안한 아이들은 종종 다른 사람들로부터(부모, 비슷한 수준의 불안을 느껴 보지 못한 사람들, 또는 같은 사건에 대해 불안을 느끼지 않는 사람들을 포함) 오해를 받는다고 느낀다. 오해받는다고 느끼는 것은 매우 외로운 일이다. 그리고 중요한 것은 당신의 아이가 당신으로부터 본인의 어려움을 이해받지 못한다고 느낀다면, 아이는 당신이 하는 어떤 조언이나 도움도 믿지 않을 것이다. 문제를 이해하거나 수용하지 않는 사람에게서 왜 도움을 받겠는가? 당신이 아이를 수용하고 있다는 것을 보여 줄 때, 당신은 그 불안이 아이에게 얼마나 힘들지 이해하고 알고 있다고 말해야 한다. 이는 두 번째 지지 메시지인 신뢰에 아이가 조금 더 마음을 열고 귀 기울이게 해 줄 것이다.

불안이 높은 아이들은 종종 스스로를 그들이 경험하는 압도적인 불안 앞에서 무기력하고 연약한 존재라고 느낀다. 그들은 불안에 대처하는 방법이 회피와 순응에 의존하는 것이라고 배워 왔을 것이고, 다른 방법으로 대처할 수 있다는 것을 믿지 않을 것이다. 당신이 아이를 신뢰하고 있다는 것을 보여 주려면 아이가 무력하거나 약하거나 취약하지 않다는 것을 알려 주어야 한다. 아이에게 너는 강하다고 말해 주어야 한다. 아이는 바로 믿지는 않을 것이다. 하지만 당신이 아이가 얼마나 불안한지 이해하지만 그럼에도 불구하고 아이를 지속적으로 강하고 능력이 있는 사람으로 바라보고 있는 것을 아이가 본다면, 아이도 결국 믿기 시작할 것이다. 시간이 지나면, 아이는 이전보다 스스로를 더 강하다고 느끼게 될 것이다. 그리고 일단 이렇게 느끼기 시작하면 불안은 이미 빠져나가는 길에 있는 것이다!

불안에 대응할 수 없다고 믿는 것은 불안 문제 또는 불안장애의 가장 큰 부분이다. 당신은 아이의 문제가 불안이 너무 높은 것이라고 생각할 것이고, 이는 어느 정도는 맞다. 하지만 실질적이고 중요한 의미에서는 당신 아이의 문제는 얼마나 불안한지가 아니라 얼마나 **적극적으로 불안해지는가**이다. 비슷한 수준의 불안을 보이는 두 아이가 항상 같은 수준의 불안 문제를 보이는 것은 아니다. 왜 그럴까? 왜냐하면 그들 중 한 명은 다른 아이보다 더 적극적으로 불안을 경험하기 때문이다.

이는 미묘하고 중요한 지점이다. 꼭 불안 때문이 아니더라도 피하려고 하는 다른 종류의 것들을 생각하면 더 설명이 쉬워질 것이다. 누구나 가능한 한 신체적인 불편감을 피하려고 한다. 불편감이나 통증을 좋아하는 사람은 거의 없다. 하지만 각각의 사람들은 통증에 대해 다른 태도를 보인다. 누군가는 통증을 어떤 대가를 치르더라도 피해야 할 끔찍한 것으로 취급하는 반면, 어떤 사람들은 때때로 통증을 경험할 것을 받아들이고, 그 통증이 너무 아프거나 오래 지속되지 않기를 바란다.

다른 종류의 불편감에서도 마찬가지이다. 대부분의 아이들(그리고 어른들)은 토하는 것을 싫어한다. 구토는 불쾌하고, 고통스러울 수 있으며, 대부분 가능하면 피하고 싶어 한다. 구토의 고통스러운 정도가 아이가 다시는 절대로 토하지 않기로 결심하는지 또는 단순히 토하지 않기를 원하는지 여부를 결정하는 것이 아니다. 이것은 객관적이고 실제적인 불편감의 정도보다는 불편감에 대한 아이의 태도가 결정한다. 아파서 토하고 있는 두 아이가 있다고 상상해 보자. 두 아이는 동일한 경험을 하고 있다. 같은 정도의 불편감을 가지고, 같은 시간 지속되며, 둘 다 마지막에는 입에서 똑같이 안 좋은 맛을 느낀다. 두 아이 모두 동일하게 다시는 토하지 않을 것이라고 결심하게 될까? 꼭 그렇지는 않다. 한 아이인 로지는 "끔찍했어. 나는 절대로 다시는 토하지 않을 거야. 절대로!"라고 생각할지도 모른다. 다른 아이인 한나는 단순하게 "우웩" 또는 "우웩, 그래도 지금 훨씬 나아졌어"라고 생각할 수도 있다. 이 두 아이들은 이후에 다르게 행동할 것이다. 다시는 토하지 않기로 결심한 로지는 특정한 '안전한' 음식만 먹고, 아픈 사람들을 멀리하고, 매우 천천히 먹는 것과 같은 다시 토하지 않기 위한 특별한 예방조치를 취하기 시작할지 모른다. 단순하게 "우웩"이라고 생각한 한나는 아마도 그리 길게 가지 않을 것이다. 두 소녀가 경험한 구토는 실제적으로 동일한 수준이었다는 것을 기억하라. 그런데 지금은 왜 다르게 행동하는 것일까? 이는 그들의 구토에 대한 생각 때문이다.

불안, 공포, 걱정과 스트레스 모두 마찬가지이다. 아이의 삶에서 문제가 될지를 결정하는 데 가장 중요한 것이 불안의 정도가 아니라는 것을 알겠는가? 아이가 만약 불안 문제가 있다면 아이는 어떤 수준의 불안감도 느끼지 않기 위해 열심히 노력하고 있을 가능성이 높다. 이는 아주 자연스러운 현상이다. 사실, 우리를 불안하게 만드는 것들로부터 멀리하려는 것이 애초에 우리가 불안 체계를 가지고 있는 이유의 전부이다. 하지만 아이가 불안을 경험하지 않기로 결심하면, 아이는 추가적인 예방조치를 취하고, 실제로는 위험하지 않은 것들로부터도 멀어지며, 일상적인 생활 기능을 방해하는 방식으로 일반적인 상황들을 회피하기 시작할 가능성이 높다.

어떤 아이들이 다른 아이들보다 불안을 경험하지 않기로 더 잘 결심하는 이유는 아이가 자신의 불안에 대해 가지는 믿음과 관련이 있다. 아이들이 그러한 믿음을 인식하지 못할 수도 있지만, 그 이유 안에는 믿음들이 있고 그 믿음들은 모두 중요하다. 당신의 아이가 스스로를 나약하고, 취약하고, 불안에 대처하기에 무능력하다고 생각한다면, 가능한 한 불안감을 느끼지 않기를 원할 것이다. 마찬가지로, 한번 촉발된 불안은 저절로 사라지지 않고 회피나 순응을 통해서만 잦아들 것이라고 믿는다면, 당연히 아이는 어떤 수를 써서라도 불안해지지 않으려고 할 것이다. 그리고 만약 아이가 불안해졌다면, 아이는 자신의 기분이 나아질 수 있게 부모인 당신이 순응하도록 매우 열심히 노력할 것이다.

우리는 회피나 순응을 통해서만 불안이 가라앉을 수 있다는 것이 **사실이 아니라는 것을 안다.** 사실, 불안은 시간을 준다면 항상 스스로 사라진다. 하지만 당신의 아이가 이를 믿지 않고, 불안감에 완전히 압도되거나 사로잡힐 것이라고 생각한다면, 자연스럽게 아이는 불안하게 만드는 그 어떤 것도 멀리하려고 매우 열심히 노력할 것이다. 모순적이게도 불안으로부터 멀어지려고 애쓰는 것은 실제로 불안을 느끼게 하는 가장 확실한 방법이다. 왜 그럴까? 아이가 불안을 대처할 수 없는 끔찍한 감정으로 생각할 때, 작은 것들도 과도한 의미를 가지게 된다. 모든 불안이 나쁘다면, 모든 순간은 재앙이 될 가능성이 있는 것이고, 당신의 아이는 다가오는 불안의 모든 징조를 항상 경계해야만 한다. 이는 당연하게도 아이를 계속 불안하게 만드는 것이다!

불안에 대한 아이의 믿음을 바로 바꿀 수는 없다. 가르치고 설명하는 것은 보통 아이의 믿음을 바꿀 만큼 충분히 강력하진 않다. 그리고 아이는 당신으로부터 자신이 무엇을 믿고 생각해야 하는지에 대해 들을 마음이 없을 것이다. 하지만 당신은 아이의 불안에 대한 믿음에 **간접적으로** 영향을 미칠 수 있는 힘을 가지고 있다. 이것이 지지하기의 신뢰 요소가 매우 중요한 이유이고, 또한 보호적인 반응이 아이의 불안을 유지시키는 이유이다. 당신이 아이가 대처할 수 있다고 완전히 확신하고 있다는 것을 아이가 알게 되면, 이는 아이와 아이가 믿는 것에 영향을 미치게 될 것이다. 당신이 때때로 기꺼이 아이가 불안감을 느끼도록 한다는 것을 아이가 알게 되었을 때, 아이 또한 불안감을 덜 두려워하게 될 것이다. 아이의 신뢰와 확신이 커질수록 불안감을 피할 필요성은 줄어들 것이다. 그리고 어느 정도 기꺼이 불안을 느끼는 아이는 불안 문제가 전혀 없는 상태로 잘 가고 있는 것이다.

부모—불안한 아이의 부모뿐만 아니라 일반적인 부모로서—인 당신은 아이가 자신이 누구인지 보기 위해 들여다보는 거울이 된다. 당신이 자녀에게 비춰 주는 것들이 아이의 스스로에 대한 이해를 형성할 것이다. 아이가 재미있게 하려고 할 때, 자신이 웃긴지 알기 위해 당신을 쳐다본다. 아이의 농담에 당신이 웃으며 아이가 웃기다는 걸 보여 주면, 아이는 아마도 자신이 재미있다는 걸 믿게 될 것이다. 반면, 당신이 아이의 유머 시도에 항상 인상을 쓴다면 아이는 자신이 재미있지 않다는 것을 배울 것이다. 아이들이 어떻게 자신의 불안을 이해하는지도 같다. 만약 아이가 당신을 보았을 때 비춰진 자신의 모습이 불안에 대처하지 못하는 약한 아이라면, 아이는 그것이 사실이라고 믿게 될 것이다. 하지만 아이가 불안에 대처할 수 있을 만큼 충분히 강하다는 것을 당신이 믿고 있다는 것을 말과 (더 중요하게는) 행동으로 아이에게 보여 준다면, 아이는 그것을 배울 것이다.

특히 지지하기가 순응을 대신할 수 있는 가장 좋은 방법이고, 순응 줄이기를 시작하기 전부터 지지하기를 연습해야 하는 이유가 한 가지 더 있다. 지지하기는 아이가 앞으로 순응에서 일어날 변화를 이해하는 데 긍정적인 프레임을 제공할 것이다. 아이들이 순응에 매우 많이 의존했다면, 부모가 순응을 철회하기 시작할 때 매우 많이 혼란스러워 할 것이다. 아이는 순응을 줄이는 이유를 실제와는 매우 다르게 믿을지도 모른다. 가령, 순응하는 것이 당신에게는 불편하고 힘든 일이라는 것을 아이가 안다면, 아이는 당신이 이제는 질려서 또는 더 이상 아이를 도와줄 마음이 없어서 순응하기를 멈춘다고 생각할 수 있다. 이는 사실과는 완전히 반대이다. 당신은 정확하게는 아이를 돕기 위해 순응을 줄일 것이라는 것을 알고 있다. 순응에 질려서(그럴 수도 있지만) 줄이는 것이 아니라는 것도 알고 있다. 사실, 단기적으로는 순응을 줄이는 것이 순응을 제공하는 것만큼 힘들거나 그 이상의 일이 될 가능성이 높다. 당신은 이 사실을 알고 있지만 아이는 아니다! 지지하기와 함께 순응을 변화시킴으로써 당신이 만드는 변화를 아이는 이해할 수 있게 될 것이다. 당신이 아이의 불안을 이해하고 수용하고, 이에 대처할 수 있는 아이의 능력을 믿고 있음을 보여 준다면, 아이는 순응의 변화가 자신이 나아지도록 돕기 위한 것임을 알게 될 것이다. 이는 아이가 변화를 쉽게 받아들일 것이라는 걸 의미하지는 않는다. 하지만 당신의 행동을 오해할 가능성은 훨씬 줄어든다.

당신은 지지해 주고 있는가?

부록 A의 워크시트 6(당신이 말하는 것)을 사용해서 아이가 불안할 때 당신이 하는 말을 적어 보자. 우리가 말하는 것을 항상 잘 기억하지는 못하기 때문에, 그리고 우리가 말하려고 했던 의미와 실제로는 다르게 이야기하기도 하기 때문에 이 작업을 하는 데 도움이 필요할지도 모른다. 아이가 불안감을 느낄 때 당신이 아이에게 뭐라고 하는지 솔직하게 말해 달라고 배우자에게 도움을 요청할 수 있다. 아마도 당신이 말하는 것에 대한 최고의 전문가인 아이에게 직접 물어볼 수도 있다! 워크시트 2(양육 함정)에 썼던 문장들을 참고해도 된다. 아이의 불안에 반응하기 위해 사용한 표현과 말들을 워크시트 6에 적어 보자. 각각의 말들이 수용과 신뢰 요소를 포함하고 있는지를 표시해 보자. 당신이 말하는 모든 것이 아주 지지적인 것은 아니더라도 걱정할 필요 없다. 지지하기가 무엇이고 어떤 것을 포함해야 하는지를 배운 뒤에조차도 모든 부모가 항상 지지적일 수는 없다. 각각의 요소를 찾아보고, 당신이 말하는 것들에 그 요소가 있는지 여부를 일단 기록해 보자.

[그림 7-2]는 부모가 때때로 아이에게 또는 아이에 대해 하는 말의 예를 제시하고 있고, 이러한 말들에 수용과 신뢰의 요소가 포함되어 있는지 여부가 표기되어 있다. 마지막 몇 줄은 당신이 직접 생각해 볼 수 있도록 비워 두었다. 이 말은 수용을 보여 주는가? 신뢰는 어떠한가?

당신이 말하는 것	수용	신뢰
힘껏 해 봐.	–	V
나는 지금 이 문제를 처리할 수 없어.	–	–
알아, 이건 모두에게 쉽지 않은 일이야.	V	–
더 이상은 안 돼.	–	–
넌 괜찮아.		V
너는 항상 걱정하는구나.	V	–
너는 이걸 처리하는 방법을 배워야 할 거야.		
네가 그냥 받아들여 줬으면 좋겠어.		
왜 네 동생처럼 하지 못하니?	–	–
지금은 도와주지만 다음엔 안 돼.		
너도 알다시피 인생은 널 중심으로 돌아가진 않아.		
힘들겠지만 너는 할 수 있어.		
두려워할 건 아무것도 없어.		
너는 도대체 언제 철이 들 거니?		
나도 힘들지만 해내고 있어. 나는 너도 할 수 있다고 믿어.		

[그림 7-2] 불안한 아이에게 부모가 말하는 것-부모는 지지적인가?

▼
지지하는 연습하기

워크시트 6에 쓴 것들을 살펴보자. 당신이 쓴 문구 몇 가지를 선택해서 다음의 간단한 레시피를 따라 더 지지적인 문구로 바꿔 볼 수 있다.

수용 + 신뢰 = 지지

당신의 말이 아이의 불안을 수용하고 있지만, 아이가 불안에 대처할 수 있다는 것을 당신 또한 확신하고 있다는 것을 보여 주지 못하고 있다면, 수용과 함께 신뢰의 말을 더해 보자. "네가 다룰 수 있다는 걸 나는 알아" 또는 "난 네가 괜찮을 거라는 걸 알아"와 같은 말을 추가할 수 있다. 또는 아이가 불안을 견딜 수 있는 능력에 대한 당신의 신뢰를 표현하는 당신만의 언어를 생각해 낼 수도 있다.

아이가 실제로 더 나은 대처를 선택하거나, 두려움에 맞서거나, 어려운 일을 할 것이라는 신뢰를 표현할 필요는 없다. 당신은 아이가 실제로 무엇을 할지를 통제할 수는 없다. 아이는 지지적인 말을 듣더라도 여전히 불안에 대처할 수 없다고 느낄지도 모른다. 그렇지만 이것이 지지적인 말을 하는 것이 틀렸다는 뜻은 아니다! 이는 단지 아이가 아직 준비되지 않았거나, 대처할 만한 힘을 찾지 못했다는 것을 의미한다. 이 책과 함께 작업을 지속한다면, 당신의 아이는 곧 덜 불안해질 것이고, 행동의 변화를 볼 수 있게 될 것이다. 그동안 아이가 하는 것이 아닌 당신이 하는 것에 집중하자.

지지하는 말은 아이가 아닌 당신에 대한 말이다. 아이에게 믿음을 표현할 때, 아이가 무엇을 할 것인가가 아닌, 당신이 무엇을 믿는가를 말하면 된다. 일단 그렇게 생각하면, 신뢰를 표현하는 것은 훨씬 쉬워진다. 신뢰를 아이가 할 일에 대한 믿음이라고 생각한다면, 지지하는 말은 정직하지 못한 것처럼 느껴질 수 있다. 아이가 할 일에 대해 실제로 얼마나 확신할 수 있는가? 하지만 당신에게만 초점을 맞추고, 아이가 불안을 견딜 수 있을 것이라는 것을 당신이 믿는다는 걸 말한다면, 그 말은 아이가 무엇을 하든 상관없이 정직하고 정확한 말이 될 수 있다.

워크시트 6을 통해 당신이 아이에게 대부분 신뢰는 표현하지만 수용을 표현하지 않고 있음을 알게 되었다면, 수용의 말을 추가해 보자. 신뢰 이전에 수용을 먼저 말하는 것이 쉬울 것이다. 그러면 아이는 당신이 신뢰를 표현할 때 당신이 어려움을 이해하지 못해서가 아니라는 걸 알 수 있기 때문이다. 하지만 순서가 그렇게 중요하지는 않다. 당신에게 가장 좋은 방식으로 말하면 된다. 모든 부모와 가족은 그들만의 소통 스타일, 말하는 방식에 관한 그들 내부의 '가족 언어'가 있다. 당신은 다른 말하기 방법들을 시도해 볼 수 있고, 무엇이 가장 맞는지 알아볼 수 있다.

처음에는 지지하는 말하기가 당신이 말해 오던 것들에 비해 자연스럽지 않게 느껴지더라도 걱정하지 마라. 이것은 매우 정상적이고, 현재 당신이 과거에 했던 것과는 다르게 하고 있다는 것을 반영하는 것이다. 변화는 항상 처음에는 부자연스럽다. 하지만 계속하다 보면 지지하기가 아주 자연스러워질 것이다.

이전의 말	수용	신뢰	새로운 말	수용	신뢰
힘껏 해 봐.		V	힘들지만 너는 이겨 낼 힘이 있어.	V	V
알아, 이건 모두에게 쉽지 않은 일이야.	V		힘든 건 알아. 하지만 너는 대처할 수 있을 거라고 생각해.	V	V
넌 괜찮아.		V	지금은 많이 힘들다는 거 알아. 하지만 괜찮아질 거야.	V	V
너는 항상 걱정하는구나.	V		걱정되는구나. 그렇게 느끼는 것도 괜찮아.	V	V
너는 이걸 처리하는 방법을 배워야 할 거야.			불안은 불편하지만, 너는 다룰 수 있어.	V	V
지금은 도와주지만 다음엔 안 돼.	V?		너는 내가 도와주길 바란다는 걸 알아. 하지만 나는 너를 믿어.	V	V

[그림 7-3] 지지하는 말로 바꾸기

[그림 7-3]은 [그림 7-2]의 문구를 사용하여 지지의 빠진 부분을 어떻게 수용과 신뢰를 포함한 지지하는 말하기로 바뀔 수 있는가를 보여 주는 예시이다.

부록 A의 워크시트 7(지지하는 말하기)을 사용해서 워크시트 6에 있는 당신의 말하기를 좀 더 지지하는 말하기로 바꿔 보자. 이것들을 말하는 연습도 몇 번 해 보자. 이 표현들이 좀 더 친숙해지도록 배우자나 친구와 함께 역할극을 해 볼 수도 있다. 아이와 함께 있는 상황에서 사용하기 적절한 마음에 드는 표현 몇 가지를 선택해 보자. 다음에 아이가 불안감을 느낄 때 말할 수 있도록 계획을 세워 보자. 기억하자. 이 말하기가 처음에는 완전히 자연스럽게 느껴지지 않아도 괜찮다.

아이는 당신의 새로운 지지하는 말하기가 놀랍거나, 다르거나, 심지어는 재미있다고 생각할 수 있다. 아이는 왜 당신이 이전과는 다르게 반응하는지 궁금해할 것이다. 이건 자연스러운 반응이다. 당신은 최대한 아이를 도와주고 싶기 때문에 아이의 불안에 어떻게 반응할지를 생각하고 노력해 왔다고 이야기해 주면 된다.

지금부터는 가능한 한 자주 지지하는 말하기를 사용하도록 하자. 같은 것을 반복해서 말하는 것에 대해 걱정할 필요는 없다. 괜찮다. 중요한 것은 아이가 가능한 한 자주 지지하는 말을 듣게 하는 것이다. 아이가 걱정하는 질문을 하고, 안심을 구하거나 불안으로 힘들어할 때, 지지하는 말하기를 해 주자. 처음에는 지지적인 표현을 기억하기 어려울 수도 있다. 상황이 지나간 이후에 지지적으로 반응하기를 계획했던 것을 떠올릴 수도 있다. 후회할 필요는 없다. 그냥 다음에 하면 된다. 아이와 대화하는 도중에 당신이 예전에 해 왔던 반응으로 돌아가고 있음을 느낀다면, 잠시 멈추고 이렇게 말하면 된다. "사실, 내가 정말로 하고 싶은 얘기는……" 연습을 통해 지지적인 표현 사용하기는 점점 더 쉬워질 것이고, 아이가 반응하는 방식을 보며 놀라게 될 것이다. 당신은 이미 지지하는 말하기가 마법처럼 작동할 것이라고 기대하지 말아야 한다는 것을 알고 있고, 또 마법처럼 작동하지는 않을 것이다. 하지만 당신의 아이는 지지하기가 얼마나 의미 있는 일인지 보여 줄 것이다. 다른 방식으로 행동하는 것만으로도 상호작용이 다르게 진행될 수 있는 기회가 만들어진다. 평소 아이와 해 오던 상호작용 대본을 바꾸는 것을 통해 아이에게 다른 것을 해 볼 수 있는 기회를 제공하게 되는 것이다.

물론 처음에는 아이가 지지하는 말하기에 긍정적인 반응을 보이지 않을 수도 있다. 어떤 아이들은 처음에 지지를 거부하기도 한다. 아이들은 흔히 이런 말을 하기도 한다. "싫어, 엄마는 날 전혀 이해 못해" "얼마나 힘든지 안다면서, 어떻게 내가 할 수 있다고 생각해?" "그만 말해요!" 심지어는 "엄마는 지금 심리학자처럼 말하고 있어. 누가 그렇게 말하라고 가르친 거야?" 아이들이 지지를 받아들이도록 노력할 필요는 없다. 당신이 하는 것에 집중해야 한다는 것을 기억하라. 지지하는 말하기는 당신에 관한 것이지 아이에 관한 것이 아니다. 그들이 어떻게 반응하든 상관없이 지지적인 표현을 듣는 것은 아이들에게 도움이 된다.

아이가 거부하는 칭찬을 해 준 적이 있는가? 아이들은 종종 칭찬과 찬사를 밀어내는 모습을 보인다. 당신이 "잘했어!"라고 하면 아이는 "아니야!"라고 반응하기도 한다. 또는 "오늘 멋지네"라고 하면 아이는 "아니, 끔찍해"라고 하기도 한다. 당신 또한 칭찬에 같은 방식으로 반응했을지도 모른다. 이것이 당신이 칭찬받기를 원하지 않는다는 것을 의미하는가? 또는 아이가 칭찬을 순순히 받아들이지 않기 때문에 칭찬하기를 멈추어야 한다는 것을 의미하는가? 당연히 아니다. 칭찬을 밀어내고 받아들이기 어려워하는 아이들도 자신에 대한 긍정적인 말을 들을 필요가 있다. 하지만 그것에 대해 논쟁을 벌일 필요는 없다. 아이에게 칭찬을 해 주었고, 아이는 그것을 받아들이지 않는다면, 칭찬에 동의하도록 강요하는 것보다 "글쎄, 나는 그렇게 생각해"라고 말하는 편이 훨씬 낫다. 아이가 칭찬을 받아들이지 않는다고 해서 아이가 당신의 생각을 신경 쓰지 않는다는 것도, 당신의 좋은 말을 소중히 여기지 않는다는 것도 아니다. 아이가 당신의 지지에 부정적으로 반응한다고 해도, 그것이 가치가 없거나, 아이가 듣고 있지 않거나, 당신의 지지를 소중히 여기지 않는다는 것이 아니다. 계속 지지하고, 아이는 하던 방식대로 반응하게 하라.

  1~2주 동안 가능한 한 많은 지지 표현을 만들어서 아이에게 많은 지지를 보여 주어라. 지금은 순응을 계속 제공해 주어도 괜찮다. 그냥 지지하는 말하기를 사용해라. 예를 들어, 아이가 같이 자자고 당신에게 요청하고, 지금까지도 그렇게 해 왔다면 지금은 아이와 함께 자는 것도 괜찮다. "네가 혼자 자는 걸 무서워한다는 걸 알지만, 네가 그 두려움을 극복할 수 있다는 것도 알아"라고 말할 수 있다. 그래도 아이가 여전히 함께 자기를 원한다면 그렇게 해도 된다. 1~2주간 지지하는 말하기를 연습하고 나면, 다음 단계인 순응 줄이기에 집중할 준비가 될 것이다. 이 과정의 첫 단계는 변화할 순응을 선택하는 것이다. 다음 장은 당신이 처음 줄일 순응을 결정하는 것을 도와줄 것이다.

이 장에서 배운 것들

- 불안한 아이들을 위한 지지하기
- 지지 = 수용 + 신뢰
- 지지하는 것이 왜 중요한가
- 당신은 지지해 주고 있는가
- 아이에게 지지하는 말하기 연습하기

Breaking Free of Child
Anxiety and OCD

8장

어떤 순응부터 줄여야 할까

이 장은 아이의 불안에 대한 가족 순응 줄이기 과정을 시작할 때 초점 맞추기 좋은 목표를 선택하는 데 도움이 될 것이다. 어떤 부모에게는 순응이 그리 많지 않거나, 두드러지게 눈에 띄는 순응이 있어서 목표를 선택하는 것이 그리 어렵지 않을 수 있다. 하지만 많은 순응이 확인되었을 가능성이 더 높고, 따라서 목표를 선택하기가 명확하거나 단순하지 않을 수 있다.

순응 지도(부록 A의 워크시트 5)와 아이의 불안에 순응해 온 방법을 기록한 일지를 살펴보자. 다시 한번 목록에 빠진 순응이 있는지 생각해 보고, 만일 그렇다면 그것 또한 지도에 추가하자. 그런 다음 이 장의 나머지 부분을 읽고 가장 먼저 시작해야 할 목표로 생각되는 순응을 선택하자.

▼
왜 굳이 순응을 선택해야 할까?

순응이 도움이 되지 않고 아이의 불안을 유지시키는 것이라면 왜 그것들을 한꺼번에 모두 줄이려고 하지 않을까? 순응을 모두 다 중단하지 않는 이유는 무엇일까? 한 가지 이유는 순응을 한번에 중단하는 것이 불가능하기 때문이다. 매우 많은 순응들이 있을 수 있고, 이들을 한꺼번에 중단할 수 있다고 하더라도, 그렇게 하는 것은 아이를 필요 이상으로 힘들게 만드는 과정이 될 수 있다. 아이가 부모의 행동 변화에 적응하는 것은 쉽지 않다. 그러므로 한번에 한 가지 순응을 줄이는 것이 아이가 압도되지 않고 새로운 행동에 적응할 수 있게 해 줄 것이다.

한꺼번에 많은 순응을 중단하려고 시도한 대부분의 부모들은 그 목표를 지속적으로 고수하는 것이 불가능하다는 것을 알게 될 것이다. 하나의 특정 영역에서 일관된 변화를 얻는 대신, 많은 영역에서 비일관된 변화가 발생할 수 있다. 당신이 한 영역에서 일관성을 보일 수 있다면 다른 방식으로는 계속해서 순응을 제공하더라도 다양한 상황에서 일관성 없이 행동하는 것보다 아이의 불안은 더 빠르게 나아질 것이다.

순응 줄이기를 비일관적으로 하는 것은 또 다른 단점들이 있다. 당신이 일관되지 않다는 것은 어떤 때는 순응하고 어떤 때는 순응하지 않는다는 것을 의미한다. 그렇다면 어떤 것이 순응할 때와 그렇지 않을 때를 결정할 것이다. 그 어떤 것은 무엇일까? 당신의 계획은 전혀 순응하지 않는 것이기 때문에 당신의 계획이 결정하는 것은 아니다. 대신 당신의 기분이 어떠한지, 당신이 얼마나 피곤하거나 에너지가 있는지, 그 시간에 얼마나 여유가 있는지, 또는 그 순간 아이에 대한 당신의 기분이 어떠한지와 같은 것들이 순응 여부를 결정하게 될 것이다. 이러한 것들이 순응할지 말지에 영향을 미친다는 것이 이해가 되기는 하지만 이것은 전혀 도움이 되지 않는다.

당신이 기운이 있을 때만 순응한다면(피곤할 때는 순응하지 않고), 아이는 "나는 네가 순응 없이 대처할 수 있을 거라고 믿어"와 같은 메시지를 알 수 없고, 대신 "넌 내가 순응해 주길 바란다는 걸 알아. 하지만 지금은 그걸 해 줄 에너지가 없어"를 배우게 될 것이다. 아이에 대해 느끼는 감정에 따라 순응을 제공하고, 아이가 당신을 화나게 하거나 못되게 굴 때는 순응을 제공하지 않는다면, 그 메시지는 "네가 날 화나게 했기 때문에 난 널 도와주지 않을 거야"가 될 것이다. 비슷하게 당신이 시간이 있을 때는 순응하지만 바쁘거나 정신이 없을 때는 순응하지 않는다면, 아이는 "내가 도와줄게. 하지만 지금은 너무 바빠"와 같은 메시지를 얻게 될 것이다.

　이 메시지들의 공통점은 지지적이지 않다는 것이다. 지지적인 메시지는 "순응하지 않음으로써 널 도와주고 있는 거야"라고 말한다. 하지만 아이는 당신이 최대한 일관성 있는 모습을 보일 때만 이러한 방식으로 순응의 변화를 이해하게 될 것이다. 당신이 피곤하거나, 귀찮거나, 바쁘거나, 화나는 것에 상관없이 일관적으로 순응하지 않는다면, 당신의 아이는 당신이 이 방식을 옳다고 믿기 때문에 순응하지 않는다는 것을 알게 될 것이다. 아이는 당신에게 동의하지 않을지도 모른다. 하지만 아이는 이것이 당신이 믿는 것이라는 걸 알게 될 것이고, 새로운 계획을 받아들이는 것이 더 쉬워질 것이다. 당신이 바빠서 도와주지 않는다고 생각하는 아이는 부모가 자신을 위해 최선이라고 생각하는 바에 따라 행동하고 있다는 것을 아는 아이에 비해 더 오랫동안 변화에 저항할 가능성이 높다.

　비일관적인 순응 줄이기의 또 다른 단점은 아이가 당신이 언제 순응을 제공하고 언제 제공하지 않을 것인지를 알 방법이 없다는 것이다. 당신이 그렇게 하지 않겠다고 말했어도 때때로 아이에게 순응을 한다면, 아이는 되든 안 되든 당신이 이번에는 순응할지 여부를 알아내 볼 수밖에 없다. 이는 순응을 얻기 위한 아이의 노력을 훨씬 오래 유지시킬 것이다. 다시 말해, 당신이 언제 순응을 제공할 것인지를 아이가 예측할 방법이 없다면, 아이는 모든 상황을 당신이 순응을 제공할 것이라고 생각하게 될 것이다. 당신이 때때로 순응을 거부하는 것을 시작하지만 결국 순응하게 된다면 더더욱 그럴 것이다. 모든 순응을 한번에 줄이려고 한다면 이런 일이 일어나는 것은 당연하다.

9장에서 우리는 줄이기로 선택한 순응과 관련해서 행동을 어떻게 바꿀 것인지에 대해 자세하고 구체적인 계획을 세울 것이다. 이것이 한번에 하나의 순응에 집중해야 좋은 또 다른 이유이다. 모든 순응에 대해서 이처럼 구체적인 계획을 세우는 것은 불가능하다. 당신의 계획은 순응하지 않는 것과 같은 일반적인 계획으로 끝날 것이다. 하지만 순응하지 않는 것은 계획이 아니고 단지 목표일 뿐이다. 목표와 계획의 차이는 계획이 당신의 행동을 언제, 어떻게 바꿀 것인지에 대한 세부사항과 구체성을 제공한다는 것이다. 대신 무엇을 할 것인가? 아이에게 어떻게 설명할 것인가? 당신이 순응하지 않는 것에 대해 아이가 반발할 때 어떻게 반응할 것인가? 계획은 이 과정이 훨씬 더 원활하게 진행되도록 도와줄 것이며, 이는 특정 순응을 선택할 때만 가능하다.

하나의 순응을 선택하고 집중해야 하는 또 다른 좋은 이유가 있다. 한번에 하나에 집중함으로써 한두 가지 순응 줄이기에 성공한다면, 당신은 다른 것들과 겨룰 필요가 없어졌음을 알게 될 것이다. 왜 그럴까? 처음 한 가지나 두 가지의 순응을 성공적으로 줄이는 과정을 통해 당신은 아이의 불안이 나아지는 것을 돕고 있는 것이다! 순응 줄이기는 실제로는 아이의 불안을 줄인다. 아이의 불안이 희미해지고, 아이가 더 강해지고, 불안에 덜 취약해지며, 불안을 견디는 것에 더 자신감을 갖게 되면서, 다른 순응에 대한 아이의 요구도 약화될 가능성이 높다. 시간이 흐를수록 불안과 회피가 일반화되어 더 많은 회피를 유도하듯이, 대처하기 또한 일반화될 수 있다. 당신의 아이는 불안에 대처하는 법을 배울 것이고, 새롭게 발견한 자신의 능력을 다른 상황에도 적용하게 될 것이다. 이로 인해 당신이 직접적으로 목표로 삼지 않았던 것이라도, 아이는 순응 없이 대처하는 것에 보다 수월해질 것이다.

▼ 줄이기 '좋은' 순응은 무엇인가?

당신의 순응 지도에 있는 항목들을 살펴보면서, 줄이기 좋은 목표 순응을 선택하기 위한 다음의 제안 사항들을 고려해 보자.

자주 일어나는 것을 선택하라

드물게 발생하는 것보다는 규칙적으로 발생하는 순응을 선택하라. 자주 일어나는 일을 선택하는 것은 당신이 '순응하지 않기'를 연습할 수 있도록 많은 기회를 제공하고, 아이에게는 혼자서 '불안감을 극복하는' 경험을 할 수 있는 많은 기회를 제공할 것이다. 일주일에 여러 번 혹은 하루에 여러 번 일어나는 것이 좋은 목표이다. 당신은 훨씬 덜 자주 일어나지만 아이에게는 큰 문제인 또 다른 순응이 있다고 생각할 수 있다. 예를 들어, 아이가 학교에서 소방 훈련을 하는 동안 매우 불안해해서 당신이 소방 훈련이 있는 날에는 아이를 학교에 빠지게 할 수밖에 없었다면, 이것은 해결해야 할 중요한 목표처럼 보일 수 있다. 하지만 이 변화를 연습하는 것이 얼마나 어려울지 생각해 보라. 소방 훈련은 자주 일어나지 않고, 당신이 그 횟수를 늘릴 수 있는 방법도 없다. 당신이 학교 교장이 아닌 이상, 학교에서 언제 소방 훈련을 할지를 결정할 수 없다. 자주 일어나는 일을 선택하라. 그러면 아이는 자신의 불안을 극복하기 위해 더 많은 기회를 얻게 될 것이다. 결국에는 여전히 소방 훈련과 관련된 당신의 행동을 바꿀 필요가 있다고 결정할 수 있지만 그것도 괜찮다. 하지만 당신은 또한 아이가 더 이상 그것에 대해 그렇게 걱정하지 않는다는 것을 깨달을 수도 있다. 왜냐하면 당신이 더 자주 일어나는 다른 목표를 위해 노력하는 동안 아이의 불안을 줄일 수 있었기 때문이다.

당신이 통제할 수 있는 것을 선택하라

순응 줄이기는 아이와 다른 사람이 아닌 온전히 당신의 행동을 바꾸는 것임을 기억하라. 당신이 생각하고 있는 목표가 정말 당신이 하는 행동인지 아닌지, 혹은 사실 아이의 행동을 바꾸고자 하는 것은 아닌지 스스로에게 물어보자. 가령, 당신의 아이가 혼자 있기를 두려워해서 집안에서도 방마다 당신을 따라다닌다면 어떻게 할 것인가? 여기서 중요한 질문은 '아이가 당신의 주변에 있도록 도와주기 위해 당신은 무엇을 하는가?'이다. 당신이 방을 떠나기 전에 항상 아이에게 알려 주거나 문을 항상 열어 둔다면, 이것은 당신이 통제할 수 있는 순응이고, 따라서 목표로 삼을 수 있다. 하지만 당신은 다른 방식으로 계속 하고 있고, 불안 때문에 달라진 것은 오로지 자녀의 행동뿐이라면, 당신은 그 상황에 순응하고 있지 않은 것이다. 물론 아이는 불안한 행동을 보일 것이다. 하지만 아이의 행동은 당신이 직접적으로 통제할 수 있는 것이 아니다.

당신이 변화시킬 본인만의 행동을 정할 수 있어야 한다. 여기서 아이의 변화는 포함하지 않는다. 가령, '나는 샤워할 때는 욕실 문을 열어 놓지 않을 것이다' '나는 일할 때는 전화를 받지 않을 것이다' 또는 '나는 아이와 함께 현관문 잠금 장치를 재확인하지 않을 것이다'

로 정할 수 있다. 여기에는 아이의 행동 변화에 대한 그 어떤 언급도 없다는 것에 주목해야 한다. 목표 순응을 이런 방식('나'로 시작하는 진술)으로 정할 수 없다면, 당신이 통제할 수 없는 대상을 고려하고 있을 가능성이 높으며, 대신 다른 대상을 생각하는 것이 좋다.

당신을 괴롭히는 것을 선택하라

순응이 아이뿐만 아니라 당신에게 모두 문제라고 인식된다면 당신이 순응을 줄이는 데 더 단호하고 확고하게 임하게 될 가능성이 높다. 순응을 줄이는 주된 이유는 아이가 나아지도록 돕는 것이지만, 순응 줄이기가 당신의 삶을 개선시킨다면 계획을 계속해 나가기가 훨씬 수월할 것이다. 예를 들어, 많은 부모들이 혼자 잠드는 걸 무서워하거나 부모 없이는 잠들지 못하는 아이에게 침대에서 함께 자는 순응을 제공한다. 어떤 부모들은 이러한 상황이 불편하거나 짜증 나고, 그들 없이도 아이가 숙면을 취할 수 있기를 원한다. 또는 그들의 배우자와 저녁에 좋은 시간을 보내기를 원한다. 이런 부모들에게는 본인 침대의 프라이버시를 회복하는 것이 좋은 목표가 될 수 있다. 다른 부모들은 밤에 아이와 가까이서 갖는 친밀함을 즐기거나, 단순히 그것에 대해 어느 쪽으로든 강한 감정을 느끼지 않기도 한다. 아이는 당신 옆에서 자고 당신은 이에 대해 별로 상관하지 않는다면, 당신에게는 수면 어려움이나 다른 어려움을 발생시키는 변화를 일으키는 것이 더 어려울 수 있다.

〈표 8-1〉은 불안의 다양한 영역에서 좋은 목표가 될 수 있는 예시이다. 각 예시들은 ① 자주 발생하고, ② 부모가 통제하고 변화하도록 선택할 수 있는 행동이며, ③ 부모에게 상당한 불편을 일으키

〈표 8-1〉 흔하게 일어나고 통제 가능하며, 불편을 주는 것이 좋은 목표 순응이다

불안 영역	줄이기 좋은 목표 순응
분리불안	아이는 일어나서 아침에 아래층에 있고 싶어 하지만 부모와 다른 층에 있는 것을 불안해하기 때문에 부모는 매일 일어나야 하는 시간보다 더 일찍 일어난다.
	부모는 그들이 집안의 어디에 있는지 아이가 알 수 있도록 아이가 "마르코"를 외치면 "폴로"라고 대답한다.
	수면시간에 아이와 함께 침대에 눕는다.
강박사고 및 강박행동	부모는 반복적으로 음식의 유통기한을 확인하고 아이에게 유통기한이 지나지 않은 음식이라고 안심시킨다.
	부모는 검정색 차 옆에는 주차하지 않는다. (검정색이 아이의 강박사고를 촉발시키기 때문이다.)
	부모는 포옹의 세기가 '딱 알맞다'라고 아이가 느낄 때까지 반복적으로 아이를 껴안는다.
사회불안	아빠는 아이와 함께 외출할 때 절대 반바지를 입지 않는다. 왜냐하면 아이가 부끄러워하기 때문이다.
	많은 상황에서 부모가 아이 대신 말을 한다.
	아이가 방에 있을 때 부모는 전화통화 하지 않는다.
범불안	부모는 아이가 하는 미래에 대한 질문에 반복적으로 대답하고 괜찮을 것이라고 안심시킨다.
	부모는 아이의 걱정 때문에 집에서는 신문을 읽지 않는다.
공포증	부모는 매일 밤 아이 방에 거미가 있는지를 확인한다.
	부모는 혈액과 의료 장비 또는 내용에 대한 아이의 두려움 때문에 아이를 보건수업에서 빼 달라고 요청한다.
공황 및 광장공포증	아이가 공황 증상을 느낄 때 부모는 학교에 아이를 데리러 간다.
	부모는 쇼핑몰과 사람이 붐비는 곳을 피한다.
음식 및 식이	부모는 '허용되는' 음식이 있는지 확인하기 위해 식당 메뉴를 미리 확인한다.
	부모는 아이를 위해 특별한 음식을 준비한다.

기 때문에 좋은 목표라고 할 수 있다.

▼ 어떤 순응이 집중하기에 좋지 않은가?

다음은 무엇을 줄여야 할지 결정할 때 어떤 순응은 왜 첫 번째 선택이 되어서는 안 되는지를 설명할 것이다.

정말로 불안과 관련된 것인가?

불안한 아이들이 불안하기만 한 것은 아니다. 또한 당신이 아이를 위해 하는 모든 것들이 불안과 직접적으로 연관 있지는 않다. 예를 들어, 당신이 아이를 위해 특별한 음식을 준비한다면, 그건 아이가 먹는 것에 대한 불안이 높아 매우 까다롭기 때문이거나, 아이가 그냥 특정한 것을 좋아하는 것이기 때문일 수 있다. 특별한 음식을 준비하는 것을 그만두고 싶더라도, 지금은 아이의 불안으로부터 비롯된 것으로 확신되는 순응에 집중하는 것이 가장 좋다.

또 다른 예를 들자면, 불안한 아이들은 종종 그들이 숙제하는 동안 부모를 그들 옆에 앉혀 놓고, 오류가 있는지 반복적으로 확인하거나, 실제로 스스로 할 수 있는 일을 도와주도록 하는 데 적응되어 있을 수 있다. 하지만 부모가 아이의 숙제에 시간을 보내는 데에는 또 다른 이유가 있을 수도 있다. 학습에 어려움이 있거나 주의력 문제가 있는 아이들 또한 숙제하는 데 추가적인 도움이 필요할 수 있다. 어떤 아이들은 전혀 숙제를 하려고 하지 않아서 부모가 그들을 설득하거나 꼬드기는 데 많은 시간을 보내거나, 과제에 집중하도록 감독하는 데 많은 시간을 할애할 수도 있다. 불안 순응에 집중해서 선택했는지 확인하자. 그리고 그 외의 것들은 다른 날을 위해 남겨 두자.

목표를 섞지 마라

'혼재된 목표'는 순응 줄이기와 부모로서 가지는 또 다른 목표가 교차할 때를 의미한다. 그 예는 다음과 같다.

- 아이는 당신과 떨어지는 데 어려움이 있어 자신의 방에서 혼자 시간 보내기를 원하지 않는다. 이 문제를 극복하기 위해 돕는 것은 좋은 목적이다. [이것은 당신의 행동이 아닌 아이의 행동만을 말하고 있기 때문에 아직 목표(target)가 될 수는 없다.] 하지만 이것이 다른 목적과 얽힐 수도 있다. 당신은 아이가 방청소를 할 수 있도록 그의 방에 혼자 있을 수 있게 되기를 원할 수도 있다. 깨끗한 방은 좋은 것이지만 어지럽힌 방은 불안 증상이 아니다.
- 많은 아이들이 잠들기를 거부하고 늦게까지 깨어 있고 싶어 한다. 당신의 아이는 침대에 혼자 있는 것이 두려워 잠자기를 거부할 수 있다. 이때 침대에 혼자 있는 것에 대처할 수 있도록 작업하는 것은 좋은 목적이 될 수 있다. 하지만 당신의 아이는 하루가 끝나고 잠자리에 드는 것에 대한 '정상적인' 거부를 보이는 것일 수도 있다.
- 또 다른 예는 아침 등교 준비와 관련된 것이다. 많은 아이들이 아침에 학교 갈 준비하는 데 오랜 시간을 끈다. 시간을 끄는 행동은 가령, 학교나 옷을 고르는 것에 대한 아이의 불안을 반영

한 것일 수 있다. 하지만 체계화하는 데 어려움이 있거나 학교와 과제에 대한 전반적인 태도와 같이 불안과는 관련이 없는 다른 것을 반영할 수도 있다.

부모가 모두 동의하는가?

당신과 배우자가 이 책으로 함께 작업을 한다면, 당신이 고려하고 있는 순응이 부부 모두가 중요하고 유용한 목표라고 생각하는지를 고려해야 한다. 당신이 동의하지 않는 순응이라면, 두 사람 모두가 줄이는 것이 좋겠다고 동의하는 것을 생각해 보자. 두 사람의 관계에서 의견 충돌이나 갈등의 원인이 되는 목표를 설정하는 것은 아마도 그 과정을 더 어렵게 만들 것이다.

〈표 8-2〉는 좋은 목표가 되지 않는 순응의 예시 목록이고, 그 이유도 포함되어 있다.

〈표 8-2〉 부적절한 순응 목표의 예시

불안 영역	안 좋은 목표 순응	왜 좋지 않은가?
분리불안	부모는 주말 휴가를 계획하고 싶었지만 아이의 분리불안 때문에 연기했다.	한 번의 여행은 충분한 연습 기회를 제공하지 못한다.
	아이가 혼자 침대에 있으면 부모가 보상을 준다.	보상을 주는 것은 순응이 아니다.
강박사고 및 강박행동	아이가 하루에도 몇 번씩 손을 씻는다.	이는 아이의 행동이고 부모의 순응이 아니다.
	부모는 TV 보는 시간을 두 시간 이상 허용하지 않는다.	이는 목표 순응이나 불안이 아니다.
	부모는 모든 순응을 멈출 것이다.	구체적이지 않고, 일관적으로 실행하기 어렵다.

사회불안	아이가 매우 불안할 때만 부모가 대신 말해 줄 것이다.	일관성이 없고, 불안이 높아질 때 아이는 대처할 수 없다는 메시지를 준다.
범불안	반복적인 질문에 답하는 대신, 어떻게 병이 전염되는지를 구체적으로 침착하게 알려 줄 것이다.	한 가지 안심을 다른 안심으로 교체하는 것이다.
	아이는 하루에 세 번의 전화 통화만 허용될 것이다.	부모의 행동이 아니다(이는 부모가 몇 번 전화를 받을 것인가로 바꿀 수 있다).
공포증	아주 작은 개부터 시작해서 점진적으로 노출을 연습할 것이다.	이는 순응 목표나 부모의 행동에 대한 것이 아니다.
공황 및 광장공포증	아이가 공황 증상을 느끼면 엄마는 학교에 데리러 가지만 아빠는 직장에서 데리러 가지 않을 것이다.	순응이 유지된다. 부모 간에 갈등이 발생될 수 있다.
음식 및 식이	엄마는 매일 특별한 음식을 준비하는 것을 그만할 것이다. 아빠는 선호하는 음식만 제공할 것이다.	이 부모는 목표와 계획에 대한 의견이 일치하지 않는다.

▼
목표를 선택하라!

지금까지 첫 번째 계획으로 좋은(혹은 나쁜) 목표가 되는 기준들을 배웠다. 이제 선택을 해야 할 시간이다. 빈번하게 일어나고, 중요하게 방해가 되고, 불안과 관련되어 있으며, 당신이 통제할 수 있는 것을 선택한다는 걸 기억하자. 당신의 순응 지도를 한 번 더 살펴보고, 가장 좋다고 생각되는 목표를 선택하라. 배우자와 함께 작업하고 있다면, 함께 대화하고 둘 다 동의하는 목표인지 확인해라.

   다음 단계는 당신의 행동을 어떻게 변화시킬 것인지에 대한 구체적인 계획을 세우고, 아이가 당신이 하려는 일을 이해하고 당신의 행동 변화에 놀라지 않도록 미리 알려 줄 계획을 세우는 것이다. 9장에서는 순응을 줄이는 당신만의 계획을 세울 것이고, 10장에서는 이 정보를 아이와 공유할 계획을 세울 것이다. 계획을 실행하는 동안에도 지속적으로 아이에게 지지하는 말을 해 주고, 순응을 모니터링해야 한다. 하지만 이제는 모든 순응이 아닌 목표 순응에만 초점을 맞출 것이다.

이 장에서 배운 것들

- 왜 순응을 선택해야 할까
- 줄이기 좋은 목표 순응
- 적합하지 않은 목표 순응과 그 이유
- 첫 번째 목표 순응 선택하기

Breaking Free of Child
Anxiety and OCD

9장

순응 줄이기 계획

▼ 계획에 포함되어야 하는 것들

순응을 줄이기 위한 좋은 계획은 가능한 한 구체적이어야 한다. 다음의 예시들을 보면서 계획에 어떤 세부 정보가 있어야 하는지에 대한 아이디어를 얻어 보자. 그리고 이 장의 나머지 부분을 다 읽으면, 부록 A에 있는 워크시트 8(당신의 계획)을 사용하여 계획을 세울 준비가 될 것이다.

예시 1

야즈민의 계획은 열두 살 아들 모하마드에게 해 왔던 순응을 줄이는 것이었다. 모하마드는 불안 때문에 일상 루틴에서 일어날 수 있는 변화에 걱정하고, 매일 계획된 것들을 정확하게 미리 알고 싶어 했다. 야즈민은 매일 스케줄표를 작성하고 매일 아침 학교 가기 전에 스케줄을 모하마드에게 알려 주는 방식으로 순응해 왔다. 스케줄은 아주 구체적이었고, 학교에 누가 데리러 오는지, 모하마드가 먼저 집에 도착한다면 야즈민이 퇴근해서 집에 오는 시간이 정확히 언제인지, 저녁에 야즈민이 나가는지, 그렇다면 어디로 가는 것이고 몇 시에 나가며 언제 돌아오는지와 같은 것들이 포함되었다. 주말에는 모하마드와 야즈민이 하루 종일 할 모든 일에 대해 더 자세한 일정이 포함되었다. 야즈민은 스케줄을 작성하는 것에 시간이 많이 걸릴 뿐만 아니라, 스케줄이 어긋날 때 모하마드의 반응에 대한 걱정으로 더 불안해진다고 느꼈다.

야즈민의 계획은 다음과 같다.

1. 엄마(야즈민)는 어떤 스케줄도 쓰지 않을 것이다.
2. 엄마는 퇴근하는 시간에 대해 이야기하지 않을 것이다. 하지만 평소 시간인 6시 15분보다 늦게 도착할 것 같으면 모하마드에게 전화를 할 것이다.
3. 엄마는 아침(또는 전날)에 엄마의 저녁 시간 계획에 대한 질문에 답하지 않을 것이다. 하지만 나가기 전, 최소한 한 시간 전에는 모하마드에게 말해 줄 것이다.
4. 엄마가 저녁에 나가게 된다면, 언제 돌아올 것인지에 대한 질문에는 답하지 않을 것이다. 하지만 모하마드의 취침 시간인 8시 45분보다 늦어질 것 같으면 모하마드에게 말할 것이다.
5. 처음에는 모하마드의 취침 시간보다는 늦지 않을 거라 예상했지만, 막상 8시 45분까지 집에 도착하지 못할 것 같으면, 엄마는 모하마드와 전화로 굿나잇 인사를 할 것이다.
6. 엄마는 모하마드와 함께하는 주말 활동이 있다면 모하마드에게 알려 줄 것이다. 하지만 일정표에 쓰지는 않을 것이다.
7. 모하마드가 스케줄에 대해 묻는다면, 엄마는 지지적인 말("네가 스케줄에 대해 걱정하는 건 이해해. 하지만 나는 네가 스스로 그 걱정을 감당할 수 있다고 확신해")과 함께 한 번 답할 것이다. 첫 질문 이후에 엄마는 다시 대답하지 않을 것이다.
8. 주말마다 최소 한 시간 이상의 계획되지 않은 시간이 포함될 것이며, 이 시간 동안 엄마는 모하마드에게 계획하지 않은 활동을 제안할 것이다. (모하마드는 참여하지 않기로 선택할 수 있다.)

야즈민 계획의 구체적인 세부 사항과 그 수준에 주목하라. 그녀는 심지어 자신의 계획을 실행하려고 할 때 나타날 수 있는 몇 가지 가능한 질문들에 대해서도 생각해 보았다. 예를 들어, 야즈민은 모하마드가 갑작스러운 변화에 화를 내기 때문에 사전 예고 없는 저녁 외출이 어려울 것이라는 걸 알았다. 그녀는 매일 저녁 미리 계획을 세운다는 약속을 하고 싶지 않아서 저녁 계획을 미리 상의하지 않기로 결정했지만, 만약 그녀가 외출한다면 적어도 한 시간 전에 모하마드에게 통보하기로 했다. 야즈민은 때때로 갑작스럽게 스케줄 변동이 생긴다는 것도 알았다. 그녀는 매일 아침 아들과 직장 스케줄을 논의하거나 특정 시간에 집에 올 것을 약속하고 싶지 않았다. 하지만 야즈민은 모하마드가 일상의 변화에 대해 알 권리가 있다는 데 동의하기 때문에 직장에서 늦어지는 경우 아들에게 전화하기로 했다.

또한 야즈민의 계획에 있는 모든 요점들이 **그녀의 행동에만** 어떻게 관련되어 있는지 주목하라. 그녀의 계획에 모하마드가 무엇을 할 것인지는 들어 있지 않다. 당연히 그 이유는 야즈민이 아이가 무엇을 할 것인지를 알지도 못하고 결정할 수 없기 때문이다. 모하마드는 어려움 없이 그 계획을 받아들일 수도 있고, 계속해서 평소의 스케줄을 그녀에게 물을 수도 있다. 아이는 엄마에게 언제 집에 오는지 물으러 전화할지도 모른다. 아이는 심지어 변화에 대해 화를 내거나 스트레스를 받고 폭발할 수도 있다. 야즈민은 모하마드가 어떻게 행동할 것인지를 결정할 수 없다. 하지만 그렇게 할 필요가 없다. 그녀의 계획이 성공하기 위해 그녀는 오직 자신의 행동만 통제하면 되고, 모하마드가 대처할 것이라는 확신을 가지면 된다.

야즈민의 계획에 있는 마지막 요점을 살펴보라. 그녀는 모하마드가 하루의 모든 단계에서 정확히 무슨 일이 일어날지 모른다는 것에 좀 더 익숙해지도록 하기 위해 계획되지 않은 시간을 도입하기로 결정했다. 하지만 여기서도 야즈민은 그녀의 행동만을 통제할 수 있다는 것을 인정하고 있다. 그녀는 모하마드가 예정되지 않은 활동에 참여하지 않기로 선택할 수도 있다는 것을 명확하게 인정하고 있다. 그녀는 모하마드가 그 활동에 참여하고자 하는 동기를 얻고, 계획되지 않은 것들도 재미있을 수 있다는 것을 배우기를 바라며 재미있는 것을 계획하려고 노력할 것이다. 하지만 그녀의 계획은 모하마드가 무엇을 하거나 하지 않는 것이 아닌 그녀의 (활동을 제공하는) 행동에 전적으로 집중되어 있다.

예시 2

앨라이와 프랭키는 반복적인 공황발작으로 힘들어하는 딸인 열다섯 살 오브리에게 제공해 온 순응을 줄이려는 계획을 세웠다. 공황발작이 있을 때 오브리는 심장 두근거림, 호흡 곤란, 어지러움, 그리고 평소보다 몸이 작아지거나 다른 모든 것이 거대해진 것 같은 이상한 느낌과 함께 불안이라는 파도에 휩싸였다. 공황발작은 오브리를 너무 두렵게 했다. 오브리는 부모님과 동행하지 않는 곳에 가는 것을 꺼리게 되었고, 핏빗(Fitbit) 손목 밴드로 하루 종일 자신의 심박수를 끊임없이 확인했다. 심박수가 상승하는 것을 발견하면 오브리는 매우 불안해했고, 부모는 아이를 즉시 안심시키고 오브리가 공황발작이 없다고 확신할 때까지 심장 박동수를 반복적으로 확인하는 방식으로 순응해 왔다. 공황발작에 대한 오브리의 불안 자체가 심박수를 증가시켰기 때문에, 부모들은 종종 오브리를 침대에 눕도록 하고, 아이 옆에 누워 머리를 쓰다듬고, 천천히 숨을 쉴 수 있도록 도우며, 불안이 가라앉을 때까지 달래곤 했다.

앨라이와 프랭키는 순응을 줄이기 위한 첫 번째 계획을 오브리와 항상 동행하고 있는 것보다는, 오브리가 자신의 심박수 증가를 알아차린 시간에 집중하기로 결정했다. 그들은 딸과 함께 동행하는 것을 거부하면, 오브리가 외출을 하지 않게 될 것을 우려했다. 그들은 먼저 다른 순응을 줄이는 것이 오브리의 불안을 낮춰서, 두 번째 목표인 외출하기가 훨씬 수월해지기를 바랐다.

프랭키와 앨라이의 계획은 다음과 같다.

1. 우리는 오브리의 심박수를 체크하거나 아이가 체크할 때 관여하지 않을 것이다.
2. 우리는 오브리의 심박수에 관한 질문에 하루에 한 번만 답하고 그 이상은 하지 않을 것이다.
3. 오브리가 그녀의 심박수나 공황발작에 대해 묻는다면, "오브리, 우리는 공황발작이 너에게 매우 불편한 경험이고, 또 다른 발작이 일어나는 것이 너무 두렵다는 것도 이해해. 우리는 네가 공황발작이 있더라도 그것을 처리할 것이고, 결국에는 괜찮아질 것이라는 것을 알아"라고 말할 것이다.
4. 오브리가 반복적으로 그녀의 불안에 대해 묻거나 그녀의 심박수 체크를 요구한다면, 우리는 한 번 말하고 다른 방으로 갈 것이다.
5. 오브리가 불안할 때 옆에 누우라고 한다면, 그녀가 천천히 숨을 쉴 수 있도록 5분까지는 함께 있을 것이다. 5분이 지나도 오브리가 여전히 불안해한다면, 우리는 "네가 아직 꽤 불안하다는 걸 알아. 하지만 이건 지나갈 것이고 너는 괜찮아질 것이라는 것도 안단다. 나는 이제 나갈게"라고 말할 것이다. 그런 다음 우리는 오브리를 혼자 두고 다른 방으로 갈 것이다.
6. 우리 둘 다 오브리 옆에 누워 숨을 쉴 수 있도록 도와주는 걸 하루 두

번 이상 하지 않을 것이다.

그들의 계획에서 알 수 있듯이, 앨라이와 프랭키는 오브리에게 계획을 알린 후에도 오브리가 계속해서 안심과 순응을 요구할 가능성에 대해 생각했다. 그들은 단지 순응과 안심을 제공하지 않을 것이라는 이유만으로 오브리가 순응 요청을 그만둘 것이라고 기대할 수 없다는 것을 알았다. 그들은 그들의 딸이 아닌 자신의 행동만을 통제할 수 있다는 것을 알았다. 또한 그들은 오브리가 매우 불안해하고 반복적으로 도움을 요청할 때 순응을 제공하지 않는 것이 얼마나 힘든지도 알았다. 그들의 계획은 이러한 염려를 반영했고, 그들의 해결책은 순응을 제공하지 않는 것이 너무 힘들어지면, 그 상황으로부터 그들 자신이 사라지는 것으로 정했다. 오브리가 불안하거나 공황 상태일 때 다른 방으로 가서 오브리를 혼자 두는 것이 가혹하거나 무자비한 행동처럼 보일 수 있지만 프랭키와 앨라이는 딸을 깊이 생각했다. 그들은 오브리가 도움을 간청할 때 한 방에 있는 것이 엄청나게 힘들다는 걸 알았고, 그들이 결국 성공하지 못하고 순응을 제공하며 굴복할 것임을 알았다.

앨라이와 프랭키는 오브리가 괜찮을 것이고, 실제 공황발작이 있더라도 불안을 견뎌 낼 수 있다고 확신했다. 부모들은 방에서 나오는 것을 통해 오브리가 불안에 대처할 수 있는 능력이 있음을 자신들이 얼마나 믿는지를 보여 주길 원했다. 부모는 또한 오브리가 불안하고 부모의 도움을 요청할 때 아이의 곁에 있는 것이 오브리에게는 더 좋지 않은 경험이 될 것이라는 것을 알았다. 부모가 옆에 있음에도 불구하고 오브리의 불안에 관여하기를 거부하는 것은 아이에게는 극도의 좌절감을 안겨 줄 수 있으며, 부모가 옆에 있는 한 오브리는 순응에 대한 요청을 중단하기가 더 어려울 것이다. 부모가 방을 나가는 것이 처음에는 오브리에게 기분이 나쁜 일일 수 있다. 하지만 부모가 주변에 없다는 사실을 알게 되면, 오브리는 공포에 대처할 힘을 자신에게서 찾을 가능성이 더 높아질 것이다.

이 계획에서 부모가 방을 나오고 오브리가 혼자서 대처하도록 하는 요소는 아동기 불안과 가족의 순응에 대해 중요한 점을 알려 준다. 불안을 처리하기 위해 순응에 의존해 온 아이들은 종종 순응을 유일한 대처 수단으로 생각한다. 당신이 순응을 제공할 가능성에 대한 희망이 남아 있는 한, 아이는 다른 대처 방법을 찾을 가능성이 줄어들 것이다. 당신이 확실히 순응하지 않을 것이라는 걸 알게 되면, 아이는 자신의 불안을 조절하기 위해 다른 더 독립적인 수단을 찾게 될 가능성이 높아진다.

침대에 함께 누워 오브리와 호흡하는 앨라이와 프랭키의 전략은 더 독립적인 대처를 향한 전환을 나타낸다. 천천히 깊게 호흡하는 것을 통해 오브리는 불안 조절에 그녀의 신체를 사용했다. 하지만 오브리는 편안한 호흡을 불안할 때마다 사용하는 기술로 생각하기보다는 부모님이 그녀를 위해 해 준 것으로 보았다. 순응은 불안에 덜 취약해질 수 있는 훌륭한 대처전략을 부모 의존성을 유지하는 것으로 바꾸고 있었다. 프랭키와 앨라이는 계속해서 오브리가 자신을 진정시키도록 호흡을 사용하는 걸 격려하기를 원했다. 한편, 그들은 또한 오브리가 호흡을 기분이 나아지도록 독립적으로 사용하는 자신만의 도구로 만들기도 원했다. 이러한 이유로 부모는 자신의 계획에 다음의 두 가지 구체적인 사항을 포함시켰다.

1. 그들은 오브리의 호흡을 도와주는 시간을 제한했다. 5분의 시간

제한을 둠으로써 부모는 오브리가 완전히 진정되기 전에 떠날 가능성을 만들어 두었다. 이는 오브리가 그들이 떠난 뒤에도 계속해서 호흡을 혼자 사용해 볼 수 있는 기회를 주었다.
2. 그들은 딸과 함께 하루에 호흡을 하는 횟수를 제한했다. 그들이 아이 옆에 누울 수 있는 횟수의 제한은 때때로 오브리가 불안을 낮추기 위해 신체를 사용하기 원할 때면 스스로 호흡을 연습할 가능성을 만들어 주었다.

마지막으로, 한 가지 더 알아 둘 것이 있다. 프랭키와 앨라이는 순응하지 않기 계획을 실행할 때 오브리에게 뭐라고 말할 것인지에 대한 구체적인 계획을 세웠다. 그들은 안심시키거나 아이의 심박동을 체크하지 않고 방을 떠날 때 오브리에게 할 말을 계획했다. 그들의 계획은 오브리와 함께 머물고 안심시키는 순응 행동을 지지적인 반응으로 바꿀 수 있게 해 주었다. 그들은 또한 아이의 휴식과 진정을 도와주는 5분 제한시간이 다 되었을 때 말할 것에 대한 계획도 세워 두었다. 미리 연습하고 역할극을 할 수 있는 구체적인 계획을 세웠기 때문에, 그들은 순간순간 즉흥적으로 반응할 필요가 없었고, 일관성을 유지할 수 있었다. 그 계획은 그들이 다양한 상황에서, 그리고 그들 사이에서 일관성을 유지하도록 해 주었고, 둘 다 같은 말을 할 수 있었다. 프랭키와 앨라이는 이런 어려운 순간에 사용할 수 있는 지지적인 말들을 신중하게 골랐다. 그들이 선택한 두 문구 모두 지지의 두 가지 요소를 포함했다. 수용(우리는 공황발작이 너에게 매우 불편한 경험이고, 또 다른 발작이 일어나는 것이 매우 두렵다는 것도 이해해. 네가 아직 꽤 불안하다는 걸 알아)과 신뢰(우리는 네가 공황발작이 있더라도 그것을 처리할 것이고, 결국에는 괜찮아질 것이라는 것을 알아. 이건 지나갈 것이고 너는 괜찮아질 것이라는 걸 나는 안단다).

예시 3

　루이스는 그의 아들 키건의 불안에 대한 순응을 줄이는 계획을 세웠다. 키건은 열한 살이고 여러 해 동안 강박장애로 어려움을 겪어 왔다. 가장 최근에, 그의 강박장애는 그가 나쁜 일을 했거나, 미래에 나쁜 일을 할지도 모르거나, 심지어 범죄를 저지를 것이라는 두려움에 초점이 맞춰져 있었다. 키건은 매일 밤 잠들기 전에 그의 하루를 매우 꼼꼼하게 되짚어 보았다. 그리고 루이스는 아들과 함께 앉아서 그날 일어난 모든 일의 자세한 설명을 듣고, 키건이 한 일 중에 아무것도 나쁜 것이 없고, 법을 어긴 것이 없다고 안심시켜 주어야 했다. 이 야간 의식(ritual)은 30분 이상 지속되었고, 때때로 더 오래 걸리기도 했다. 루이스는 또한 키건이 갑자기 나쁜 사람이나 범죄자가 될 이유는 없다고 안심시켰다. 루이스는 아이에게 그가 자신의 행동을 통제하고 있으며, 잘 행동할지 아닐지를 선택할 수 있다고 반복해서 말했다. 루이스는 키건에게 다양한 범죄의 빈도에 대한 통계치와 누군가가 나쁘게 행동할 것을 예측하는 요인들에 대한 정보를 제공하려고 노력했다. 루이스는 키건이 미래의 행동에 대해 걱정하지 않는 데 도움이 되기를 바라며 범죄와 범행에 대한 통계를 만들기도 했다. 이러한 아버지의 노력에도 불구하고 키건은 하룻밤 이상 안심하지 않았고 다음날 저녁 키건은 같은 질문을 하고, 루이스가 안심시키는 이 모든 과정을 다시 반복해야만 했다.
　루이스의 계획은 다음과 같다.

1. 아빠는 키건과 함께 하루를 리뷰하지 않을 것이다.

2. 키건이 그날에 대해 아빠와 이야기하기를 원한다면, 아빠는 들을 것이다. 하지만 키건이 자신의 나쁜 행동을 확인하거나 그가 나쁜 일을 하지 않았다는 안심을 구한다고 생각되면 바로 듣기와 반응을 멈출 것이다.
3. 아빠는 저녁 식사 후에는 키건과 그의 하루에 대해 이야기하지 않을 것이다.
4. 아빠는 키건이 미래에 어떤 나쁜 일을 할 것인가에 대한 질문에 답하지 않을 것이다.
5. 키건이 안심을 구하거나 하루를 되짚어 보기를 원한다면, 아빠는 한 번 말할 것이다. "키건, 나는 너를 사랑한단다. 그리고 강박장애가 매우 불쾌한 생각을 떠올리게 해서 네가 아주 괴롭다는 것을 안단다. 너는 괜찮아질 것이라고 나는 확신하고, 이것에 대해 너와 이야기하는 건 도움이 되지 않을 것 같아. 너를 도와주는 것은 나의 의무이고, 나는 더 이상 답하지 않는 방식으로 너를 더 많이 도와주고 있다고 생각해." 아빠는 이것을 한 번만 말할 것이고, 이후 키건의 강박장애와 관련된 요구에 답하거나 반응하지 않을 것이다.

다른 계획들처럼, 루이스는 가능한 한 자세하게 작성하려고 했다. 그는 이 과정이 힘들 수 있다는 것을 이해했고, 순응하기 대신 어떻게 지지적으로 반응할 것인가에 대한 계획을 세웠다. 루이스는 또한 다른 어려움과도 씨름해야 했다. 그는 키건과의 대화를 완전히 중단하고 싶지는 않았다. 여전히 아들에게 일어나는 일에 주의를 기울이고 있고, 그의 하루에 관심이 있음을 보여 주고 싶었다. 하지만 루이스는 강박장애 방식으로 키건의 하루를 리뷰하는 순응은 멈추고 싶었다. 그의 해결책은 두 가지 요소를 가지고 있다.

1. 루이스는 키건이 그를 지나친 확인과 안심의 강박장애 굴레에 끌어들이지 않는 한, 키건의 이야기를 듣고 그의 하루에 대해 함께 이야기하는 것을 지속하기로 했다. 키건이 말하는 것이 단순히 그날의 일을 말하는 것인지, 강박장애 행동인 것인지를 구분할 수 있는 명확한 정의가 없다는 점을 알아 두자. 루이스에게 키건이 말할 수 있는 모든 것들을 나열하고 각각에 대한 모든 반응을 계획할 수 있는 방법은 없다. 대신 루이스는 키건과의 대화 도중에 그들의 이야기가 강박장애 순응으로 진행되고 있다는 걸 알게 되면, 대화를 멈출 것이라는 계획을 세웠다. 물론 키건은 그가 강박장애 대화를 하고 있다는 것에 동의하지 않을지도 모른다. 그는 단지 하루에 있었던 일을 공유하고 싶을 뿐이라고 주장할지도 모른다. 중요한 것은 루이스가 계획을 실행할 수 있도록 키건이 동의할 필요는 없다는 것이다. 이것이 바로 순응 계획이 아이의 행동이 아닌 전적으로 부모에 행동에 관한 것이라는 걸 분명히 하는 게 중요한 이유이다. 루이스는 키건이 동의하건 말건 각각의 상황에서 그의 판단에 의지할 것이고, 그가 가장 옳다고 생각하는 대로 행동할 것이다. 때때로 루이스가 틀릴 수도 있고, 그렇지 않은 것을 강박장애 행동으로 잘못 생각할 수도 있다. 그렇다, 이건 가능성이다. 그리고 그 반대적 상황 또한 물론 발생할 수 있다. 루이스가 안심시키고 순응하도록 만드는 강박장애 행동인 것을 그렇지 않다고 생각할 수도 있다. 루이스는 아마 지금은 강박장애 대화를 알아차리는 데 꽤 능숙할 것이다. 하지만 가끔은 틀릴 수도 있다. 그래도 괜찮다. 발생할 수 있는 가장 안 좋은 일은 아버지와 대화를 나누지 못해 키건이 좌절감을 느끼거나, 계획에도 불구하

고 가끔씩 그가 순응을 제공받는 것이다. 안타깝게도 다른 대안은 키건이 그의 행동이 강박장애로 인한 것이라는 걸 인정할 때만 순응을 제한하는 것이다. 키건은 아마도 루이스로부터 순응을 구하려는 강한 동기를 갖게 될 것이고, 이는 키건이 본인 스스로는 강박장애 걱정을 하고 있음을 알면서도 그렇지 않다고 부인하게 만들 것이다. 또는 그가 강박장애와 관련된 걱정을 할 때를 스스로 알아차리지 못할 수도 있다. 루이스 자신이 판단하고 그에 따라 행동함으로써, 루이스는 강박장애를 알아차려야 한다는 키건의 부담을 덜어 주고 본인이 책임을 지게 된다.

2. 키건과 그의 생활에 대한 대화를 지속하면서도 강박장애 대화를 인식해야 하는 어려움에 대처하기 위한 루이스 계획의 두 번째 요소는 그날에 대한 대화를 저녁식사 전으로 제한하는 것이다. 루이스는 키건이 강박장애로 인해 걱정하고 하루 리뷰와 순응을 요구하는 때가 대부분 저녁 식사와 잠자리 드는 시간 사이라는 것을 알았다. 따라서 루이스는 그날 있었던 일에 대한 대화는 저녁 식사 이전에만 하도록 결정했다. 물론 키건은 여전히 저녁 식사 이전에 순응을 요구할 수 있다. 그러면 루이스는 반응하지 않기로 한 그의 계획을 실행할 것이다. 또한 키건은 저녁 식사 이후에 그날 있었던 일을 공유하고 싶을 수도 있다. 그런 경우 그는 아빠에게 이야기하기 위해 다음 날까지 기다려야 할 것이다. 저녁 식사 시간에 그날에 대한 대화를 중지하는 것을 통해 루이스는 순응하지 않는 과정이 보다 수월해지기를 바랐다.

어떤 계획도 완벽하지 않다. 불안이 높은 자녀에게 제공하는 목표 순응을 줄이기 위한 당신의 계획도 완벽하지 않을 것이다. 괜찮다! 중요한 것은 계획의 세부사항을 가능한 한 자세히 생각하고, 무엇이 실행을 어렵게 만들지를 고려해서, 실천해 나가는 것이다. 당신이 생각하지 못했던 어려움에 맞닥뜨리게 되면 계획을 수정해야 할 수도 있다. 그리고 이것 또한 예상되었던 것이다. 필요한 사항을 변경하고 계속 작업하자!

▼ 당신만의 계획을 세우기

이제 당신만의 계획을 세울 준비가 되었다. 부록 A에 있는 워크시트 8(당신의 계획)을 사용하여 당신의 계획을 최대한 자세히 세워 보자. 다음의 각 요소들을 생각하여 워크시트에 계획을 적어 보자.

무엇을?

당신이 줄이거나 멈추려고 계획하고 있는 순응이 무엇인가? 당신이 바꾸려는 행동에 대해 구체적으로 설명해 보자. "나는 순응하지 않을 것이다" 또는 "나는 안심시켜 주지 않을 것이다"와 같은 일반문은 사용하지 마라. 대신 "건강식품인지에 대한 질문에 답하지 않을 것이다" "아이가 침대에 누우면 나는 그 방에 머무르지 않을 것이다" 또는 "불안한 걱정에 대한 문자에 답하지 않을 것이다"와 같은 문장을 사용하여 당신이 의미하는 바를 자세히 작성하라.

언제?

　당신이 순응을 항상 바꿀 것인지, 하루의 특정 시간에만 바꿀 것인지를 적어 보자. 가령, 아이와 학교에 가거나 학교에서 올 때 특정한 길로만 운전을 해 왔다면(아이가 특정 장소에 있거나, 특정 상점이나 건물 근처에 있는 것을 불안해할 때 발생할 수 있는 일이다) 학교에서 집으로 오는 동안에만 변화를 줄 계획을 세울 수 있고, 이것을 적어 보자. 왕복할 때 모두 변화를 주고자 한다면 그것을 적어 보자. 특정한 날, 또는 주말에만, 또는 부모가 모두 집에 있을 때만, 또는 다른 특정 시간대에 변화를 주고자 한다면 그것이 명확하게 드러나도록 작성하라.

　또한 아이가 순응을 요구할 때만 변화를 줄 것인지, 아이의 행동과는 무관하게 당신의 일정에 따라 순응에 변화를 줄 것인지를 생각해 보자. 예를 들어, 아이를 위해 특정 음식을 만드는 방식으로 아이의 불안에 순응해 왔다면, 당신은 더 이상 그 특정 음식을 만들지 않겠다고 결정할 수 있고 이는 아이의 행동에 대한 반응이 아니라 독립적으로 일어나는 변화이다. 여전히 식사 시간에 아이에게 대응할 방법에 대한 계획이 필요하지만 아이가 개입하기도 전에 순응의 변화가 일어날 수도 있다. 비슷하게, 당신이 일찍 퇴근하는 방식으로 아이에게 순응해 왔다면, 당신이 일주일에 하루 이상 집에 늦게 오는 것으로 변화를 계획할 수 있다. 이 또한 아이가 말하거나 행동하는 것과는 무관하게 일어나는 것이다. 반면, 아이가 샤워하는 동안 당신이 욕실문 근처에 있겠다고 약속하는 방식으로 아이에게 순응해 왔다면, 순응의 변화는 아이가 샤워할 때, 그리고 아이가 옆에 있어 달라고 요청할 때 일어날 것이다.

마지막으로 이 계획의 실행을 언제 시작할 것인지를 적어 보라. 지금 바로? 아니면 다음 주말과 같은 특정 시간에 또는 아이의 생일 파티와 같은 곧 있을 이벤트 이후에 계획을 실행하기 시작할 것인가? 때로는 계획 실행을 잠시 미루는 것이 나을 수 있다. 가령, 당신의 배우자가 여행에서 돌아오기를 기다릴 수 있고 또는 계획을 실행하기 수월하게 당신의 스케줄이 변경되기를 기다릴 수도 있다. 아마도 당신도 너무 오래 미루고 싶지 않을 것이고, 실행을 미룰 변명거리를 찾아서도 안 된다. 하지만 약간의 지연이 타당한 상황도 있을 수 있다. 그렇지 않다면 가장 좋은 방법은 바로 시작하는 것이다. 어느 쪽이든 언제 시작할 것인지 기록하라.

누가?

계획에는 본인만 관련되어 있는가, 아니면 다른 사람도 포함되어 있는가? 양부모가 함께 계획하고 있고, 둘 다 동일한 단계를 실행할 예정이라면 워크시트에 이에 대해 적어 두자. 계획이 각자마다 다소 다른 경우, 각각 어떻게 행동할 것인지를 기록하라. 계획에 부모가 아닌 친구나 친척과 같은 다른 사람이 포함되어 있다면, 그것에 대해서도 물론 기록해야 한다. (그들이 계획에 대해 알고 동의한다는 것을 확실히 해 둘 것!)

어떻게? 그리고 얼마나?

하루에 특정 횟수로 순응을 제한할 계획인가? 아니면 각 상황마다 순응을 특정 횟수로 제한할 것인가? 또는 순응을 완전히 중단하고 모든 것을 전혀 하지 않으려 최선을 다할 계획인가? 이 중 어느 것이든 좋은 계획이 될 수 있다. 때때로 첫 번째 계획은 나중에 순응을 더 줄이거나 중단할 목적으로 순응을 몇 번으로 제한하는 것이 될 수 있다. 다른 경우는 순응을 단번에 중단하는 것이 가장 쉬울 것 같을 수도 있다. 어느 쪽이든, 얼마나 많은 순응을 제공할 것인지에 대한 세부 정보와 계획을 명확하게 작성하라. 그렇게 하면 어떻게 행동해야 하는지 항상 알게 될 것이다. "매일 **몇 가지** 질문에만 답할 거야"와 같은 모호한 표현은 피해야 한다. 모호한 표현은 당신이 순응할지 말지를 결정하기 더 어렵게 만들고, 아이도 무엇을 기대해야 하는지 알기 어렵게 만든다. 어느 날의 '몇 가지'는 다른 날의 '몇 가지'와는 다르고, 이는 당신의 행동을 예측하지 못하게 만들어 아이를 혼란스럽게 할 것이다. '하루 세 개의 질문에만' 또는 '5분 동안만'과 같이 정확한 숫자를 제시하는 것이 당신의 행동을 더 명확하게 하고, 당신이 이미 계획의 한계에 도달했는지 여부를 쉽게 알 수 있게 해 줄 것이다.

당신은 0을 제외한 모든 숫자가 아이에게 혼동을 줄 것이라고 걱정할지도 모른다. 당신이 순응을 세 번 제공한다고 결정한다면, 당신이 순응을 제공할지 말지를 아이가 여전히 알기 어렵지 않을까? 대답은 '그렇지 않다'이다. 10장에서는 계획을 아이에게 전달하는 효과적인 방법을 배울 것이므로, 아이는 당신의 행동 변화를 정확하게 이해하게 될 것이다. 세 번의 순응으로 제한을 설정하면, 아이는 이에 대해 알게 될 것이며, 한도에 도달하면 더 이상 순응을 얻을 수 없다는 것을 이해할 것이다. 이와 같은 규칙은 상세하고 구체적인 계획을 세우는 한, 완전히 명확하고 일관성이 있을 수 있다.

대신 무엇을 할 것인가?

아이가 불안해하고 순응을 요구할 때 어떻게 반응할지를 생각해 보자. 순응하는 대신 무엇을 할 것인가? 다른 제안을 할 것인가? 당신이 순응하지 않으려고 노력하고 있음을 아이에게 다시 상기시켜 줄 것인가? 아이에게 지지적인 말을 해 줄 것인가? 그런 다음, 무엇을 할 것인가? 방에서 나올 것인가? 근처에 머물면서 평정심을 유지하고 침착하려고 노력할 것인가? 당신이 계획을 잘 지킬 수 있도록 도와줄 만한 사람이 있는가? 당신이 순응하지 않는 것에 아이가 화를 내고 괴로워한다면 당신의 평정심을 유지하는 데 도움이 될 만한 음악을 들을 계획을 세울 수도 있다. 당신의 계획이 '그냥 반응하지 않겠다'와 같이 간단하더라도 순응 계획 워크시트에 적어 두라. 어떤 계획이든 계획을 세우는 것이 계획 없이 어려운 상황에 빠지는 것보다는 낫다.

▼
어떤 장애물이 있을까?

모든 계획이 실행하기 쉬운 것은 아니다. 많은 것들이 당신의 계획을 지속적으로 실행하기 어렵게 만들 수 있다. 마주칠 가능성이 가장 높은 장애물들을 생각해 보자. 예를 들어, 등교 전에 발생하는 순응을 바꿀 계획이라면, 아이가 학교에 제 시간에 갈 수 있을지 그리고 아침 준비가 길어져도 계획을 고수할 수 있을지가 걱정될 수 있다. 또는 다른 아이가 있다면, 계획의 실행이 다른 아이에게는 어떤 영향을 미칠지에 대해 염려될지 모른다. 이 계획을 실행하는 데 시간이 얼마나 걸리고, 이 때문에 발생할 수 있는 모든 상황을 처리할 수 있을지 궁금할 것이다. 또는 아이가 도움이 되지 않고 문제가 있는 대안적인 순응을 찾아낼까 봐 걱정이 될 수도 있다. 가령, 직장에 반복적으로 걸려 오는 아이의 전화를 받는 것으로 순응해 왔다면, 당신이 전화를 받지 않을 때 아이가 직장 동료에게 전화해서 방해할까 봐 걱정될 수도 있다. 이러한 장애물들을 미리 생각하는 것은 당황하지 않고 해결책을 생각해 내는 데 도움이 된다. 전화통화 예시의 경우, 당신은 아이의 불안을 극복하기 위해 노력하고 있으며, 아이가 당신을 덜 찾도록 계획하고 있기 때문에 직장 동료들이 아이의 전화를 받을 수도 있다는 것을 미리 설명해 둘 수 있다.

지금까지 이 장에서 팁과 계획 예시들을 읽어 보았다. 이제 워크시트 8에 당신만의 계획을 신중하게 생각해서 적어 보자. 제대로 계획했다고 느끼려면 몇 번 고쳐야 할 수도 있지만 노력할 만한 가치가 있는 작업이다. 이 시점에서 더 많이 생각하여 계획할수록, 아이에게 계획을 전달하고 실행하기가 더 쉬워진다. 계획을 작성했으면 다음은 아이에게 알려야 할 때이다. 10장은 계획을 아이에게 어떻게 지지적인 방식으로 알려 줄지를 다룰 것이다. 그동안에도 아이에게 지지적인 말을 지속적으로 하고, 목표 순응을 계속 관찰해야 한다.

이 장에서 배운 것들

- 계획에 포함되어야 하는 것들
- 목표 순응을 줄이기 위한 당신만의 계획을 어떻게 세울 것인가
- 계획을 실행할 때 발생할 수 있는 장애물들을 생각하기

Breaking Free of Child
Anxiety and OCD

아이에게 계획 알려 주기

▼ 왜 아이에게 계획을 알려 주어야 할까?

이제 당신의 계획이 완성되었고, 순응 줄이기를 시작할 시간이 다가왔다. 계획을 실행하기 전, 마지막 작업은 아이에게 계획을 알려 주는 것이다. 당신이 계획하고 있는 것을 아이에게 알리는 것은 필요하고, 그 이유는 아이에게 합당하다는 것을 포함한 여러 가지가 있다! 아마도 당신은 오랜 기간 동안 순응을 제공해 왔을 것이고, 아이의 입장에서는 변화를 기대할 이유가 없다. 미리 알려 주지 않는다면 당신의 행동 변화로 인해 아이는 많이 놀라고 혼란스러워 할 것이다. 미리 계획을 설명하는 것은 또한 순응의 변화가 단발적인 것이 아니라는 것을 알려 주는 역할도 한다. 설명 없이 단순하게 순응을 거절한다면, 아이는 이를 일시적인 변화로만 생각하고 다음에도 당신으로부터의 순응을 기대할 것이다. 아이에게 이것은 이제 당신의 정규적인 계획이며, 앞으로 항상 이대로 할 것이라고 말함으로써 오해를 방지할 수 있다.

아이에게 계획에 대해 미리 말하는 또 다른 이유는 당신에게 왜 변화를 시작하는지 설명할 기회를 주기 때문이다. 지금까지 당신은 가능한 한 자주 지지하는 말하기를 연습해 왔을 것이다. 그렇다면 아이는 당신이 자신의 불안을 수용하고, 판단하지 않으며, 불안에 대처할 수 있다고 믿고 있다는 것을 알 것이다. 지지하는 말하기를 아직 시작하지 않았다면, 일단 계획 실행하기를 멈추고 며칠 동안 지지하는 말하기를 실행하라. 지지적인 반응을 많이 보이는 것을 통해 아이가 계획의 의도를 이해하도록 준비시킬 수 있고, 계획을 미리 설명하는 것으로 새로운 계획을 지지적인 접근과 동일한 맥락에서 연결시킬 수 있다.

　이 장에서는 수용과 신뢰를 모두 표현하면서 아이에게 계획을 알리는 방법을 살펴볼 것이다. 이 연결을 만들면 계획 그 자체가 강력한 지지의 표현이 된다. 아이와 계획에 대해 이야기하는 것을 통해 당신이 아이를 신뢰하기 때문에 진지하게 계획을 수행하고 있다는 것을 설명할 수 있다. 그럼 이것이 아이가 새로운 계획에 만족할 것이라는 걸 의미할까? 물론 아니다. 하지만 이것은 당신이 아이를 믿고 있고, 아이가 대처할 수 있을 만큼 충분히 강하다는 것을 당신이 알기 때문에 순응을 중단한 것이라는 걸 아이가 이해할 가능성이 훨씬 더 높다.

　또한 아이에게 계획을 설명하는 것은 확고하게 실행에 전념하는 데 도움이 된다. 아이가 당신의 계획이 무엇인지 안다면, 당신은 아이를 실망시키고 싶지 않을 것이다. 순응을 줄이는 것이 아이를 덜 돕는 것이 아니라 더 돕는 것이라는 걸 명심하라! 당신이 이런 방식으로 도울 것이라는 걸 아이에게 말한다면, 계획 실행이 예상보다 어렵더라도 지속하기가 훨씬 더 수월할 것이다.

　아이가 순응에 대해 알고 있는지 궁금하다면 그 대답은 '알고 있다'이다. 연구를 통해 대부분의 아이들이 그들의 부모가 제공하고 있는 순응을 잘 알고 있다는 것이 밝혀졌다. 사실, 많은 경우 아이들이 부모보다 순응을 더 잘 식별하기도 한다. (당신이 깨닫지 못했지만 아이의 불안 때문에 했던 일들이 순응이다!) 대부분의 아이들은 경험을 통해서 순응이 장기적으로는 효과적이지 않다는 것을 안다. 물론 아이는 그 순간에는 순응이 덜 불안해지고 괜찮아지도록 해 주기 때문에 순응이 지속되기를 원할 것이다. 하지만 시간이 지남에 따라 아이는 당신의 모든 순응에도 불구하고 여전히 많이 불안해하고 있다는 것을 알게 될 것이다.

　아이는 계획을 발전시키는 데 실질적인 도움을 줄 수 있다. 앞으로 일어날 당신의 변화에 대해 아이에게 말하는 것은 그 변화에 직접적으로 영향을 받을 당사자인 아이를 존중하기 위한 것뿐만 아니라, 계획에 대한 피드백과 제안을 할 수 있는 기회를 주기 위한 것이다. 예를 들어, 아이는 당신이 생각하지 못했던 계획의 문제점과 장애물들을 지적할 수 있다. 이를 통해 당신의 계획은 여러 가지 어려움들과 이에 대한 해결점을 고려하여 더 개선될 수 있다. 또는 아이가 조금 다른 순응의 변화를 제안할지도 모른다. 아이에게 계획을 이야기하는 것이 아이에게 허락을 구하는 것은 아니지만, 그렇다고 아이가 계획에 대한 의견을 제시할 수 없다는 것도 아니다.

　결국 결정을 내리고 계획을 실행하는 것은 당신이지만, 아이의 의견을 고려하는 것은 좋은 생각이다. 가령, 아이가 친구 집에서 놀 때 당신이 계속 아이의 친구 집에 머물러야 했던 순응을 줄이기로 계획했다면, 아이는 당신이 떠나기 전에 10분만 머물러 달라고 이야기할지 모른다. 이는 괜찮은 시작의 단계이고, 확실히 받아들일 수 있는 제안인 것으로 보인다. 아이가 세부사항에 대한 내용을 제안할 수 있다면, 아이는 계획에 덜 반대하게 될 것이고, 전체 과정이 훨씬 더 수월해질 것이다. 아이의 제안을 진지하게 고려하는 것은 당신이 아이를 돕기 위해 노력하고 있으며, 아이의 생각을 존중한다는 것을 아이에게 보여 주게 된다. 하지만 기억하라. 이 계획은 여전히 당신의 것이다! 아이가 당신이 수락할 만한 의견을 제시하더라도, 아이는 여전히 실질적인 변화의 실행에는 저항할 수 있다. 아이에게 미리 말했거나 아이의 제안을 받아들였다고 해서 아이가 계획에 순순히 따를 것이라는 기대는 하지 말자.

당신의 계획은 아이와 맺는 계약이 아니며, 따라서 아이는 계획에 대한 어떠한 약속도 할 필요가 없다. 사실 이 계획은 전적으로 당신의 행동 변화에 대한 것이어야 하기 때문에 아이가 계획을 따르거나 따르지 않을 방법도 없어야 한다. 만약 아이가 '계획을 위반하고 있다'고 생각된다면, 이는 당신의 계획이 (당신이 해야 할 일에 초점을 맞추기보다는) 아이가 해야 할 일에 대한 세부사항을 포함하고 있기 때문이거나, 당신이 계획을 쉽게 수행할 수 있도록 아이가 도와주지 않는 것에 실망하기 때문일 것이다. 만약 아이가 해야 할 일이 계획에 포함되어 있기 때문이라면, 다시 돌아가서 당신이 해야 할 일에만 초점을 맞추도록 계획을 수정해야 한다. 만약 아이가 여전히 당신의 변화에 저항하고 있는 것에 실망하고 있다면, 이것이 아이에게 얼마나 힘든 일인지 기억하고, 아이가 할 수 있는 최선을 다하고 있다고 받아들여라. 당신의 계획에 확고하게 임하다 보면, 아이의 반응은 곧 좋아질 것이다.

▼
언제 계획을 알려 주어야 할까?

마지막 순간까지 미루지 말고 순응을 변경하려는 계획을 자녀에게 말하라. 아이가 불안하거나 당신의 순응을 기대할 때에는 아이의 관심이 불안을 낮추는 데에 집중되어 있을 것이므로 계획을 이야기하기에 좋은 타이밍은 아니다. 아이는 다른 것들, 특히 지금 자신을 더 힘들게 만들 것 같은 일들에 대해서는 생각할 수 없을 것이다.

당신과 당신의 아이가 상대적으로 안정되어 있는 시간을 선택하라. 이 때문에 계획을 하루 더 미루어야 되고 아이에게 한 번 더 순응을 제공하게 되더라도, 아이에게 미리 계획에 대해 알아보고 당신이 이것을 하는 이유에 대해 이해할 수 있는 기회를 주는 것이 필요하다. 만약 계획에 두 부모 모두가 관여한다면, 부모가 함께 아이에게 이야기할 수 있는 시간을 마련하라. 이는 서로에게 도움이 될 것이며, 아이는 부모 모두가 같은 의견이라는 것을 알게 될 것이다.

적어도 몇 분 동안이라도 다른 일들로부터 자유로운 시간을 선택하라. 이메일 답장을 하거나, 막내 옷을 입히면서, 외출할 준비를 하면서 또는 전화를 받는 동안과 같은 바쁜 시간에 아이에게 계획을 이야기하는 것은 힘들다. 아이 또한 당신이 말하고자 하는 것을 듣기에 편안한 몇 분의 시간이 필요하다. 가령, 어떤 부모들은 아이가 좋아하는 취미활동을 하고 돌아오는 차 안에서의 시간이 계획을 이야기하기 좋은 타이밍이라고 생각한다. 하지만 아이가 매우 흥분할 가능성 때문에 운전이 어려울 것 같다면, 다른 시간을 선택하라. 당신이 아이와 온전히 이야기할 시간을 확보하기 위해 다른 자녀를 돌볼 베이비시터를 구해야 할 수도 있다. 당신이 집에 있는데 베이비시터를 두는 것이 황당해 보일 수 있지만, 다른 자녀를 봐주는 누군가가 있다는 것만으로도 당신이 불안한 아이에게 집중하는 것이 훨씬 수월해질 수 있다. 잠시라도 다른 업무와 책임으로부터 벗어나 있는 것은 이 일이 당신에게 얼마나 중요한지를 아이에게 보여 준다. 당신이 아이에게만 집중하려고 노력한다면, 아이는 당신의 노력을 알게 될 것이고, 아이는 이것이 당신이 나누고 싶어 하는 중요한 일임을 깨닫게 될 것이다.

▼ 무엇을 말해야 할까?

 순응 줄이기 계획을 아이에게 알리는 메시지에는 몇 가지 간단한 목표가 있다. 그 메시지는 아이에게 왜 당신이 순응 줄이기 계획을 하는지를 알게 해야 하고, 무엇을, 언제, 누가, 어떻게, 얼마나 할 것인지도 알게 해 주어야 한다. 여기서 왜는 당신이 변화를 시작하는 이유에 대한 설명이다. 아이가 불안하고, 걱정하고, 스트레스 받고, 두려워하고 있다는 것을 알고 있으며 이것이 어려운 일이라는 것을 이해하지만, 당신은 아이가 이런 감정에 대처할 수 있다는 것도 알고 있다는 내용을 명확하게 담아 지지적으로 표현하라. 당신이 순응해 줬던 것을 통해서는 아이가 덜 불안해지도록 돕지 못했다는 것을 깨달았기 때문에 아이가 더 나아질 수 있도록 변하기로 결심했다고 말해라. 이런 방식으로 메시지 틀을 잡는 것은 ① 계획이 아이를 돕기 위한 것이며, ② 과거에 순응을 제공했던 것에 대해서는 당신에게 책임이 있다는 것을 명확하게 해 준다. 아이가 순응을 요구하고, 순응에 의존했던 것을 비난하는 것이 아니다. 단지 순응이 도움이 되지 않았다는 것을 인정하고, 자녀에게 가장 좋은 것을 해 주는 부모의 책임을 지고 있는 것이다.

 무엇을, 언제, 누가, 어떻게, 얼마나 하느냐가 계획 그 자체이다.

- 무엇을: 당신이 변경하려는 순응 또는 순응들을 구체적으로 알려 주기
- 언제: 언제 또는 어떤 상황에서 계획을 실행할 것인지 알려 주기
- 누가: 누가 변화할 것인지 알려 주기

- 어떻게 그리고 얼마나: 당신의 행동 변화에 대해 구체적으로 알려 주기. 정확히 무엇을 다르게 할 것인가? 이제 아이의 불안에 어떻게 대응할 것인가?

최대한 명확하고 구체적이어야 한다. 워크시트 8(당신의 계획)에 작성한 것을 아이에게 보여 주거나, 아이가 가지고 있도록 복사해 줄 수도 있다. 어떤 순응을 줄일 것인지, 행동이 어떻게 바뀔 것인지, 순응 대신 무엇을 하려는지를 아이가 명확하게 알 수 있도록 해 주어라. 배우자와 함께 이 책을 읽고 있고, 배우자 역시 행동에 변화를 줄 예정이라면, 배우자와 당신 모두가 예전과는 어떻게 다르게 행동할 것인지를 아이에게 알려 주라.

간결하게 하자! 길게 말하지 마라. 그리고 아이의 불안이나 대처 방식에 대해 설교하지 말라. 만일 당신이 횡설수설하는 편이라면, 이유와 무엇을 할 것인지 정도만 알려 줄 연습을 하라. 아이는 이미 이전부터 당신에게서 많은 설교와 충고를 들어 왔을 것이고, 또 다른 훈계를 듣고 싶어 하지도 않을 것이다. 메시지에만 집중하고, 그 외의 것은 다음으로 넘기라. 특히, 아이에게 제기하고 싶었던 다른 이슈와 섞지 마라. 예를 들어, 불안하고 순응에 의존하는 것 외에도 아이가 공손하지 않고 당신의 의견을 충분히 존중하지 않거나, 또는 과제를 열심히 하지 않거나, 아이가 일상생활에서 좀 더 잘해야 되는 측면이 있다고 생각되더라도, 순응을 줄이는 계획을 알리는 것 외의 다른 모든 것은 내버려 두라! 아이에게 더 나은 학생이 되길 바란다고 이야기하는 것은 전혀 도움이 되지 않고, 순응 계획을 당신이 아이에게 만족하지 못하는 또 다른 영역으로 보이게만 할 뿐이다.

아이가 대처할 수 있을 것이라는 믿음을 표현하라. 하지만 그것과는 별개로 처음에 간단한 긍정적인 표현은 하되, 아이의 특징이나 성격에 대한 언급은 하지 말라. 당신은 아이가 똑하거나 매력 있어서, 걸핏하면 시비를 걸거나 온화해서, 게으르거나 부지런해서, 다정하거나 쌀쌀맞아서, 책임감이 있거나 불성실해서 이 계획을 만든 것이 아니다. 단지 아이가 불안하고, 이것이 아이를 도와줄 수 있는 방법이기 때문에 계획을 세운 것이다. 불안한 아이들은 모든 형태와 크기, 모든 종류의 성격을 가지고 있다. 그들은 거의 항상 부모로부터 순응되어 왔다는 걸 제외하고는 많은 공통점을 가지고 있지는 않다. 당신의 아이가 매우 불안하지만 지금과는 다른 성격이었다고 해도, 당신은 여전히 아이에게 순응했을 것이다. 왜냐하면 아이들의 불안은 그렇게 작용하기 때문이다. 아이의 성격에 대해 설명하는 것은 정확하지도 않고, 부당하다. 또한 아이의 성격을 설명하는 것은 순응한 것이 아이 불안에 대한 당신의 전형적인 반응이 아니라 아이의 잘못이라는 걸 암시하기 때문에 불필요하게 아이에 대한 적대감을 불러일으킬 수도 있다.

부록 A에 있는 워크시트 9(계획 알리기)를 사용해서 주요 요소들이 포함된 아이에게 전할 당신만의 메시지를 작성할 수 있다. 하지만 먼저 여기에 순응 줄이기 계획을 아이에게 알리는 다른 부모의 메시지 예시가 있다. 처음에는 올바르지 않은 두 개의 메시지 예시를 볼 것이다. 이 부모들이 무엇을 다르게 할 수 있었을지를 생각해 보고, 이후의 설명을 읽어 보자. 그런 다음 좀 더 간결하고, 지지적이며, 구체적으로 작성한 두 개의 메시지 예시를 볼 것이다.

메시지 예시 1: 이 메시지의 문제는 무엇일까?

데미안, 너는 강한 아이야. 우리는 네가 너의 힘을 보여 줄 수 있도록 도와주기로 결정했단다. 네가 학교에서 말하는 것이 얼마나 불편한지 잘 알고, 이해하고 있어. 하지만 네가 학교에서 친구들과, 선생님들과 이야기하는 것은 아주 중요해. 지금까지는 네가 친구들 앞에서 불편하거나 당황하지 않도록 선생님께 교실에서 너를 부르거나 시키지 말아 달라고 부탁해 왔어. 이제 우리는 네가 얼마나 똑똑한지 사람들에게 보여 줄 때라고 생각하고, 더 이상 선생님께 수업 시간에 너를 부르지 말아 달라고 부탁하지 않을 거야. 처음에는 힘들 수 있겠지만, 익숙해지고 곧 말할 수 있게 될 거야. 우리는 너의 말을 듣고 싶고, 다른 모든 사람들도 그럴 거야! 너를 자랑스러워하는 엄마 아빠가.

데미안 부모님의 메시지가 어때 보이는가? 더 보완했으면 하는 것이 있는가? 순응 줄이기 계획을 자녀에게 알려 주는 메시지가 갖추어야 할 핵심 요소를 생각하면서 잠시 주의 깊게 읽어 보자. 그 요소들은 아이의 불안 문제에 대한 **지지적인 표현**, 순응에 변화를 주는 이유, 그리고 계획에 대해 **무엇을, 언제, 누가, 그리고 어떻게, 얼마나** 할 것인지 설명하기 등이다.

데미안 부모님의 메시지가 좋은 메시지에 포함되어야 할 각각의 요소를 갖추고 있는지 살펴보자.

지지적인 표현

이제 당신들은 지지적인 표현을 위해서 데미안의 부모님이 수용과 신뢰를 표현해야 한다는 것을 안다. 그들은 학교에서 말하는 것이 얼마나 불편한지 이해한다고 말했다(수용). 하지만 두 번째 부분은 약간 벗어난 것 같다. 데미안이 그 불편함을 견딜 수 있을 것이라 믿는다고 말하는 대신, 그들은 학교에서 말하기 시작하는 것이 얼마나 중요한지에 초점을 맞추었다. 이것이 큰 차이가 없어 보일 수도 있지만 데미안은 그렇게 느끼지 않을 것이다. 아이에게는 자신이 얼마나 힘든지 부모가 알지만 그래도 해야 한다는 말로 들릴 것이다. 이는 얼마나 힘들지 알지만 이것에 대처할 수 있는 아이의 능력을 믿는다는 말과는 아주 다르다. 또한 아이가 그 행동을 하는 것에 초점을 맞추는 것은 아이의 대처 능력에 대한 믿음을 표현하는 것과 비교할 때 또 다른 단점이 있다. 그것은 초점을 부모의 행동으로부터 데미안의 행동으로 이동시킨다. 이제 부모의 메시지는 순응을 바꾸려는 의도보다는 아이에 대한 기대에 관한 것처럼 보인다. 메시지가 끝날 무렵 부모는 데미안이 학교에서 말하는 것에 익숙해질 것이라고 믿는다고 말하며, 아이에 대한 신뢰를 표현하는 것처럼 보이지만, "곧 말할 수 있게 될 거야"라는 말을 덧붙이며 그들의 행동보다는 아이의 행동에 곧바로 초점을 맞추고 있다.

이유

부모들은 순응을 줄이는 그들 행동에 대한 이유를 알려 주었지만, 그들이 말한 이유는 데미안이 덜 불안해지거나, 더 잘 대처할 수 있거나 또는 불안을 극복하도록 도와주기 위한 것이 아니었다. 대신, 데미안의 부모들은 아이가 모든 사람에게 얼마나 똑똑한지 보여 주기 위한 계획이라고 말했다. 그것은 우리가 의도하는 이유와는 매우 다르고, 데미안이 인정할 만한 목표가 될 수 없다. 이는 또한 데미안이 말을 하지 않았기 때문에 지금 사람들이 그를 똑똑하다고 생각하지 않는다는 것을 암시하며, 이는 아이의 기분을 상하게 하거나 이전에는 없었던 걱정을 불러일으킬 수도 있다. 불안과 순응에 계속 초점을 맞추어야 한다는 것을 기억하고, 다른 목표와 특성들은 멀리 두어라.

무엇을

데미안의 부모들은 그들이 바꾸고자 하는 순응이 무엇인지 명확하기 이야기했는가? 그들은 특별히 한 가지를 언급했다. 그것은 선생님에게 수업 시간에 아이를 시키지 말아 달라고 부탁하기이다. 하지만 그들의 메시지가 무엇을 의미하는지가 완전히 명확하지는 않다. 선생님에게 아이를 시켜 달라고 적극적으로 부탁할 계획인가, 또는 단순히 선생님께 아이를 시키지 말아 달라고 했던 요청을 멈추기만 할 것인가? 아마 데미안의 부모는 선생님과 매일 이야기하지는 않기 때문에 어떤 순응이 바뀔지를 정확히 이해하기는 어렵다.

언제

이 메시지는 부모의 계획이 언제 시행될 것인지와 이 변화가 아이에게 언제 영향을 미칠 것인지가 명확하지 않다. 데미안은 학교에서 매일 불리게 될 것인가? 모든 수업 시간에? 일부의 시간에만? 언제 시작할 것인가? 이러한 세부사항을 포함하는 것이 계획을 큰 그림의 목표가 아닌 실질적인 계획으로 만드는 것이다.

누가

여기서 부모 둘 다 계획에 참여하고 있고, 둘 다 같은 변화를 계획하고 있는 것은 분명해 보인다. 계획이 아이가 실질적으로 수업 시간에 불리기 시작하는 것이라면, 부모 외에 누가 이 계획에 함께하는지 아는 것은 데미안에게 도움이 될 것이다. 모든 선생님들이 참여할까 또는 그중 몇몇만 참여할까? 모든 수업에서 또는 일부 수업에서? 계획에 대해 더 자세히 알려 줄수록 아이는 어떤 일이 일어날지를 예상하고 언제 일어날지를 알기가 훨씬 쉬워질 것이다.

어떻게 그리고 얼마나

데미안의 부모는 순응을 줄이는 방법에 대해 자세히 설명하지 않았다. 누가, 언제, 무엇에서 이미 언급했듯이, 이 메시지는 실제로 매우 모호하다. 구체적인 계획에는 발생할 변화의 세부사항에 대한 정보가 훨씬 많이 포함되어 있다. 아이를 위한 계획을 세울 때에는 최대한 명확하고 구체적일 수 있도록 노력해야 한다. 아이가 어떤 것을 궁금해할 것인지, 만일 당신이 다른 사람으로부터 이 계획에 대해 듣는다면 어떤 것을 질문하게 될 것인지를 스스로에게 질문하고, 미리 답을 해 보자. 이 일은 아이에겐 힘든 일이라는 것을 기억하라. 당신은 아이의 삶에서 많은 스트레스와 불안을 유발할지도 모르는 변화를 계획하고 있는 것이다. 더 자세히 알려 줄수록 아이는 변화를 좀 더 쉽게 받아들일 수 있다. 당신이 상세한 계획을 세우기 위해 생각과 노력을 기울이는 것을 보면 아이도 또한 당신이 하고 있는 것을 잘 알고 있다는 확신이 높아질 것이다.

메시지 예시 2: 이 메시지는 어떤 것이 부족한가?

폴라, 우리가 너를 얼마나 소중히 여기고 깊이 아끼는지 모를 거야. 우리는 항상 너를 위해 모든 것을 해 왔고, 우리가 할 수 있는 한 최고의 삶을 주려고 노력해 왔어. 만약 우리가 항상 옳은 일을 하지 못했거나 그 과정에서 실수를 했다면 미안하다. 우리는 일개 인간일 뿐이고, 부모를 포함한 모두는 실수를 한단다.

너에게 강박장애가 발병했을 때 우리는 정말 많이 걱정했단다. 너도 알겠지만, 너의 이모와 할머니 또한 강박장애로 힘들어하셨고, 우리도 그것이 그들에게 큰 어려움이었다는 것을 알고 있어. 우리는 그들보다는 너의 삶이 좀 더 편안해지기를 바라. 그래서 우리는 항상 너를 도울 수 있는 방법들을 찾아보고 있고, 너를 도울 수 있는 거라면 세상에 있는 무엇이든 기꺼이 할 수 있어. 이모 클라라처럼 너도 세균과 오염을 걱정하고 있지. 이건 강박장애의 매우 흔한 증상이고 유전될 수도 있어. 우리는 강박장애에 대한 많은 책과 논문들을 읽었고, 너에게 알려 주고 싶은 중요한 몇 가지 정보도 알 수 있었단다. '가족 순응'이라는 것이 있는데 강박장애 자녀가 있는 가정에서 대부분 일어나는 현상이야. 부모가 아이의 강박장애에 따라 아이가 의식을 실행하는 것을 돕는다는 의미야. 가족 순응은 나쁘다는 것이 밝혀졌어. 우리도 많은 가족 순응을 해 왔어. 우리는 네가 요구할 때마다 손을 씻었고, 항상 부족하기 때문에 여분의 비누를 많이 사 두고, 네가 매주 쓰는 손 세정제 작은 병을 다 제공해 주었어. 그리고 네가 우리가 뭔가 더러운 것을 만졌다고 생각해서 요구할 때마다 우리는 옷을 갈아입었어. 이 모든 것들이 가족 순응이란다.

이제 가족 순응이 좋지 않다는 것을 알았기 때문에 우리는 그만 하려고 해. 이제 여분의 비누와 손 세정제는 없을 거고, 손 씻기도 없을 거야. 더 이상 순응은 없어! 우리가 가족 순응을 하고 있다고 생각될 때마다 우리가 멈출 수 있도록 말해 주겠니? 우리는 완벽하지 않고 많은 실수들을 할 거야. 하지만 이것이 우리의 계획이고, 우리에겐 세상에서 너보다 중요한 것은 없기 때문에 이 계획을 실행할 거야. 우리는 너에게 가장 좋은 것만을 생각하고, 네가 마땅히 받아야 하는 멋지고 아름다운 삶을 살기를 바라고 있어. 너의 (불완전한) 엄마, 아빠가.

폴라 부모의 메시지에 대해 어떻게 생각하는가? 이건 확실히 진심이다! 아이에 대한 두 사람의 사랑이 분명히 드러나고, 놀라울 정도로 솔직하고 개방적으로 사랑, 염려, 죄책감, 이해 받고자 하는 바람을 포함한 다양한 감정을 분출하고 있다. 아이에게 개방적이고 솔직한 것은 좋다. 하지만 이 메시지는 의도한 목적을 실제로 수행했을까? 이 메시지는 부모님이 폴라에게 명확하고 지지적인 방식으로 앞으로의 변화에 대한 계획을 알려 주고자 했던 주된 목적을 충족하는가? 폴라가 부모로부터 이 메시지를 받았을 때 어떻게 느꼈을까? 폴라는 자신의 강박장애로 인한 부모의 고통에 죄책감을 느꼈을지 모른다. 그녀는 평생 강박장애로 '엄청난 어려움'을 겪었던 이모와 할머니의 이야기에 두려움을 느꼈을지도 모른다. 그녀는 '나쁘다'고 하는 '가족 순응'이라고 불리는 것을 야기한 것에 대해 기분이 나쁠 수도 있다. 그녀는 부모님이 그녀를 키우면서 저지른 실수에 대해 사과하는 것에 당황할 수도 있고, 그들이 최선을 다하고 있고 좋은 부모라는 것을 알고 있다고 그들을 안심시키고 싶을 수도 있다. 그녀는 부모가 순응하지 않도록 말해 달라고 했을 때, 정확히 무엇을 요구하고 있는 것인지 혼란스러울 수 있다. 많은 감정들이 있지만 어떤 감정들은 아이가 감당하기에 버겁기도 하다. 그녀 부모가 긴 소개를 마칠 때쯤이면, 폴라는 그들이 말하는 계획에 집중하기에는 너무 혼란스럽거나 압도될 수도 있다.

이제 폴라가 부모님의 메시지로부터 듣지 못한 것들을 생각해 보

자. 폴라는 강박적 사고와 강박적 충동에 대처할 수 있는 그녀의 능력을 믿는다는 표현을 듣지 못했다. 신뢰에 대한 표현 없이는 메시지가 수용적일 수 있지만 지지적일 수는 없다. 또한 폴라의 부모님은 그들이 하려는 일의 근거, 즉 이유를 설명하지 않았다. 그들은 순응이 나쁜 것이라고는 말했지만 왜 나쁜지, 또는 어떻게 그들의 계획이 더 나은 것인지는 말하지 않았다. '나쁜'이라는 단어는 많은 정서가를 가진 센 단어이지만 설명은 될 수 없다. 폴라가 '나쁜'이라는 단어의 의미를 어떻게 이해했을지―도덕적인 것인지 실질적인 것인지―추측하기가 어렵다. 부모들이 순응은 강박장애를 극복하는 데 도움이 되지 않고, 강박장애 증상을 유지시킬 수 있기 때문에 폴라가 더 괜찮아지도록 순응을 줄이기 위해 노력할 것이라고 설명했다면 이유는 훨씬 명확해질 수 있었다.

폴라는 **무엇을, 언제, 누가, 어떻게, 얼마나** 또한 명확하게 듣지 못했다. 사실 폴라는 계획에 대해 전혀 듣지 못했다고 할 수 있다. 그녀의 부모가 순응을 줄이고자 한다는 것은 명확하다. 하지만 이것은 (다소 모호한) 목표일 뿐이고 계획은 아니다. 메시지의 **무엇** 요소는 폴라에게 어떤 순응이 계획에서 초점이 되는지를 명확하게 알려 주어야 한다. 그녀의 부모는 여러 개의 순응들(여분의 비누 구입, 많은 손 세정제 제공, 손 씻기, 옷 갈아입기)을 말했다. 이 순응들 중 어느 것이든 좋은 목표가 될 수 있지만 그들은 구체적으로 무엇이 목표인지는 알려 주지 않았다. 그들은 "이제 여분의 비누와 손 세정제는 없을 거고, 손 씻기도 없을 거야"라고 말했을 뿐이다. 하나의 계획에 너무 많은 순응들이 포함되어 있으며, 이는 한번에 맡아야 할 것보다 더 많은 양이다. 그런데 부모는 "더 이상 순응은 없어!"라고 또 덧붙였다. 이는 계획이 항상 모든 순응에 적용된다는 것처럼 들리게 만든다.

메시지의 언제, 누가, 어떻게, 얼마나 요소들은 특정 순응을 줄인다는 목표를 부모가 앞으로 보일 구체적인 변화로 최대한 자세하게 바꿔 줘야 한다. 폴라의 부모는 앞으로 있을 구체적인 단계나 변화에 대한 어떤 정보도 주지 않았다. 그들은 이제 전혀 손을 씻지 않을 것인가? 앞으로 손 세정제는 완전히 없는 것인가, 아니면 조금은 둘 것인가? 조금 둔다면 얼마나 많이 둘 것인가? 비누가 다 떨어지면 어떻게 할 것인가? 물론 그들이 중지하고자 하는 다른 정해지지 않은 순응에 대한 구체적인 계획은 없을 수 있다. 분명히 부모들은 진심을 다해 말했다. 간단하고 명확한 메시지는 폴라에게 도움이 되고 온 가족이 더 적은 순응을 제공하는 과정에 적응하는 데 도움이 된다. 하지만 딸의 강박장애에 대한 그들의 강렬한 감정은 간단하고 명확한 메시지를 만드는 데 방해가 되었다.

순응 줄이기 계획을 아이에게 알려 주기 위한 메시지를 생각할 때, 단순하게 만들기 위해 애써야 한다. 아이의 불안에 대한 죄책감, 슬픔, 걱정과 같은 강렬한 감정을 느낀다면 그것은 아주 자연스러운 감정이고, 아이를 진심으로 걱정한다는 것을 의미한다. 하지만 계획에 대한 메시지와 그 감정은 분리하려고 노력해야 한다. 당신이 말하고자 하는 것을 소리 내어 말하거나 적어서 읽어 보자. 그리고 이 메시지가 간략하고 지지적이며 명료하고 구체적인지 스스로 물어보자. 방해가 되는 그 어떤 것도 도움이 되지 않는다.

메시지 예시 3: 좋은 메시지의 예

엘, 우리는 너를 매우 사랑하고 멋진 아이라고 생각하고 있어. 우리는 네가 식당에서 일어난 일 이후로 질식되는 것에 대해 아주 많이 걱정하고 있다는 것을 알고 있단다. 그 일은 우리 모두에게 정말 무서운 일이었고, 네가 질식을 다시 떠올리는 것이 얼마나 무서운지도 알고 있어. 우리는 네가 강하고, 때때로 두려움을 느낄 때에도 너는 괜찮아질 수 있다는 것도 믿고 있어. 그날 이후 우리는 너에게 음식을 매우 작게 잘라서 주었지. 하지만 이런 방식으로는 네가 두려움을 극복할 수 있도록 돕지 못한다는 걸 깨달았어. 이제 알았기 때문에 우리는 너를 더 잘 도와줄 수 있도록 바뀌기로 결심했단다. 지금부터 엄마와 아빠는 너에게 음식을 더 이상 잘라 주지 않을 거야. 음식이 얼마나 위험한지 질식될 가능성은 없는지에 대한 너의 질문에도 더 이상 답하지 않을 거야. 네가 우리에게 물어본다면, 우리는 이 계획을 한 번 상기시켜 줄게. 하지만 이후에는 그것에 대해 더 이상 말하지 않을 거야. 처음에 너에게는 많이 힘들 거라는 걸 알지만, 우리는 100% 너를 믿어. 우리는 너를 사랑하고, 곧 두려움이 줄어들 거라고 확신하고 있어.

이 메시지에서 부모는 딸의 두려움이 얼마나 타당한지를 인정했음을 알 수 있다. 엘과 부모는 식당에서 질식되는 경험을 했을 때 아주 많이 두려웠다. 때때로 질식과 같은 스트레스 사건은 아이에게 심각한 불안을 일으킬 수 있다. 특히 아이가 이미 높은 두려움이나 불안 경향이 있는 경우에는 더욱 그렇다.

엘의 부모는 메시지 시작 부분에서 지지적인 말을 했다. 엘의 두려움을 수용했고, 비난하지 않았다. 그들은 수용의 메시지와 아이에 대한 신뢰의 메시지를 결합했다(공식을 기억하라: 수용 + 신뢰 = 지지). 또한 지금까지 엘에게 순응해 온 것에 대한 책임을 지고 있으며, 앞으로 덜 순응하여 엘을 돕겠다는 각오를 밝혔다. 여기에는 엘에 대한 어떤 비난도 없으며, 명확하게 아이에게 기대하는 것이 아닌 부모가 하려는 계획이 무엇인지에 대한 말을 하고 있다.

엘에게 그들이 하려는 일의 이유를 알려 주는 지지적이고 간단한 오프닝 후에, 부모는 그들이 줄이려고 하는 순응들을 설명하고(무엇을) 언제(식사 시간에, 부모가 더 구체적으로 설정할 수 있었지만 암묵적으로 이것이 모든 식사 시간에 적용된다는 것이다), 누가(부모 모두), 어떻게/얼마나(더 이상 음식을 잘라 주지 않고, 음식의 안정성과 질식에 대한 질문에 답하지 않는다)에 대한 세부사항을 알려 준다. 대신 엘에게 무엇을 할 것인지도 알려 주었다(계획에 대해 지지적으로 한 번만 더 알려 주고, 더 이상 논의하지 않는다).

끝으로, 엘의 부모는 또 다른 지지와 희망으로 메시지를 마무리한다. 그들은 엘에 대한 사랑을 표현하고 끝냈다!

이 메시지를 전달하는 데 아마도 1분 이상 걸리지 않았을 것이다. 짧고 명확하게 요점만 유지하면 더 이상 시간이 걸리지 않는다.

메시지 예시 4: 또 다른 훌륭하고 완벽한 메시지

잭슨, 나는 네가 자랑스러워. 넌 멋진 아이야! 요즘 나는 네가 어딘가에, 특히 학교에 늦게 가는 걸 얼마나 걱정하는지 봐 왔어. 이건 실질적인 걱정이고, 너는 늦지 않기 위해 노력했지. 하지만 나는 네가 이 걱정들을 충분히 다룰 수 있을 만큼 강하다는 걸 안단다. 나는 너를 일찍 깨우고 학교에 30분 일찍 출발하는 것이 너를 돕는 거라고 생각했어. 이제는 이런 것들이 사실은 너를 돕기에는 잘못된 방법이라는 걸 알게 됐단다. 어떻게 너를 도울 수 있는지를 배웠고, 이제부터 나는 다르게 행동하려고 해. 다시 평소에 했던 것처럼 6시 30분에 너를 깨울 거야. 그리고 30분 일찍 7시 10분에 학교로 출발하는 대신에 10분 일찍인 7시

30분에 떠날 거야. 7시 30분 전에 준비를 다 마치더라도 시간이 될 때까진 출발하지 않을 거야. 때때로 내가 너에게 화를 냈었지. 미안하구나. 하지만 이런 변화로 너에게 벌을 주려는 것이거나 너에게 화가 난 것은 아니라는 걸 알아줬으면 좋겠어. 걱정은 절대로 너의 잘못이 아니야. 네가 더 나아지고 덜 걱정하도록 돕기 위해 내가 바뀌려고 하는 거란다. 처음에는 우리 모두에게 힘들지도 몰라. 하지만 나는 이것이 맞는 방법이라고 확신하고, 최대한 너를 돕고 싶어. 너는 괜찮아질 거고, 우리 모두 곧 좋아질 거야!

추신: 아빠 집에서 아침 시간을 보낼 때는 아빠가 책임자이고 언제 널 깨우고 출발할 건지 아빠가 정할 거야. 아빠도 이 계획에 대해 알고 있고 왜 하는지도 이해하고 있어.

이 메시지에 대해 어떻게 생각하는가? 지지적이고, 명료하고, 구체적인가? 확인해 보자. 잭슨의 엄마 린다는 수용과 신뢰의 공식을 사용해서 지지적으로 표현하는 데 성공한 것으로 보인다. 그녀는 잭슨의 걱정과 얼마나 힘들지를 수용하고 있고, 걱정에 대처하는 잭슨의 능력을 믿고 있음을 알게 해 주었다. 그녀는 잭슨이 괜찮아지는 걸 돕기 위해서 이 변화를 시작할 것이고, 이것이 맞는 방법이라고 믿기 때문이라고 말하며 명확한 이유도 제시했다. 그녀는 잭슨을 비난하거나, 아이의 행동 변화를 요구하지 않았다.

무엇을, 언제, 누가, 어떻게/얼마나는 어떠한가? 린다는 이 모든 질문에 명확한 답변을 한 것처럼 보인다. 그녀가 바꾸려고 하는 순응들은 잭슨을 일찍 깨우는 것과 일찍 등교하는 것(무엇을)이라고 알려 주었다. 이 계획은 잭슨이 그녀의 집에 있는 날 아침에만 적용할 것이고 잭슨의 아빠는 다르게 행동할 수도 있다고 분명히 했다. 그리고 그 계획은 '지금부터' 시작된다고 했다(언제, 누가). 그리고 그녀는 두 형태의 순응에 대해 변경할 사항을 구체적으로 설명한다(어떻게 그리고 얼마나).

이 메시지와 계획에 대해 추가적으로 주목할 만한 두 가지가 있다. 첫째, 린다는 잭슨을 더 일찍 깨우는 순응은 완전히 멈추기로 했지만, 집에서 일찍 출발하는 순응은 부분적으로만 줄이기로 결정했다. 완전히 순응을 멈추는 것과 부분적으로 순응을 줄이는 것 모두 잭슨이 덜 불안해지도록 돕기에 좋은 방법이다. 한동안 계획을 실행한 후, 린다는 한 단계 더 나아가 집에서 일찍 출발하지 않기로 결정할 것이다. 그럴 경우, 그녀는 간단하게 또 다른 지지적인 메시지를 만들고 잭슨이 이해하고 준비할 수 있도록 새로운 계획을 잭슨에게 설명할 것이다. 린다가 7시 30분에 출발하는 것을 타당하게 여기고 더 이상 순응으로 생각하지 않거나, 잭슨이 이 변화로 인해 덜 걱정하게 되어 더 이상 늦는 것과 일찍 출발하는 것에 몰두하지 않아서 다음 단계가 더 이상 필요하지 않을 수도 있다. 어떤 식으로든 순응의 부분적인 조절로 시작하는 것도 좋은 방법이 될 수 있다. 그리고 가장 중요한 것은 계획을 세우고, 명확하게 설명하고, 일을 시작하는 것이다.

잭슨의 아빠가 함께하지 않더라도 린다의 계획이 효과 있을까? 아빠 집에서는 아빠가 계속 순응한다면 그녀의 순응 문제는 줄어들까? 그렇다! 당신이 통제할 수 있는 환경에서의 지속적인 순응 줄이기는 당신의 통제 밖의 상황에서는 순응이 지속되더라도 효과가 있다. 잭슨은 엄마가 자신의 대처 능력을 완전히 믿고 있다는 것을 알게 될 것이다. 그리고 순응 없이 아침에 괜찮을 수 있다는 것도 알게 될 것이다. 그의 불안은 아빠가 그 계획에 동의하지 않고 같은 것에 집중하지 않더라도 낮아질 것이다. 이 방법에서는 당신이 실제로 통제할 수 있는 것의 변화에만 초점을 맞춰야 한다는 것을 기억하라. 다른 사람에게 변화를 강요하지 마라. 당신이 아이의 생각, 감정 또는 행동을 직접적으로 통제할 수 없다는 것을 알 것이다. 강요로 인한 불필요한 갈등을 야기하는 대신에 스스로의 행동을 변화시킬 것이다. 세상의 다른 모든 사람들에게도 마찬가지이다. 실제로 당신이 그 누구도 통제할 수 없으며, 당신의 뜻에 따라 다른 사람이 바뀌도록 강요하면-비록 당신의 뜻이 옳다고 할지라도-당신이 원하는 대로 가기보다는 갈등을 일으킬 가능성이 더 높다. 물론 잭슨의 엄마는 잭슨의 아빠에게 그녀가 배운 것을 설명하고, 그들 모두가 동의할 수 있는 계획을 함께 만들 의향이 있는지 알아볼 수 있다. 하지만 그렇지 않다면 그녀의 집에서의 아침에만 초점을 두는 것이 현명하다.

먼저 잭슨에게 이 계획은 그녀 집에서의 아침에만 적용된다고 말한 것은 현명하다. 이렇게 하면 아빠가 함께하지 않더라도 계획은 온전히 지속될 수 있다. 잭슨 계획의 일관성은 엄마는 일반적인 시간에 깨우며 10분 이상 일찍 학교로 출발하지 않는다는 것을 의미한다. 그의 아빠가 다르게 하더라도 그 계획은 여전히 일관성이 있다. 왜냐하면 아빠와의 아침은 분명히 계획의 일부는 아니었기 때문이다. 이것이 계획에서 언제와 **누가**를 아주 명확하게 해야 하는 이유이다. 그것은 린다가 일관성이 없을 수 있는 것을 일관성 있는 것으로 바꿀 수 있게 해 준다. 일단 그렇게 생각하면, 변하더라도 일관성 있을 수 있는 많은 것들이 있다는 걸 깨닫게 될 것이다. 왜냐하면 일관성과 불변성은 다르기 때문이다. 예를 들어, 잭슨은 수업일에 일관적으로 학교에 가지만 주말이나 휴일에는 가지 않는다. 이것이 학교 스케줄이 비일관적이고, 예측 불가능하며, 혼란스럽다는 것을 의미하는가? 물론 아니다. 잭슨은 수업일이면 학교에 있고, 주말이면 학교에 없다는 것을 알고 있다. 이는 완전히 예측 가능하며 그 규칙은 일관적이다. 수업이 다소 무작위적으로 있어서 매일 아침 잭슨이 학교에 가는 날인지 알지 못한 채 일어났다면, 그것이야말로 혼란스러운 것이다. 분명하고 명확한 규칙에 따라 달라지는 일정은 일관된 스케줄이다.

▼ 글로 쓴 메시지 활용하기

이제 아이에게 순응 줄이기 계획을 알려 줄 당신만의 메시지를 적기 위해 부록 A에 있는 워크시트 9(계획 알리기)를 사용할 준비가 되었다. 일단 쓰고 어떻게 들리는지 소리 내어 읽어 보자(다른 사람에게 들려줄 수도 있다). 명료하고 지지적으로 들리는가? 그렇지 않은 것 같다면 메시지에 대한 확신이 들 때까지 수정하자(워크시트 복사본을 쓰거나 컴퓨터를 사용할 수도 있다). 한두 번 소리 내어 읽는 것은 아이에게 메시지를 전달할 때 좀 더 자연스러워지는 데 도움이 되기도 한다.

메시지가 준비되면, 당신이 읽을 수 있는 용도와 아이가 가지고 있을 용도로 복사본을 꼭 만들기를 권장한다. 글로 쓰인 메시지를 읽고 아이에게 주는 것은 아주 뚜렷한 이점이 있으며, 단순히 메시지를 아이에게 말로 전달하는 것보다 훨씬 낫다. 가장 중요한 이점은 적혀 있는 메시지를 소리 내어 읽는 것이 당신이 의도했던 것을 정확하게 말할 수 있도록 해 준다는 것이다. 읽지 않고 말을 한다면 당신이 무엇을 말하고 있는지를 알기가 어렵다. 워크시트에 정확하게 뭐라고 썼는지 기억이 나지 않고 당황하게 될 것이다. 또는 아이가 질문을 하거나 끼어드는 바람에 당신의 집중력이 흐트러져서 표현이 다르게 바뀔 수도 있다. 간결하고, 명료하며, 구체적인 메시지 형식이 평소 당신의 스타일이 아니라면, 원래의 말투로 돌아가고 있는 당신을 발견하게 될 수도 있다. 당신은 이미 이 메시지에 많은 생각을 담았을 것이다. 오히려 다른 이야기를 덧붙인다면 결국 시간 낭비만 될 뿐이다.

글로 쓴 메시지를 사용하는 것은 또한 아이가 당신이 말하고자 하는 것을 듣지 않을 가능성에 대처할 수 있도록 도와준다. 아이가 들으려고 하지 않는다면, 어쨌든 글을 읽고 자리를 뜨는 것이 아이 옆에 앉아 집중하도록 하며 말하는 것보다는 메시지를 전달하기가 훨씬 수월할 것이다. 만약 당신이 아이와 소통하는 데 어려움이 있거나 아이와의 관계가 껄끄럽고 긴장감이 있다면, 글로 적힌 내용을 읽는 것이 훨씬 중요하고 규칙적으로 대화를 나누려 노력하며 잘 되기를 바라는 것보다 더 효과적이다. 이것은 대화가 아니라 아이에게 전하는 메시지라는 것을 기억하자. 아이는 내용을 전달받고 반응을 보일 수 있으며 그것은 괜찮다. 하지만 중요한 것은 당신이 아이에게 주고자 하는 정보이다. 메시지를 읽는 것은 아이와 평소처럼 이야기하는 것보다 논쟁이나 다툼으로 이어질 가능성이 적다.

글로 쓴 메시지는 아이에게 줄 수 있는 것이므로 아이가 원할 때 나중에 다시 읽을 수 있다. 너무 어려서 글을 읽을 수 없는 어린아이도 당신이 쓴 메시지를 가지고 싶어 할 수 있으며, 받은 것을 고마워할 수도 있다. 아이가 불안하거나 화가 나서 당신이 말하는 것에 집중하기 어려울 수도 있다. 아이에게 메시지 복사본을 주면 아이 마음이 차분해졌을 때 언제든지 다시 읽을 수 있다. 물론 아이가 메시지를 읽지 않을 수 있고, 그것도 괜찮다. 아이가 싫다는 표시를 내기 위해서나 기분이 속상해서 버려도 이것 또한 문제되지 않는다. 당신은 아이에게 계획과 그것을 하는 이유를 알려 주기 위해 있는 것이며, 아이는 그 순간에 자신이 옳다고 느끼는 것이 무엇이든 자유롭게 반응할 수 있다.

아이에게 글로 쓰인 메시지를 읽는다는 것이 이상하고 낯설게 느껴질 수 있다! 대부분의 부모-자녀 간의 대화에 비해 너무 딱딱하게 보이기도 하지만, 전혀 문제없다. 사실 상황이 다소 특이하거나 다르게 느껴지는 것은 좋다. 이렇게 하면 아이는 다르다는 것을 알 수 있게 된다. 아이는 당신이 과거에 했던 것과는 다른 무언가를 진지하게 생각하고 시작하고 있음을 알게 될 것이다. 격식은 상황에 중요성을 부여하고 심지어 특별하게 느끼게 할 흥분감을 줄 수 있다. 아이들은 글로 쓰인 메시지에 제각각 다르게 반응할 것이다. 그리고 부모가 시간을 내어 그들을 도울 방법에 대해 생각하고 그들을 위한 계획을 작성했기 때문에 아이들이 매우 중요하다고 느끼는 경우도 드물지 않다.

▼
아이에게 계획을 이야기할 때 발생할 수 있는 문제들

당신은 계획을 아이와 함께 나눌 준비가 되었다.

- 순응 줄이기 계획을 아이에게 어떻게 알려 줄 것인가를 생각했다.

- 당신의 계획에 대한 메시지는 확실히 간결하고 명확하며, 지지적인 표현, 이유, 무엇, 언제, 누가, 어떻게/얼마나에 대한 내용이 포함되어 있다.
- 당신과 아이 모두에게 당신이 말해야 할 것에 집중하기 좋은 시간을 선택했다.
- 이제 당신은 아이에게 당신의 생각을 알릴 준비가 되었다.

메시지를 아이에게 전달하는 것은 여전히 어려울 수 있다. 따라서 흔히 경험하는 어려움들을 미리 알고 이에 대비하는 것이 도움이 된다. 이 부분을 읽으면서 어떤 어려움이 당신과 당신 아이에게 일어날 가능성이 높을지 생각해 보고, 이에 대처하는 방법에 대한 조언을 참고하자. 하지만 일이 예상대로 되지 않더라도 걱정하지 마라. 중요한 것은 다음 단계를 위한 자녀의 준비에 최선을 다했으며…… 아이가 하는 일은 통제할 수 없다는 것이다!

아이가 듣지 않으려고 하는 경우

아이가 당신의 말을 듣는 데 관심이 없는 것을 보게 될 수 있다. 특히 당신은 신중하고 지지적인 메시지를 만들기 위해 많은 노력을 기울였기 때문에 아이의 이런 모습에 좌절감과 실망감을 느낄 수 있다. 아이가 잘 듣지 않더라도 놀라지 마라. 아마도 아이는 당신이 이미 말해 왔던 것들을 반복할 것이라고 생각하고 다시 듣고 싶어 하지 않아 하는 것일 수 있다. 이전에 아이에게 기대하는 변화나 불안에 대해 아이를 비난하는 듯한 말에 초점을 맞추었다면, 아이는 특히 이 새로운 메시지를 듣기 꺼려 할 수 있다.

또는 아이의 불안에 대해 이야기하는 것에 아이가 불편감을 느끼거나 불안감이 올라올 수도 있다. 당신이 아이가 좋아하지 않을 변화를 계획하고 있다는 것에 걱정하고 있을지도 모른다. 아이의 관심 부족이 메시지 내용과 관련이 없을 수도 있다. 예를 들어, 아이는 불안과는 관련이 없는 이유로 당신에게 기분이 나쁘거나 화가 났을 수 있다. 아이는 그 순간에 다른 일을 하거나 다른 것에 대해 이야기하고 싶은 것일 수도 있다.

이유가 무엇이든 열띤 논쟁을 벌일 필요는 없다. 아이와 논쟁해서 이기고 주의를 집중시키는 데 성공하게 되더라도, 아이가 자신의 의지에 반해 듣게 된다면 마음을 열어 당신이 말하는 것을 듣고 생각하지는 않을 것이다. ① 하려는 말이 짧고, ② 몇 분 안 걸릴 것이며, ③ 새로운 것에 대해 말할 것이라는 걸 분명히 알려 주어라. 아이가 대답을 하거나 특별히 무언가를 할 필요는 없다는 것을 알려 주고, 아이에게 하려는 말에 많은 생각을 기울였음을 알게 해 주어라. 여전히 아이가 관심이 없더라도 강요하지 마라. 단순히 할 말만 하고 가도 된다. 아이와 전혀 대화할 수가 없다고 느껴진다면, 말하는 대신 글로 된 메시지를 주는 것을 고려해 보자. 아이가 메시지를 읽지 않더라도 당신의 계획을 실행에 옮길 수 있다. 당신의 행동에 아이가 당황한다면 그때 당신의 계획을 읽어 주고 복사본을 주면 된다.

아이가 불안해하거나 힘들어하는 경우

당신의 메시지에 아이가 매우 힘들어하는 것을 보게 된다면, 당신은 본능적으로 메시지 전달을 멈추고 아이를 진정시키려고 할 것이다. 아이를 더 편안하게 하기를 원하고 아이를 괴롭히는 말을 하고 싶지 않은 것은 자연스럽다. 하지만 아이를 위로하기 전에 아이에게 계획을 말하는 것을 끝까지 끝내야 한다. 그것이 어렵다는 걸 당신이 알지만 그래도 아이를 돕기로 결심했다는 것을 아이도 알게 될 것이다. 계획을 말하는 데 그리 오래 걸리지는 않을 것이다. 그리고 아이가 당신이 하려는 것을 알고 난 후에 아이를 위로할 시간은 충분하다.

아이가 힘들어해서 메시지를 중단하는 것은 아이에게 필요한 정보를 제공하지 못하는 것 외에도 두 가지 단점이 있다.

1. 아이가 힘들어하면 당신이 그 계획을 따를 수 없다는 것을 아이에게 가르쳐 주게 된다. 실질적으로 당신이 순응을 줄일 때 아이가 자신이 얼마나 힘든지를 보여 주기 위해 최대한 노력할 것이므로 이것은 좋은 가르침이 아니다. 당신이 아이의 감정을 진심으로 걱정하지만 최선이라고 믿는 것이 아이를 불편하게 할지라도 그것을 실행할 것이라는 사실을 아이가 이해하도록 만드는 것이 중요하다.
2. 이는 지지하기와는 매우 다른 것을 전달하게 된다. 지지하기 위해서는 아이가 스트레스를 견뎌 낼 수 있는 능력에 대한 믿음을 보여 주어야 한다. 아이가 힘들어하기 때문에 메시지 전달을 중단한다면, 그것은 당신이 사실은 아이가 견뎌 낼 수 있다고 생각하지 않음을 암시하는 것이다. 그렇지 않다면 왜 멈추었는가?

깊은 숨을 쉬고, 당신이 말하려던 것을 끝내라. 그리고 여전히 아이가 힘들어한다면, 아이의 기분이 나아지도록 도울 수 있다. 아이가 진정하는 데 약간의 시간이 걸릴 것이라는 건 인정하되, 결국 진정될 것이라는 확신을 유지하라.

아이가 화를 내는 경우

당신이 순응을 줄일 것이라는 것에 아이가 화를 내더라도 놀라지 마라! 어떻게 화가 나지 않겠는가? 당신은 아이가 많이 의지하는 무언가를 없앤다는 계획을 아이에게 말하고 있는 것이다. 당신이 매우 중요하게 여기고 있고, 인생의 큰 문제를 해결하기 위해 의존하고 있는 것을 누군가가 당신의 허락 없이 빼앗으려 한다면 화가 나지 않겠는가? 당연히 그들에게 화를 낼 것이다. 중요한 것은 아이에게 화내지 않는 것이다. 아이가 당신의 계획에 화를 내며 반응하는 것이 얼마나 자연스러운 일인가를 스스로 상기해 본다면, 아이의 분노를 자연스러운 불안의 표현으로 보고, 그것에 적대적이기보다는 공감하기가 더 쉬워질 것이다.

1장에서 투쟁-도피의 개념을 설명했던 것을 기억해 보라. 우리가 불안할 때 증가하는 신체 시스템을 설명하는 것은 무엇인가? 사람들이 두려워할 때 몸은 시스템 활성화를 통해 위협에 대처할 준비를 한다. 투쟁하거나 도피하는 동안 혈압이 상승하고 심박동이 증가하며, 호흡은 더욱 가빠지고, 정서가 바뀐다.

대부분의 사람들은 투쟁-도피 반응을 두려움의 감정과 연관시킨다. 우리가 두려움을 느낄 때 몸이 만들어 낸 급격하게 높아진 에너지를 이용하여 가능한 한 빨리 도망칠 수 있도록 한다. 두려움과 도망은 절반의 반응에 불과하다. 도망치는 것은 '도피'이지만, '투쟁'은 어떠한가? 급성 스트레스 반응이 촉발될 때, 그것은 우리를 도망치는 것과 같이 쉽게 싸우게 만들 수 있으며, 우리가 투쟁하도록 하는 감정에는 공포뿐만 아니라 분노와 격분도 포함된다. 아이의 분노는 공포만큼이나 강력한 불안의 표현일 수 있으므로, 계획을 이야기할 때 아이가 화를 낸다면 '투쟁-도피'에서 투쟁 부분을 떠올리라. "이건 아이의 불안일 뿐이야. 나는 아이가 화내는 것을 비난하지 않을 거야"라고 되뇌이자. 그리고 깊게 심호흡하고 침착함을 유지하며 계속 메시지를 전달하라.

아이의 반응이 부적절하고 무례하다고 생각되고, 아이의 행동에 한계를 설정하는 것이 당신이 해야 할 일이라고 생각되더라도 지금은 아이를 가르칠 때가 아니다. 아이의 분노가 당신이 계획을 말하는 것을 방해하고 아이의 용납할 수 없는 행동으로 초점을 바꾼다면, 불안이 회피를 만들어 내는 데 성공한 것이다. 당신은 훈육한다고 생각하겠지만 사실은 아이를 불안하게 만드는 무언가를 회피하도록 도운 것이다. 아이가 당신의 계획을 듣는 것을 견딜 수 있을 것이라는 확신을 가져라. 두 사람 모두 진정되고 순응에 대한 메시지가 전달되었을 때, 여전히 아이의 행동에 대한 언급이 필요하다고 느낀다면 그때는 그렇게 할 수 있다.

아이가 당신과 논쟁을 하려는 경우

아이는 계획에 대한 당신의 마음을 바꾸려고 할 것이다. 왜 그러지 않겠는가? 아이가 계획이 못마땅하다면 당연히 당신에게 말을 할 것이다. 아이가 말하는 것을 듣고 유용한 제안이 있다면 고려할 수 있다. 하지만 논쟁은 하지 마라. 논쟁은 두 사람이 각자의 생각을 바꾸고자 할 때 일어난다. 아이가 당신의 생각을 바꾸고자 한다면 아이의 입장에서는 당신을 논쟁에 끌어들이는 것이 필요하다. 하지만 당신은 아이의 생각을 전혀 바꿀 필요가 없다. 계획에 대해 아이의 동의를 얻는 것이 가능하지도 필요하지도 않다는 것을 기억한다면 논쟁으로부터 벗어나는 것이 쉬울 것이다. 아이가 동의할 필요가 없고, 당신이 최선이라고 생각하는 방식으로 행동할 수 있다는 것을 받아들이면, 말싸움을 중단하는 것이 쉬울 것이다. 아이는 논쟁을 지속하려고 하겠지만 당신은 대응할 필요가 없다. 이것이 당신이 최선이라고 생각하는 것이고 그렇게 할 것이라고 한 번만 이야기하고 내버려 두어라. 아이가 당신이 논쟁에 참여하지 않는다는 것을 알게 되면 아이도 더 쉽게 멈출 것이다.

    아이와의 말다툼에서 벗어나는 데 도움이 되는 작은 묘책이 있다. (이 비법은 불안과 순응과 관련이 없는 다른 논쟁에서도 효과적이다.) 아이가 당신과 탁구를 치고 싶어 한다고 상상해 보자. 그런데 당신은 하고 싶지가 않다. 아이는 공을 집어 당신에게 보낸다. 당신은 탁구를 치고 싶지 않아서 아이에게 다시 던지며 "탁구 치지 않을 거야"라고 말한다. 아이는 당신에게 또 보내고, 당신은 이제는 약간 화가 난 상태로 다시 공을 집어서 던진다. 아이는 또 한 번 공을 치고, 당신은 다시 보낸다. 무슨 일이 일어나고 있는지 알겠는가? 당신은 탁구 치기가 싫어서 계속 공을 돌려보내고 있다. 하지만 당신이 계속 공을 보내고 있는 한, 아이는 다시 당신에게 공을 칠 것이다. 당신은 탁구를 치고 싶지 않다고 말하고 있지만, 당신이 하고 있는 일이 바로 그것이다. 놀지 않으려고 노력하는 것이 실제로는 노는 것이 되었다. 정말로 탁구를 치고 싶지 않다면 무엇을 해야 할까? 가장 효과적인 것은 완전히 공을 무시하는 것이다. 공이 당신에게서 튕겨져 나와 바닥에 굴러가도록 두라. 아이는 다시 공을 집어 당신에게 칠지 모른다. 하지만 계속 튕겨 굴러가게 둔다면 아이는 영원히 계속 하지는 않을 것이다. 공은 당신이 원하지 않을 때 하는 아이와의 논쟁과도 같다. 당신이 계속 말다툼에 대응한다면 아이는 멈추지 않을 것이다. 스스로에게 말하라. "나는 게임하지 않을 거야. 그냥 튕겨서 굴러가게 둘 거야." 그러면 논쟁이 얼마나 빨리 멈추는지 보게 될 것이다.

아이가 당신의 계획을 철회하도록 설득하고 있다면 논쟁하면 안 되는 또 다른 좋은 이유가 있다. 논쟁을 지속하게 된다면 당신이 설득될 수도 있다는 느낌을 아이에게 주게 된다. 당신이 그것에 대해 계속 논의하고 있다는 사실 자체로 아이는 논쟁에서 이길 수 있다는 가능성을 생각하게 될 것이다. 놀랍겠지만, 부모가 계속 그 문제에 대해 논의할 때 부모는 일관되게 동일한 말을 하더라도 아이들은 대개 대답이 바뀔 수 있다는 의미로 받아들이다. 이에 대해 당황스럽다면 다음 시나리오를 읽어 보자.

어느 날 아이가 학교에서 돌아와서 5만 달러짜리 롤렉스 시계를 사 달라고 한다. 물론 당신은 그런 시계를 사 주지 않을 것이고 "당연히 안 되지!"라고 말하지만 아이는 계속해서 롤렉스 시계를 조른다. 당신은 이에 관해 논쟁을 할 것인가? 아마도 아닐 것이다. 당신은 절대 사 주지 않을 것이고 더 이상 이에 대해 이야기하는 건 시간낭비라는 것을 안다. 당신은 아이에게 그런 일은 일어나지 않을 것이라고 분명히 말할 것이고, 만약 계속 조른다면, 이런 논쟁을 하는 것이 어리석기 때문에 무시할 것이다. 대부분의 아이들은 부모를 잘 안다. 그들은 당신이 계속 논의한다면, 그것은 당신이 그렇다고 해도 당신이 대답에 100% 확신하지 못하고 있다는 걸 의미한다는 것을 안다. 그래서 그들은 계속 할 것이다. 계획에 대해 아이와 계속 논쟁을 벌인다면, 이것은 아이가 동의하지 않는 한 계획을 진행할 수 없다는(물론 사실이 아니다) 인상을 아이에게 줄 뿐만 아니라, 아이가 충분히 오랫동안 논쟁을 벌이고 옳은 말을 생각하면 마음이 바뀔 가능성이 있다는 것을 알게 하는 것이다.

아이가 이렇게 생각한다면, 스스로 논쟁을 멈출 가능성은 희박하다.

▼
아이에게 계획을 이야기한 다음에는 무슨 일이 일어날까?

메시지를 전달했다면 이제 실행에 옮길 차례이다. 지금부터 당신의 임무는 할 수 있는 한, 일관적으로 계획을 지키는 것이다. 순응 계획을 일관적으로 실행할수록 아이의 불안이 더 빨리 낮아지는 것을 볼 수 있을 것이다. 항상 성공할 수는 없지만 계속 노력하라. 연구들은 일관적으로 아이의 불안에 대한 지지적인 반응을 늘리고 순응을 줄인 부모들이 아이에게 직접적으로 진행한 개인 인지행동치료 만큼이나 아이의 불안을 낮추는 데 효과적이었다고 말한다. 다음 장에서는 계획 실행에 대한 모든 것을 다룰 것이고 지금이면 당신은 그것을 할 준비가 되어 있다.

이 장에서 배운 것들

- 왜 아이에게 계획을 알려 주어야 할까
- 언제 계획을 알려 주어야 할까
- 당신의 메시지가 간결하고 지지적인지 확인하고 '왜, 무엇을, 언제, 누가, 어떻게, 얼마나'가 포함되어 있는지 명확히 하기
- 왜 글로 쓴 메시지를 활용해야 하는가
- 다음에는 무슨 일이 일어날까

Breaking Free of Child Anxiety and OCD

11장

계획 실행

▼ 일지 작성

이제 순응을 줄이기 위한 계획을 실행하기 시작했으니, 의도한 대로 계획을 실행할 수 있었던 때, 계획의 변경이 필요했던 때, 잊어버렸거나 무언가로 인해 계획에 따르지 못했던 때를 계속 추적하는 것이 중요하다. 부록의 워크시트 10(목표 순응 모니터링)을 사용해서 당신의 과정을 모니터링하고 일지를 작성하자. 어떻게 진행되는지, 어떤 어려움이 있는지를 적다 보면 문제를 파악하고 해결책을 찾고, 계획을 보다 실현 가능하게 하기 위해 필요한 변화 요소를 파악하는 데 도움이 될 것이다. 나중에 무슨 일이 있었는지 이해할 수 있을 정도의 단어로 가능한 한 많은 상황들을 기록하자. 예를 들어, 만약 아이가 TV 소리가 특정 크기에 설정되어 있지 않을 때 불안해하고, 당신의 계획은 TV 소리를 다른 크기로 설정하는 것이라면, 이렇게 적어야 하는 일이 생길 수도 있다. "화요일 저녁. 부모님 방문. 부모님 앞에서 다투기 싫어서 원래 크기로 맞춤" 또는 사회적 상황에서 아이 대신 말하지 않겠다는 계획이라면 "프란체스코 식당에서의 저녁. M 대신 주문해 주지 않음. 아무것도 시키지 못해서 R의 음식을 나눠 먹음"이라고 적을 수 있다.

▼ 처음 기대하는 것

순응을 제공하지 않겠다는 계획을 실행하는 것이 처음에는 어려울 수 있다! 아이가 불안해지거나, 흥분하거나, 화를 낼 가능성에 대비해야 한다. 아이에게 좋은 일이지만 동시에 매우 힘든 일임을 기억하자. 당신이 침착하면 아이도 더 빨리 평정을 되찾을 수 있다.

조는 큰 소리에 대한 공포가 있다. 그녀는 쉽게 화들짝 놀라고, 큰 소리를 듣는 것을 싫어했다. 조의 부모인 주디와 에릭은 갑작스러운 소음이 있을 때면 미리 알려 주는 방식으로 도우려고 했다. 그들은 에어컨을 켜기 전이나 화재 경보기를 테스트하기 전에 아이에게 미리 알려 주었다. 하지만 미리 알려 준 소음에도 화를 낼 정도로 조의 두려움은 커져 갔다. 조는 풍선이 터질까 봐 생일파티에 가지 못했고, 군중 소리 때문에 오빠의 풋볼 게임에도 가지 못했다. 주디와 에릭은 조를 안타까워했고, 그녀가 점점 더 많은 것을 피하는 것으로 보여 걱정되었다. 그들이 순응 지도를 작성했을 때, 그들은 조의 두려움과 예민함 때문에 자신이 얼마나 많은 일들을 다르게 하고 있는지를 알고 놀랐다. 이야기를 나누면서 그들이 순응하는 데 익숙해진 모든 작은 방식들을 알게 되었다. 그들은 소음 때문에 조가 잠들 때까지는 절대 싱크대의 음식물 분쇄기를 켜지 않았다. 그들은 핸드폰을 진동으로 해서 울리지 않도록 했고, 진동 소리가 들릴까 봐 식탁이나 책상에 핸드폰을 올려 두지 않도록 조심했다. 에릭은 화재 경보기를 확인한 지가 수개월이 되었고 더울 때도 에어컨을 틀지 않고 있다는 것을 깨달았다. 또한 '핑' 소리 때문에 전자레인지가 꺼지기 직전에 멈추곤 했다. 그들은 심지어 조의 여동생에게는 집에서 조용히 말하게 하려고 노력했고, 이는 보통 잘 이루어지지는 않았다. 그들이 아무리 재미있는 농담을 하거나, 논쟁을 벌이더라도 절대 목소리를 높이거나 문을 쾅 닫지도 않았다.

주디와 에릭의 순응 계획은 싱크대에 음식물이 있을 때마다 음식물 분쇄기 사용하기, 핸드폰 벨소리 켜 놓기, 매주 화재 경보기 체크하기를 포함했다. 그들은 조에게 그들이 무엇을 할 계획이고 왜 하는지를 설명했다. 조는 반응을 크게 보이지 않았고, 메시지를 전달 받은 후 한두 시간 동안 아주 조용히 혼자 있었다.

주디와 에릭은 핸드폰 벨소리 켜 놓는 것을 계획에 포함시켰지만 먼저 음식물 분쇄기와 화재 경보기로 한두 번 연습할 때까지 기다리기로 결정했다. 그들은 첫 단계가 언제 시작될지 결정할 수 있기를 원했고, 전화벨이 울리는 것에 놀라지 않기를 바랐다. 다음 날 저녁 식사 후 주디는 설거지를 하고 있었고 때가 왔다는 것을 알았다. 그녀는 음식물 분쇄기를 켜기 전에 조에게 계획을 한 번 더 말할까 생각하기도 했지만 이미 말을 했기 때문에 그냥 진행하기로 결정했다. 그녀는 분쇄키를 켰고 숨죽이고 무슨 일이 일어나는지 보았다. 근처 거실에 앉아서 책을 읽고 있던 조는 뛰어올랐다. 그리고 일어나 자기 방으로 달려갔다. 분쇄기는 1분 이내로만 작동했지만 조는 방에 계속 머물렀다. 주디가 조에게 간 40분 후까지 조는 계속 방에 있었다. 주디는 조가 흥분한 것인지, 두려운 것인지, 화가 난 것인지 알 수 없었고, 아이가 반발할까 봐 걱정이 되었다. 주디는 부드럽게 방문을 노크하고 방 안으로 머리를 빼꼼히 내밀었다. 주디는 말했다. "나는 그냥 네가 자랑스럽다고 말하려고 왔어. 그 소리가 불편했을 거라는 걸 알아. 네가 그 불편함에 대처할 수 있어서 자랑스럽구나." 조는 아무 대답도 하지 않았고, 주디는 방을 나갔다. 취침 시간에 에릭은 조에게 가서 잘 준비를 하라고 하고 평소처럼 그녀와 이야기 나눌 수 있었다. 평소 하던 농담을 했고 조는 함께 웃었다.

다음 날 오후 에릭은 조에게 화재 경보기를 체크할 거라고 말했다. 이번에는 조가 화를 냈다. "안 돼!" 조가 말했다. "나한테 그럴 순 없어. 난 아빠가 그 바보 같은 계획 때문에 일부러 이렇게 한다는 걸 알아. 내가 아니면 안 했을 거잖아. 그냥 하지 마!" 에릭은 조가 소음을 싫어하는 걸 알지만 안전은 중요한 문제이고, 조도 괜찮을 것이라고 했다. 조는 양손으로 귀를 막았고 에릭은 집의 모든 화재 경보기를 테스트했다. 테스트가 끝나자 조는 울음을 터뜨렸다. 조는 그날 하루 종일 화가 난 상태였고, 저녁 식사 시간에는 한마디도 하지 않았다. 저녁 식사 후 에릭이 음식물 분쇄기를 켜자 조는 "도대체 왜 이러는 거야? 이제 세상의 모든 소음은 다 낼 작정이야?"라고 소리치곤 다시 방으로 달려갔다.

변화는 처음에는 새롭고 낯설다. 당신과 당신의 아이 모두는 새로운 규칙 세트를 실험하고 학습하고 있다. 곧 당신 모두는 변화에 익숙해질 것이고, 더 수월해질 것이다. 당신이 계획을 지속할 것이라는 것을 확신하기 위해서는 아이에겐 몇 번의 시간이 필요할 것이다. 아마도 결국은 지켜지지 않았지만 과거에 시도했던 계획과 규칙들이 있을 것이다. 예를 들어, 스티커 제도를 사용하려고 시도했다가 며칠 후에 잊어버린 적이 있지 않은가? 또는 아이에게 앞으로 맡아서 할 집안일을 주었지만 아무 일도 일어나지 않아 결국은 흐지부지된 적이 있는가? 혹은 당신 스스로 결심을 했지만 단지 몇 번만 실행하고 포기하지 않았는가? 아이는 무언가를 한번 시행했다고 해서 지속적인 규칙이 되지 않는다는 것을 안다. 아이는 변화가 어렵다는 것이 밝혀지면 당신이 다시 순응하던 방식으로 되돌아갈 것이라고 기대할지 모른다. 당신이 일관되게 계획을 고수하는 것을 아이가 본다면, 정말 마음에 들지 않더라도 변화가 생활의 일부가 되고 있다는 걸 아이도 알게 될 것이다.

몇 번이 지나면 다른 이유로 더 쉬워질 것이다. 아이의 불안은 낮아질 것이다. 당신이 처음 순응하지 않을 때 아이는 화를 낼지도 모른다. 하지만 한번 진정이 되면(진정될 것이다!) 아이는 스스로 진정할 수 있었던 멋진 경험을 새롭게 하게 되는 것이다. 자신의 불안을 조절하는 능력은 불안한 아이에게 가장 필요한 것이다. 당신은 그렇게 한 번 순응하지 않는 것을 통해서 아이가 그것을 맛보게 해 준 것이다. 하지만 무언가를 한 번 한다고 해서 바로 쉬운 일이 되는 것은 아니다. 연습과 반복이 필요하다. 한동안 당신이 계획을 고수하고 아이는 당신의 도움 없이 스스로 반복적으로 진정한 후에 아이는 불안해지는 것에 덜 취약하다고 느끼기 시작할 것이다. 그리고 이것이 불안이 낮아지는 것의 핵심이다.

▼ 지지를 유지하기

당신이 일관적으로 목표 순응을 줄이거나 멈추는 것으로 계획을 지속하듯이 지지적인 반응을 지속하는 것도 중요하다. 사실, 당신의 지지하는 말하기는 이제 완전히 새로운 수준의 의미와 영향력을 갖게 되었다. 이제 순응 줄이기를 통해서, 아이가 강하다고 당신이 믿고 있음을 말하는 것뿐만 아니라 보여 주고 있는 것이다! 순응을 제공하지 않는 모든 순간에 당신은 아이에게 가장 강력한 방법으로 말하고 있다. "나는 너를 믿어" 그리고 "네가 할 수 있다는 걸 알아!"

아이는 당신이 아이가 할 수 없는 걸 기대하지 않는다는 것을 안다. 아이가 자전거 타기를 배우는 방법을 생각해 보자. 주로 엄마나 아빠인 누군가가 처음에는 뒤에서 잡아 주고, 그런 다음 자전거 잡은 손을 놓고 스스로 가게 할 것이다. 당신이 자전거를 놓은 것은 아이가 지금 당장은 탈 줄 모르지만 그 기술을 배울 수 있을 거라는 확신이 있기 때문이다. 당신은 어린 아기를 자전거에 태우고 혼자 가게 하지는 않는다. 그것은 사실 말도 안 된다. 왜냐하면 아기가 자전거를 배울 수 있다는 확신이 없기 때문이다. 또한 아기가 떨어지게 되면 그건 잔인하고 미련한 일이 된다. 아이가 자라고 자전거를 배울 수 있을 때 당신은 자전거를 잡은 손을 놓는다. 당신은 아이가 넘어질 가능성이 높다는 것을 알고 있지만, 그 실패는 의미가 있다. 새로운 능력을 익히기 위한 과정에서의 유쾌하지 않은 단계인 것이다. 핵심은 넘어지는 것이 아니라 아이가 할 수 있다는 것에 대한 당신의 믿음에 있다.

당신이 순응을 놓아 버릴 때 아이가 당신이 자전거를 놓았을 때처럼 불편해할 것임을 당신은 안다. 하지만 아이의 불안 대처 능력에 대한 당신의 확신은 불쾌감을 일시적으로 만들고, 가치 있게 만든다. 아이는 또한 당신이 정말로 아이가 대처할 수 있을 거라고 믿지 않는 한, 순응을 놓지 않을 것이라는 것도 알게 될 것이다. 따라서 순응을 줄이는 것은 지지하는 표현을 훨씬 더 실제적으로 만든다.

최대한 지지하는 표현을 많이 만들도록 하자! 아이가 불안을 더 잘 줄이기 위해 적응하고 내적 능력을 키움에 따라 아이는 부모가 불안함의 고통을 이해하고 있고 자신이 할 수 있음을 부모가 믿고 있다는 것을 알게 될 것이다.

▼
칭찬하기

당신의 순응 변화를 다루는 것과 관련해서 아이에게 많이 칭찬하고 긍정적인 강화를 주자. 이를 통해 당신이 이 도전이 매우 힘들다는 것을 이해하고 있음을 알게 해 줄 것이다(수용을 보여 주는 다른 방법이기도 하다). 칭찬은 또한 당신이 아이가 불안하거나 순응을 구하는 것을 벌주기 위해서가 아니라 아이를 도와주기 위해서 시도하는 변화라는 것을 아이에게 상기시킬 수 있는 좋은 방법이다. 결국 부모는 아이가 벌을 받은 것보다 잘하는 것에 대해 칭찬할 가능성이 훨씬 더 높다. 아이에게 많은 칭찬과 격려를 함으로써 당신이 아이의 편이고, 아이가 덜 불안해할 수 있도록 아이를 위해 싸우고 있다는 것을 명확하게 할 수 있다.

당신은 아이가 실제로 어떤 일을 해서(또는 하지 않아서)가 아니라, 당신이 순응하지 않는다는 어려움에 대처하고 극복하는 것에 칭찬하고 있다는 사실을 기억하라. 이는 거의 항상 아이에게서 칭찬할 것을 찾을 수 있다는 것을 뜻한다! 아이가 줄어든 순응을 순조롭게 받아들이든—아마도 스스로 대처하기 위해 노력하는—어려움과 괴로움으로 반응하든, 당신은 아이가 어려운 상황에 대처하고 극복하고 있음을 칭찬할 수 있다.

부모가 아닌 다른 사람의 칭찬 또한 아이에게 매우 의미 있을 수 있다. 아이가 당신의 순응 변화에 어려움을 겪는 경우 당신과 아이 모두를 아는 다른 사람들이 지지적으로 대처하는 데 도움이 될 수 있는 방법을 12장에서 읽을 수 있을 것이다. 하지만 순조롭게 흘러갈 때에도 직계 가족이 아닌 다른 사람들이 아이를 칭찬하고, 아이가 대처하는 어려움을 인정해 주고, 극복하고 있는 것을 칭찬하는 것이 도움이 될 수 있다. 조부모나 이모, 삼촌 또는 가족끼리 친한 친구 또는 더 먼 친척에게 아이한테 다가가 그들이 아이를 얼마나 자랑스러워하는지 알려 달라고 부탁해 보자. 간단한 전화통화, 문자 또는 집에 방문했을 때 잠깐 이야기하는 것 모두 매우 도움이 된다. 이는 아이로 하여금 아이를 아끼는 사람들이 그곳에서 응원하고 있다는 것을 알게 해 줄 것이고, 이 추가적인 지지는 불안을 극복하기 위해 더 큰 노력을 하도록 동기를 높일 수 있다.

　당신이 노력하고 있는 아이를 자랑스러워하고 있음을 보여 주기 위해 보상을 사용해도 된다. 작은 상, 선물, 또는 그 밖에 작은 것들이 큰 것보다 더 좋다. 큰 상은 보통 과정을 완료하고 목표에 도달했을 때 더 적합한 반면, 작은 토큰이나 선물은 진행 중인 과정에서 여전히 전진하고 있음을 의미한다. 작은 보상이라면 더 많이 줄 수 있다. 제스처를 의미 있게 만드는 것은 보상 그 자체가 아니라 보상을 통해 아이에게 전달하는 메시지이다.

▼ 당신의 성공은 순응하지 않았다는 것이다

　계속해서 당신의 행동에 집중하자. 아이의 행동이 바로 변화되기를 기대하지 마라. 지금의 성공은 당신이 순응하지 않는 것이다. 불안을 극복하는 것은 시간이 걸리는 일이고, 지금은 당신이 무엇을 하는지에 초점을 맞추어라. 아이에게 많은 지지를 주고, 순응을 줄이는 계획을 지속한다면, 아마도 당신은 곧 아이의 불안이 나아지는 것을 볼 것이다. 그렇지만 하룻밤 사이에 변화가 일어나기를 기대하면 안 된다. 처음에는 아이의 불안이 더 나빠진 것처럼 느껴질 수도 있다. 이는 아이가 아직 불안감을 느낄 때 순응에 의존하는 것에 익숙하고 스스로 대처하는 것에는 낯설기 때문이다. 아이에게 좀 더 시간을 주고 아이의 대처 능력을 믿어 보자. 아이에게는 단지 본인의 능력을 발견할 더 많은 기회가 필요할 뿐이다.

파커는 엘리베이터 공포증이 있는 7세 아동이다. 엘리베이터에 갇힌 사람의 이야기를 들은 이후로 파커는 얼마나 높이 올라가든 엘리베이터를 탈 수 없었고, 발조차 들이지 않았다. 처음에는 큰 문제가 아니었다. 하지만 파커가 고층 건물 6층에 있는 체스 클럽에 다니기 시작하면서 아이의 엘리베이터 공포가 문제가 되었다. 그는 올라가든 내려가든 엘리베이터를 타지 않을 것이었고, 그의 부모는 일주일에 두 번 아이와 함께 계단을 오르내려야 한다는 사실에 좌절했다. 파커가 다른 닫힌 공간을 피하고 어디에 있든 문을 열어 놓기를 고집하기 시작하면서 문제는 더 커졌다. 그의 부모인 루시와 카를로스는 체스 클럽에 걸어 올라가는 순응을 멈추기로 계획했다. 처음에 그들은 파커가 체스 클럽을 정말로 사랑하고 가고 싶어 한다는 것을 알았기 때문에 올라가는 데에만 노력을 집중했다. 그들은 클럽을 나가는 길에 일어날 일에 대해 확신이 없었고, 거기에 갇히거나 선생님이나 다른 아이들 앞에서 소란을 피우는 것을 피하고 싶었다. 그들은 파커에게 계획을 알려 주었고, 그에게 엘리베이터가 무서운 존재라는 것을 이해하지만 다룰 수 있을 거라고 확신한다고 말해 주었고, 항상 그와 함께 있을 것이라고 했다.

파커에게 계획을 말한 후 처음 체스 클럽 빌딩에 도착했을 때, 아이는 곧장 계단을 향했다. 루시는 계획에 대해 다시 알려 주었고 엘리베이터 버튼을 눌렀다. 파커는 처음에는 머물렀지만 엄마와 함께 타지 않았다. 엘리베이터가 도착했을 때 루시는 엘리베이터를 타고 그를 위해 열림 버튼을 눌렀다. 하지만 파커는 들어오지 않았다. 결국 루시는 파커 없이 타고 올라갔고, 아이는 계단으로 올라왔다.

루시는 계획이 성공하지 못했다고 느꼈다. 파커와 함께 계단으로 올라가는 순응을 하지 않았지만 파커는 여전히 엘리베이터를 타지 않았다.

파커와 그의 엄마에게 일어난 일에 대해 어떻게 생각하는가? 루시가 계획이 실패한 게 맞는가? 성공이 파커가 엘리베이터를 타는 것을 뜻한다면, 물론 이 상황은 성공하지 않았다. 하지만 계획은 파커가 엘리베이터를 타는 것이 아니다. 그 계획은 루시가 파커를 따라가지 않는 것이었고, 이 기준으로 볼 때 이 상황은 성공적이었다. 루시는 순응하지 않도록 노력했으며, 파커에게는 긍정적이고 지지적인 태도를 유지했다. 궁극적인 목표는 파커가 덜 두려워하고 부모와 함께 엘리베이터를 타는 것이지만 이것은 시간이 좀 걸릴 것이다. 파커가 여전히 엘리베이터를 타지 않을 것이라고 예상하는 것은 타당하다. 왜냐하면 그는 여전히 엘리베이터를 두려워하기 때문이다. 그녀 자신의 행동보다 파커가 무엇을 하는지에 집중하게 되면 그의 엄마는 좌절감과 실망감을 느끼게 된다. 이런 감정은 그녀가 계획을 유지하기 어렵게 할 것이다. 계획은 항상 그녀가 하는 일에 관한 것임을 스스로 상기시키면 파커의 행동 변화가 더디더라도 루시가 보다 수월하게 인내할 수 있을 것이다.

▼
아이의 성공은 견뎌 냈다는 것이다

칭찬이나 보상을 하기 전에 아이가 덜 불안하다는 걸 보여 주기를 기다리지 마라. 파커처럼 여전히 불안하거나 회피하고, 힘들어하더라도 대처한 것 자체에 칭찬해 줄 수 있다. 순응 없이 대처하는 것이 힘들수록 아이는 더 많은 칭찬을 받을 자격이 있다.

이 단계에서의 아이의 성공은 순응 없이 어려운 순간을 견뎌 내는 것이라고 생각하면 특별한 것을 얻을 수 있다. 아이가 성공하도록

'끌어당기는' 힘을 준다. 당신은 순응하지 않았고 아이가 그것을 견뎌 냈다면, 아이는 성공한 것이다! 이 힘을 잘 활용하자. 자녀가 무언가에 성공할 것이라고 보장할 수 있는 능력은 흔치 않다. 보통 우리는 아이의 성공을 아이가 무언가를 잘했을 때라고 생각한다. 가령, 아이가 좋은 점수를 받거나 게임에서 이겼을 때 우리는 성공했다고 말한다. 우리는 아이가 그런 일을 할 것이라고 보장할 수는 없다. 다만 아이에게 도구를 주고 최선을 다하도록 격려할 뿐이다. 불안한 아이에게 순응하지 않을 때 아이가 성공할 것이라는 걸 확신할 수 있다. 왜냐하면 이 어려운 상황에서 아이가 할 수 있는 것은 견뎌 내는 것이기 때문이다. 아이가 어떻게 하든 상관없이 성공할 것이다.

도미니크의 엄마 안젤리나는 아이의 분리불안에 순응해 왔다. 그녀는 밤마다 아이가 잠들 때까지 옆에 누워 있었으며 아이를 집에 혼자 두고 나온 적이 없었다. 도미니크는 열두 살이고, 안젤리나는 잠시 동안은 충분히 혼자 있을 수 있는 나이라고 생각했다. 하지만 도미니크는 베이비시터와 집에 있는 것조차 동의하지 않았다. 안젤리나가 피치 못한 사정이 있어 꼭 나가야 할 때는 여동생에게 와 달라고 전화를 했다. 왜냐하면 여동생이 도미니크가 함께 있을 수 있는 유일한 사람이기 때문이다. 안젤리나가 몇 분이라도 아이를 혼자 두거나 다른 베이비시터를 구하려 하면, 아이는 울면서 그녀에게 매달릴 것이다. 그녀는 아이의 행동이 나이에 맞지 않다고 생각했지만 문제를 해결하는 방법을 찾지 못했.

안젤리나는 매일 저녁 10분간 외출할 계획을 세웠다. 10분이 무언가를 하기에 충분한 시간은 아니지만, 더 긴 분리를 시작할 수 있을 것 같지 않았다. 그녀는 또한 일주일에 여러 번 자신의 계획을 연습하기를 원했고, 더 긴 외출은 어렵다는 것을 알았다. 그녀가 계획을 말했을 때 도미니크는 울음을 터뜨렸다. 그는 할 수 없다고 했고, 그녀가 그를 사랑한다면 떠나지 말라고 말했다. 그래도 안젤리나는 확고했다.

그날 늦은 저녁, 안젤리나는 처음으로 외출할 준비를 했다. 그녀는 10분 뒤에 돌아와서 문으로 향할 것이라고 도미니크에게 말했다. 도미니크는 문으로 달려가서 막으려고 했다. 안젤리나는 어떻게 해야 할지 몰랐다. 어쨌든 그녀는 외출을 하기로 결정했고, 간신히 돌아 나왔다. 도미니크는 울면서 그녀의 발을 잡으려고 했다. 안젤리나는 겨우 집을 빠져나왔다. 그녀는 도미니크의 행동에 화가 났고 아이의 기분을 상하게 해서 죄책감도 느꼈다. 안젤리나는 10분 동안 집 주위를 두어 번 걸었다. 그녀가 돌아왔을 때 그녀의 기분은 진정되었다. 하지만 그녀가 들어갔을 때 도미니크가 어떻게 행동할지에 대해 걱정이 되었다. 문 근처 마루에 누워 아직 울고 있는 모습이 상상되었다. 그녀는 또한 그가 화를 내거나, 그녀가 떠났기 때문에 더 이상 그를 사랑하지 않는다고 믿을까 봐 걱정이 되었다.

안젤리나가 안으로 들어갔을 때 도미니크는 소파에 앉아 있었다. 그는 아이패드로 게임을 하고 있었지만 안젤리나는 그가 많이 울었다는 것을 알 수 있었다.

안젤리나가 집으로 돌아왔을 때 도미니크에게 무슨 말을 해야 할까? 당신은 뭐라고 하겠는가? 문 앞을 막은 것에 대해 질책을 해야 할까? 또는 철없는 행동에 대해서? 그를 너무 불안하게 만들고 이렇게 행동할 수밖에 없는 상황에 처하게 한 것에 사과를 해야 할까? 그를 두고 나갔지만 그녀가 그를 사랑한다는 것을 확인시켜 주어야 할까? 혹은 그냥 일어났던 일을 무시하고 그의 기분이 나아지도록 노력해야 할까?

이 모든 것은 자연스러운 반응이다. 하지만 안젤리나는 여기서 큰 기회를 가졌다. 얼마나 어려운 상황이었는지, 도미니크가 어떻게 행동했는지에 집중하기보다 안젤리나는 방금 일어난 엄청난 일에 집중해야 한다. 도미니크가 10분간 혼자 집에 있었다! 처음으로 도미니크가 그의 공포를 감당했다. 그는 10분간 순응 없이 해냈고 아이패드로 게임을 할 만큼 스스로를 진정시키기까지 했다. 이것은 엄청난 진보였다. 이제 엄마가 그녀 없이 불안을 감당할 만큼 아이가 충분히 강하다고 생각한다는 것을 도미니크는 알고 있다. 그리고 엄마의 도움 없이 진정될 수 있다는 것을 알게 되었다. 다음번에도 여전히 어려울 수 있지만, 다시는 난생 처음으로 그것을 할 필요는 없어졌다! 도미니크가 어떤 걸음을 내딛었는지를 깨닫는다면, 안젤리나는 이렇게 말할 것이다. "도미니크, 난 지금 정말 네가 자랑스러워! 해냈어!" 계획을 지속하는 것을 통해 안젤리나는 도미니크가 성공할 것을 보장하게 된다.

▼ 준비가 된 느낌과 준비가 된 것

나는 콴이라는 젊은 청년을 만난 적이 있다. 그는 곧 대학으로 떠나야 했었고, 집을 떠나 성장하는 것에 두려움을 느끼고 있었다. 그는 대학에 가기를 바라 왔고, 그의 선택으로 학교도 정해졌다. 하지만 이제 떠날 시간이 가까워지자 그는 두려워하고 있었다. 나는 콴과 여러 번 만났고 그는 "나는 떠날 준비가 되지 않은 것 같아요"라고 반복해서 말했다. 그의 불안은 매우 높아서 대학에 갈 생각만 해도 공황발작이 올 것 같았다. 부모님이 기숙사 방에 필요한 물건을 구입하거나 옷을 싸는 것과 같이 준비해야 할 것에 대해 이야기할 때마다 그는 완전히 압도되어 눈물을 흘리곤 했다. 결국 콴은 대학에 갔고 일주일 만에 집에 있는 것처럼 느끼기 시작했다. 친구를 사귀고, 클럽에 가입했으며, 수업에도 잘 적응했다. 한참 뒤에 나는 그와 함께 다시 이야기를 나눌 수 있었다. 그는 만남 중에 이야기 나눈 한 가지가 그를 가도록 도왔다고 이야기했다. "준비가 되었다고 느낄 필요는 없습니다. 단지 준비가 되어 있으면 됩니다!"

준비가 된 것과 준비되었다고 느끼는 것은 매우 다르다. 대학교에 정착하고 그의 새로운 일과에 적응한 것은 콴이 사실 이미 준비되어 있었다는 것을 보여 준다. 단지 느끼지 못했을 뿐이다. 우리는 실제로 하기 전에는 항상 무엇을 준비해야 하는지 알지 못한다. 새 직장처럼 새로운 무언가를 시작할 때 불안해한 적이 있는가? 또는 처음 부모가 되었을 때 그 역할과 책임을 맡을 준비가 되어 있는지 확신하지 못했을 것이다. 많은 새내기 부모들은 그렇게 느낀다. 그리고 우리 대부분은 우리의 준비 상태를 한 번 이상 의심했을 것이다. 준비되지 않았다고 느끼는 것은 실제로 준비가 되었는지 아닌지를 보여 주는 좋은 지표가 아니다. 무언가가 당신을 얼마나 불안하게 만드는지를 보여 주는 것일 뿐이다. 아무도 완벽하게 준비되었다고 느낄 때까지 움직이지 않는다면, 우리는 아무것도 할 수 없다.

당신의 아이는 아직 당신의 순응 없이 대처할 준비가 되어 있지 않다고 느낄 것이다. 이는 아이가 실질적으로 준비가 되지 않았다는 것을 뜻하지 않는다. 단지 그것이 아이를 불안하게 만들고 있다는 신호일 뿐이다. 당신이 계획을 계속 실행함에 따라 아이는 준비가 안 된 것 같더라도 실제로는 준비가 되어 있음을 알게 될 것이다.

▼ 한 걸음 더 나아가기

계획을 실행하고 지속적으로 순응을 줄일 수 있다면 이제 다음 단계로 넘어갈 때이다. 순응을 부분적으로 줄였다면 기준을 다음 단계로 끌어올릴 때이다. 예를 들어, 아이가 잠들 때 아이 방에 머무는 시간을 제한했다면 그 시간을 좀 더 줄일 수 있다. 또는 아이가 걱정하는 질문에 답하는 횟수에 제한을 두었다면 그 횟수를 더 줄이거나 아예 안 할 수도 있다. 이미 한 가지 순응을 완전히 제거했다면 다른 것으로 넘어갈 때이다. 어느 쪽이든 처음과 동일한 프로세스를 따르자.

- 모니터: 부분적으로 순응을 줄였다면 일지를 검토하여 어떻게 진행되었는지 확인하라. 다른 순응을 고려하고 있다면 순응 지도로 돌아가서 어떤 것이 좋은 목표가 될 것인지 살펴보자. 빈번하게 일어나서 당신과 아이에게 연습할 기회를 많이 줄 수 있는 것이 좋다는 것을 기억하라.
- 계획: 계획의 세부사항을 자세히 생각하라. 어떤 변화를 줄 것이고 어떻게 할 것인가? 그 대신 무엇을 할 것인가? 이 일을 하는 데 예상되는 장애물은 있는가? 어떤 해결책을 가지고 있는가?
- 아이에게 알려 주기: 당신이 무엇을 계획하고 있는지 아이에게 알려 주자. 지지적인 표현으로 시작하고, 당신의 계획이 왜, 무엇을, 언제, 누가, 어떻게, 얼마나에 대한 정보를 주고 있는지 확인하라.

하지만 계획을 실행하는 데 어려움을 겪으면 어떡할까? 12장과 13장은 순응을 줄이면서 부모들이 맞닥뜨리는 어려움을 다룰 것이다. 다른 부모들이 겪었던 여러 어려움과 이를 극복하기 위한 유용한 전략에 대해 배우게 될 것이다.

> **이 장에서 배운 것들**
>
> - 순응 줄이기 과정의 일지를 작성하기
> - 목표 순응을 줄이기 시작할 때 기대하는 것
> - 지지를 유지하는 방법
> - 당신과 아이 모두에게 성공이 의미하는 것은 무엇인가
> - 준비되었다고 느끼는 것과 준비된 것의 차이
> - 한 걸음 더 나아가기

Breaking Free of Child
Anxiety and OCD

12장

문제 해결:
어려운 반응 다루기

▼
부모가 순응하지 않을 때 아이가 공격적으로 반응해요

열네 살의 트리니티는 독성이나 위험한 화학물질에 노출되는 것을 극도로 두려워한다. 아이는 먹는 것에 매우 조심하기 때문에 부모에게 특정 한두 개의 상점에서만 음식을 사기를 요구하고, 절대 외식을 하지 않는다. 하루는 그들이 사는 마을의 대기질에 대한 이야기를 들었고 '나쁜 공기'에 노출되는 것에 끊임없이 집착하기 시작했다. 트리니티의 부모인 케빈과 네바에는 순응하는 데 익숙했다. 하지만 트리니티의 공기 오염에 대한 공포는 그들을 한계로 내몰았다. 그들은 공기청정기를 샀다. 그런데 이건 결국 안 좋은 영향을 미쳤다. 트리니티가 창문을 열지 못하게 했기 때문이다. 트리니티는 학교에서 집에 돌아오자마자 집 안에 모든 창문이 닫혀 있는지를 확인했고 하나라도 열려 있으면 화를 냈다. 케빈과 네바에는 다투지 않기 위해 딸이 집에 없을 때 환기를 시키고, 하루 종일 창문을 닫아 놨다고 말해야 했다.

그들의 순응 계획은 그들의 침실, 부엌, 거실의 창문을 여는 것이었다. 그들은 아이가 집의 다른 공간이 너무 두려울 때 아이가 피할 수 있는 곳을 남겨 줄 생각으로 트리니티 방 창문에 대한 통제권은 아이가 유지할 수 있도록 결정했다. 그리고 이 계획이 단순히 그녀를 불편하게 하기 위한 것은 아니라는 걸 보여 주고 싶었기 때문이다.

트리니티에게 이 계획에 대한 메시지를 전달하는 것은 매우 어려웠다. 케빈과 네바에는 모두가 평온해지길 원하는 시간을 선택했다. 하지만 상황은 급격하게 악화되기 시작했다. 케빈이 트리니티에게 말하기 시작했다. "우리는 네가 공기 질과 오염과 같은 것에 걱정이 많은 걸 알아." 하지만 케빈은 말을 다 끝마치지 못했다. 트리니티가 끼어들었기 때문이다. "아빠 아무것도 몰라. 아빠는 내가 아니잖아." 케빈은 다시 시도했다. "맞아, 우리는 정확하게 무엇인지 모를 수 있어. 하지만 힘들다는 건 알아." 그리고 트리니티가 다시 끼어들었다. "이해한다는 말 그만해! 아빠는 이해 못해. 그러니까 그런 말 하지 마! 왜 여기 있는 거야? 나한테 원하는 게 뭐야?"

이때 네바에가 끼어들었다. "그래, 트리니티, 네가 맞을 수도 있어. 하지만 우리가 너에게 말하고 싶은 건 이 일에 대해 우리도 많이 생각했다는 거야. 우리 이야기 좀 들어 주겠니? 그런 다음 네가 원하면 가게 해줄게." 트리니티는 어깨를 으쓱했지만 조용히 있었고 네바에는 계속했다. "우리는 네가 불안에 대처할 수 있을 거라고 믿고, 우리가 너의 불안에 따라가는 것, 즉 창문을 열지 않는 것은 너에게 도움도 되지 않고 좋지 않다고 생각해. 우리는 너를 더 잘 도와주기 위해서 우리의 행동을 바꾸기로 결정했어." 트리니티는 펄쩍 뛰며 소리쳤다. "창문 열지 않는 게 좋을 거야! 그러기만 했단 봐! 엄마가 아무것도 이해하지 못했다는 걸 증명해 줄 거야. 내가 숨쉴 수가 없다고, 젠장! 나는 경고했어. 그럴 생각 꿈에도 하지 마!"

케빈과 네바에는 트리니티가 그들의 의도를 정확히 알 수 있도록 남은 메시지를 전달하려고 노력했지만, 그녀가 그들의 말을 들었다고 전혀 믿어지지 않았다. 트리니티는 소리를 지르며 그녀답지 않게 욕을 하고 있었다. 그들은 아이가 이렇게까지 화내는 것은 본 적이 없었다. 그들은 다음에 일어날 일에 불안감을 느끼며 글로 쓰인 메시지를 두고 방을 나갔다. 트리니티는 메시지가 쓰인 종이를 집어 빨갛게 큰 ×를 긋고는 그들의 침대 위에 두었다.

다음 날, 트리니티는 학교에서 돌아오자마자 서둘러 집을 둘러보고 모든 창문을 확인했다. 그녀는 부엌과 거실 창문이 반쯤 열려 있는 것을 보고 분노했다. 네바에는 아직 집에 오지 않았고 케빈만 있었는데, 그녀는 소리를 지르며 그에게 돌진했다. "왜 그랬어? 내가 숨을 못 쉰다고 했잖아! 젠장!" 케빈은 말했다. "트리니티, 네가 힘들다는 거 알아. 하지만 괜찮아질 거야. 그리고 그런 말 좀 쓰지 마." 그녀는 소리쳤다. "그런 말? 날 독살하고 있는데 내 말에 신경을 쓴다고? 젠장, 젠장, 젠장, 젠장!" 케빈은 말했다. "그만해, 트리니티. 네가 흥분했을 때에도 난 네 아빠야. 우리는 그렇게 말하지 않았어." 하지만 트리니티는 걷잡을 수 없어 보였다. 그녀는 창문을 닫았고 계속해서 소리치고 욕을 했다.

케빈은 그녀를 무시하려고 애썼다. 트리니티가 말했다. "좋아, 아빠 뜻은 알겠어. 하지만 아빠가 행복하려면 이번이 마지막인 게 좋을 거야!" 케빈은 그들의 계획은 한 번에 끝나는 것이 아니라고 다시 한번 말했다. "엄마와 나는 그렇게 결정했기 때문에 계속할 거야." 이것이 트리니티에게는 마지막 한계치인 것 같았다. 그녀는 알지 못하는 말로 소리치며 케빈이 재택 근무하는 사무실로 돌진했다. 그녀는 그의 책상 위에 물건들을 바닥으로 쓸어 던졌다. "트리니티! 뭐하는 거야! 그만둬!" 케빈이 말했다. 트리니티는 선반으로 손을 뻗었고, 케빈은 그녀의 손을 잡았다. 그때 트리니티가 그를 발로 찼다. 케빈은 충격을 받았고, 트리니티 또한 그녀의 행동에 스스로 당황한 것처럼 보였다. 그녀는 방을 떠나 자신의 침실로 문을 쾅 닫으며 들어갔다. 그날 오후 네바에가 집으로 들어왔을 때, 그녀 또한 일어난 일에 경악했다. 두 부모 모두 창문을 연 것이 실수가 아닌가 생각했다.

케빈과 네바에는 다음에 어떻게 해야 할까? 순응을 줄이려는 그들의 시도는 트리니티가 평소 같지 않게 공격적으로 행동하면서 불미스러운 일을 초래했다. 그녀는 부모에게 소리치고, 욕을 하고, 협박했으며 심지어 아빠를 발로 찼다. 예전에 그녀였다면 절대 하지 않을 행동이었다. 당연히 부모는 창문을 계속 닫으면서 순응을 유지하지 않겠다고 한 것이 실수가 아니었는지 염려가 되었다. 그들은 트리니티를 불안하고 폭력적인 딸로 전혀 만들고 싶지 않았다. 그러면 그들은 그녀의 행동에 어떻게 해야 할까? 그들은 트리니티가 용납할 수 없는 방식으로 행동했다는 것을 간과할 수 있을까? 이런 행동에 대한 대가가 있어야 하는 것은 아닌가? 그리고 그들이 어떤 대가를 부과하지 않는다면 폭력과 나쁜 언어를 용납하는 것이 아닌가?

순응하지 않는 당신의 계획에 아이가 공격적으로 반응하더라도 너무 놀라지 말라. 1장과 10장에서 다루었던 '투쟁–도피'의 절반인 '투쟁'을 기억하자. 트리니티는 모든 상황에서 공격적으로 행동하는 폭력적인 소녀로 갑자기 변한 것이 아니다. 당신의 자녀가 평소에도 공격적이고 이것이 지속되어 온 문제였다면, 아이의 불안에 대한 순응을 줄여도 공격성 문제는 해결되지 않을 것이다. 그러나 아이가 평소에는 공격적이지 않고 이것이 전형적으로 보이는 행동이 아니라면, 순응을 줄여도 이런 상황이 바뀔 가능성이 거의 없다. 자신의 바람을 무시하는 당신의 결정에 아이는 단지 자신이 불안하거나 겁을 먹는 방식으로 반응할 가능성이 훨씬 더 높다.

순응 줄이기 계획을 지속하는 것이 시간이 지날수록 아이를 더 공격적으로 만들 가능성은 없다. 사실은 그 반대이다. 아이가 공격적으로 행동했기 때문에 계획을 중단하는 것은 이후 더 공격적인 행동을 초래할 가능성을 더 높이게 된다. 왜 그럴까? 아이는 공격적으로 행동하는 것이 당신의 행동을 바꾸는 효과적인 방법이라는 것을 배웠기 때문이다. 폭력과 공격성이 원하는 대로 사람들을 움직일 수 있는 방법이라고 가르치고 싶지는 않을 것이다.

아이의 공격적인 행동을 벌해야 할까요?

순응 변화에 아이가 공격적으로 반응하는 것에 처벌하는 것은 도움이 되지 않는다. 처벌은 특정 행동이 반복될 가능성을 줄이기 위한 것이다. 줄어든 순응에 대한 공격적인 반응의 경우에는 특정 행동을 줄이는 목표를 달성하기 위한 처벌이 필요가 없다. 아이의 행동에도 불구하고 계획을 지속한다면 아이는 이런 방식으로 행동하는 것이 효과가 없다는 것을 알게 될 것이다. 당신의 행동 변화에 아이가 익숙해짐에 따라 아이는 그런 강한 반응을 보이지 않을 것이다. 아이의 불안은 낮아질 것이고 공격성도 대부분 저절로 멈출 것이다.

당신이 한 일에 대해 아이가 공격적으로 행동하고 있다는 점을 기억하자. 좌절과 불안 모두 공격성을 일으킨다. 아이는 자신의 기대가 충족되지 못했기 때문에 좌절하고 있고, 도전 받고 있는 불안 문제를 가지고 있기 때문에 불안하다. 아이의 입장에서 당신이 예전처럼 행동하기를 기대하는 것은 당연하고, 순응하지 않으면 아이는 좌절하게 된다. 하지만 몇 번 지속하다 보면 아이는 더 이상 당신이 순응할 것이라는 기대를 가지지 않을 것이다. 그리고 당신이 순응하지 않더라도 덜 좌절할 것이다. 또한 아이는 새로운 상황에 익숙해지면서 덜 불안해질 것이고, 공포를 스스로 더 잘 조절하게 될 것이다. 이를 통해 처벌 없이도 아이는 공격적으로 행동할 가능성이 줄게 될 것이다.

여기에 목표를 상기하고 침착함을 유지하기 위해 유용한 몇 가지

어구가 있다.

- 아이는 불안하기 때문에 이렇게 행동하고 있다. 나는 불안을 처벌하고 싶지 않다.
- 아이는 곧 익숙해질 것이다. 영원히 힘들지는 않을 것이다.
- 나는 나쁜 행동이 아닌 불안에 계속 집중하기를 원한다.
- 힘들어도, 나는 아이를 도와주고 있다.
- 침착함을 유지함으로써 아이에게 통제권이 나에게 있음을 보여 줄 수 있다.
- 침착함을 유지함으로써 나는 아이의 불안을 두려워하지 않는다는 것을 보여 주고 있다.

하지만 다음번에는 어떨까요? 아이가 또 공격적이지 않을까요?

아이가 또 공격적으로 행동할 수 있다. 하지만 다음에서 설명하는 것처럼 이러한 일이 일어날 가능성을 줄이기 위해 할 수 있는 몇 가지가 있다.

논쟁하지 않는다

트리니티가 집에 돌아와서 창문이 열려 있는 것을 발견했을 때 케빈과 트리니티의 상호작용을 되돌아보자. 트리니티는 곧바로 흥분하고 화를 냈다. 하지만 곧바로 아빠의 재택 근무 사무실로 들어가서 물건을 던진 건 아니었고, 곧바로 신체적으로 공격적이지도 않았다. 이런 행동들에 이르기까지에는 과정이 있었다. 먼저, 그녀가 얼마나 화가 났는지 아빠에게 보이기 위해 나쁜 언어를 사용했다. 그리고 트리니티는 이것이 아빠에게서 반응을 얻는 방법이라는 것을 확신했다. 그는 그녀에게 반응하여, 순응하지 않을 계획을 상기시키고 나쁜 언어를 사용하지 말라고 했다. 그다음, 트리니티는 그 단어를 여러 번 반복하며 논쟁을 확산시키고, 케빈은 다시 트리니티를 질책했다. 트리니티는 계속해서 분노하며 창문을 다시 열지 말라고 요구하자 그녀의 아빠는 계속할 생각이라고 말했다. 그 시점에서 트리니티는 다음 단계로 나아가 그의 사무실을 공격했다. 케빈이 개입하여 더 많은 피해를 일으키는 것을 막으려 노력했고, 트리니티가 그를 걷어차는 것으로 싸움은 정점에 이르게 된다.

상황이 덜 공격적으로 끝날 가능성을 높이기 위해 케빈이 다르게 할 수 있었던 것이 있을까? 아마도 그럴 것이다! 케빈은 트리니티에게 전혀 반응하지 않기로 선택할 수 있었다. 상호작용 중 여러 지점에서 케빈은 논쟁에 동의하지 않기로 선택할 수 있었다. 10장에 나왔던 탁구 비유와 부모가 어떻게 탁구를 치지 않기로 선택할 수 있는지 떠올려 보자. 트리니티가 아빠에게 다시는 창문을 열지 않겠다고 약속하라고 했을 때, "이번이 마지막인 게 좋을 거야"라며 분명히 그에게 항의하고 있었다. 케빈과 네바에는 이미 그들의 계획을 트리니티에게 알려 주었고, 실행하겠다는 의지도 밝혔기 때문에 그녀에게 이를 다시 상기시킬 필요는 없었다. 케빈은 항의에 맞서는 대신, 그 말을 완전히 무시하기로 선택할 수 있었다. 케빈은 또한 그 순간 트리니티의 나쁜 말을 언급하지 않기로 선택할 수 있었다. 케빈은 아마도 딸에게 욕하지 말라고 하는 것이 아버지로서의 의무라고 느꼈을 것이다. 하지만 그 순간 딸의 언어를 언급함으로써 논쟁을 계속 이어 가게 되었다. 그 순간 언어를 다루지 않는다고 해서 전혀 다루지 않는다는 뜻은 아니다. 아주 중요한 일이라고 생각되면, 순응 문제에 대한 논쟁으로 이어지지 않을 때 나중에 언제든지 케빈은 이 문제를 다룰 수 있다. 하지만 그냥 무시하고, 불안에 계속 초점을 맞추는 것이 가장 좋다.

　트리니티가 케빈의 물건을 바닥에 던져 버렸을 때에도 그의 반응은 더 많은 공격성을 야기했다. 그가 사무실에 들어갔을 때 그녀는 이미 책상을 공격했고, 그녀에게 "그만둬"라고 말하면서 질책했다. 이것은 그가 의도했던 것과는 반대로, 결국 트리니티가 그의 선반에도 손을 뻗게 만들었다. 그리고 마지막으로, 두 사람 모두에게 충격적이었던 그녀가 아빠를 발로 차는 행동은 그가 그녀를 제지하기 위해 팔을 물리적으로 잡았을 때에야 일어났다.

　여기서 요점은 트리니티에게 한 케빈의 행동을 비난하려는 것이 아니다. 그의 반응은 충분히 그럴 만하고 그녀의 행동도 그의 잘못 때문이 아니다. 하지만 논쟁하지 않기로 선택하는 것은 실제로 일어난 일보다 상황을 덜 악화시키고, 공격성을 덜 일으켰을 가능성이 높다. 아이가 공격적으로 반응한다면 이에 반응하는 것이 정말 필요한지, 그냥 무시할 수 있는 행동인지 스스로에게 물어보라. 끓는점에 닿기 전에 갈등이 커지고 있음을 알아차리려고 노력하자. 그러면 그 갈등에 참여하지 않겠다고 선택할 수 있게 된다. 악화되기 전에 철회할 수 있다면, 그들은 더 공격적으로 반응하지 않을 가능성이 높다.

당신의 행동에 집중한다

　아이의 행동보다는 당신의 행동에 집중할 때 얻을 수 있는 가장 큰 이점 중 하나는 공격성의 감소이다. 순응을 제공하는 것을 자제

했다면, 그 상황에서 당신의 일은 끝났다. 아이의 행동에 초점이 맞추어져 있다면 당신이 기대한 대로 아이가 행동했다고 확신할 때까지는 상황을 끝낼 수 없을 것이다. 그러면 논쟁 외에는 할 수 있는 것이 없어진다. 하지만 당신의 아이가 무언가를 하도록 노력하는 것이 아님을 기억하라. 케빈은 트리니티에게 요구하는 것이 아무것도 없기 때문에 그녀와 논쟁할 필요가 없다. 물론 케빈은 그들의 계획으로 트리니티가 점차 공기를 덜 걱정하고 창문 여는 것을 피하지 않게 되기를 바란다. 하지만 지금은 계획에 트리니티가 포함되어 있지 않다. 케빈이 창문을 직접 열었고, 그는 자신이 하려던 일을 완수했으며, 트리니티와는 논쟁할 필요가 없다. 트리니티가 다시는 창문을 열지 말라고 했을 때 그가 대응하지 않기로 선택했다면 그 상황은 좀 더 성공적이었을 것이다.

도움 받기

당신이 순응하지 않을 때 아이가 공격적으로 반응할까 봐 걱정이 된다면 다른 사람의 도움을 받는 것을 고려해 보자. 다음에 계획을 실행할 때 주변에 다른 사람이 있으면 상황이 과도해질 가능성이 훨씬 줄어든다. 대부분의 아이들은 부모나 형제들 앞에만 있는 것보다 다른 사람 앞에 있을 때 더 잘한다. 더 많은 사람들이 볼 때 조금 더 억제하는 것은 인간의 본성이다. 와 달라고 부탁할 수 있는 친구나 친척, 이웃이 있는가? 주변에 다른 사람이 있는 것이 논쟁이 악화되지 않는 데 도움이 된다는 것을 알게 될 것이다.

다른 사람에게 도움을 구하는 것이 불편할 수 있다. 또는 아이의 행동에 당황하게 될 수도 있다. 그리고 이런 것은 이해될 수 있다. 당신이 신뢰하는 누군가를 떠올려 보자. 그리고 그들에게 당신과 당신의 아이가 무언가 어려운 일을 겪고 있으며 그들이 도움을 줄 수 있다는 것을 설명하자. 당신은 도움을 요청하는 친구를 도와주겠는가? 또는 어려움을 겪는 그들을 평가하겠는가? 대부분의 사람들은 도움을 요청한 것에 대해 고마워한다. 그들은 요청 받은 것을 영광스럽게 생각하고, 아이의 어려움을 극복하기 위해 노력하는 부모를 존경한다. 당신은 아이가 덜 불안하도록 돕기 위해 노력하는 칭찬받아 마땅한 일을 하고 있는 것이다.

순응을 줄일 때 주변에 사람이 없었더라도, 아이가 공격적으로 반응한 것에 대해 다른 사람들이 도움을 줄 수 있다. 아이를 아는 사람에게 아이에게 이렇게 이야기해 달라고 요청하자. 두려움이나 불안에 대처하는 것이 얼마나 어려운지 이해하지만 아이가 공격적으로 행동했다는 것도 알고 있다고 말이다. 아이가 비판이나 비난을 받고 있는 것이 아니라 다른 사람들이 자신의 공격성에 대해 알고 염려하고 있다는 것을 보여 주는 지지적인 메시지를 받으면, 아이는 그러한 행동을 반복할 가능성이 훨씬 적어진다.

▼
아이가 너무 불안해해서 아이를 고문하고 있는 것 같아요

아이가 얼마나 괴로워하는지를 보고 있는 것은 너무 힘들다! 당신은 아이를 사랑하고 아이가 기분이 좋기를 원한다. 하지만 지금 당신은 아이를 불편하게 하고 있다. 고문을 하고 있는 것처럼 느껴지더라도 놀라운 일이 아니다. 부모의 뇌는 아이의 불안 신호를 감지하고 그들을 보호하도록 프로그래밍되어 있다는 것을 기억하자. 또한 불안이 아이의 건강한 공포 시스템을 어떻게 장악하고 어떻게 그것을 문제가 되도록 바꾸는지 기억하자. 같은 일이 부모인 당신에게도 일어날 수 있다. 아이가 덜 스트레스 받고 덜 불안해지도록 돕고자 하는 건강하고 자연스러운 부모의 욕구가 사실은 자녀가 덜 불안해지는 것을 방해할 수 있다.

불안: 올라간 것은 반드시 내려간다

11장의 안젤리나를 기억하는가? 그녀는 분리불안이 있는 도미니크를 집에 두고 10분간 밖에 나갔다. 안젤리나에게는 그 10분이 고문의 한 시간처럼 느껴졌을 것이다. 그녀가 집에 돌아왔을 때 그의 아들은 이미 훨씬 차분해졌고, 그녀는 처음으로 혼자 있었던 아이에게 칭찬을 해 줄 수 있었다. 아이의 스트레스가 10분 안에는 지나가지 않을 수도 있지만, 그래도 **지나갈 것이다**. 속담에도 있듯이 올라간 것은 내려오기 마련이다. 아이의 불안이 솟구치고, 아이의 뇌가 투쟁-도피 시스템으로 활성화될 때, 아이의 몸 또한 불안 수준을 낮추기 위해 일하고 있다. 불안이 높아지는 것보다 훨씬 천천히 낮아지기 때문에 아이가 다시 진정되기까지 시간이 걸릴지 모르지만, 그래도 결국에는 진정된다.

신호등

부모님들이 나에게 "제 아이가 몇 시간 동안 공황발작을 해요" 또는 "제 아이가 몇 시간이고 울면서 애원할 거예요"라고 말할 때마다 나의 첫 번째 질문은 다음과 같다. "그 시간 동안 당신은 무엇을 하나요?" 거의 일관적으로, 이러한 부모들은 아이가 진정되도록 돕거나 순응하지 않는 이유를 아이에게 설명하려고 노력한다. 역설적으로 보이지만, 당신이 순응하지 않을 때 아이의 기분이 나아지도록 하는 대부분의 일들은 당신이 아이가 스스로 대처하도록 내버려 두는 것보다 더 오랫동안 아이의 불안 수준을 높게 유지시킨다. 당신이 하는 것이 불안을 일으키는 것이 아니라, 아이를 도우려 노력하면 할수록 아이는 당신이 순응하지 않는 것을 받아들이기가 더 어렵기 때문이다.

아이가 반복적으로 순응을 요구할 때 "안 돼"라고 계속해서 이야기하는 것은 논쟁을 지속시키고 아이의 불안과 좌절감을 더욱 높인다. 10장에서 나는 당신이 논쟁하는 한, 당신의 마음이 바뀔 가능성이 있다고 자녀가 어떻게 믿게 되는지를 설명하기 위해 값비싼 롤렉스 시계를 사 달라고 조르는 아이의 예시를 사용했었다. 당신이 아이의 행동을 멈추기 위해 하는 것들이 사실상 반대의 결과를 초래한다는 것이 이상해 보일 수 있다. 하지만 실제로 이런 일들은 빈번하게 발생한다.

아주 간단한 일을 하는 신호등과 같은 일상적인 무언가를 생각해 보자. 신호등은 운전자에게 언제 가고, 언제 멈추고, 신호가 곧 바뀌기 때문에 언제 속도를 늦춰야 하는지를 알려 준다. 우리는 빨간색은 '멈춤'이고 녹색은 '출발'의 의미라는 것을 안다. 그렇다면 '노란색'은 무엇인가? 교차로에 가까워질 때의 노란 신호는 '지나갈 수 없기 때문에 속도를 늦춰'의 메시지를 준다. 하지만 많은 운전자들이 노란불을 볼 때 이렇게 하지 않는다는 것을 아는가? 노란불에서 속도를 올리는 운전자들을 우리는 흔히 본다. 그리고 이것은 불빛이 신호하는 것과는 정확히 반대되는 행동이다(그리고 종종 빨간불에 달리게 된다)! 때때로 당신은 아이에게 한 가지 메시지를 주고 있다고 생각하지만, 아이는 사실 반대로 듣는 경우가 있다. 아이가 당신의 순응 줄이기를 받아들이는 데 힘겨운 시간을 보내고 있을 때, 당신이 순응하지 않을 것이라고 반복해서 말하거나 아이의 기분이 나아지도록 다른 무언가를 하는 것은 사실 그 과정을 더 길고 어렵게 만든다. 왜냐하면 아이는 당신이 순응을 지속할 것이라는 신호로 해석하기 때문이다. 그리고 아이는 속도를 늦추는 것이 아니라 속도를 높일 것이다.

시간 제한 실험

아이가 괴로워하는 걸 보는 건 힘들다. 하지만 이것이 영원히 지속되지는 않을 것이다. 순응을 줄이는 당신의 계획이 전혀 효과가 없다고 해도, 어느 시점에서 당신은 다른 것을 시도해야 될 것이다. 연구는 지지적인 방식으로 순응을 줄이는 것이 아이의 불안을 낮출 가능성이 높다고 하지만, 긍정적인 효과가 없는데도 영원히 계속하는 것은 무의미할 것이다. 그래서 당신이 하는 것을 시간 제한 실험으로 생각하라. 잠시 동안 당신의 계획을 연습할 수 있는가? 한 번이나 두 번 하는 것은 사실 시도도 안 한 것이다. 그렇지만 한 달은 할 수 있는가? 3주는? 2주? 영원히 이렇게 할 필요는 없다고 스스로 상기하고, 아이는 아마 곧 덜 불안해할 것이라고 되뇌인다면, 지금 당장 대처하기가 더 쉬워질 것이다.

당신의 스트레스인가, 혹은 아이의 스트레스인가?

당신이 느끼는 불편감 중 일부는 아이가 너무 고통스러워해서가 아니라 아이를 너무 걱정하기 때문일 가능성이 있지는 않은가? 아이가 아주 어릴 때 진료실에서 주사를 맞혔을 때를 기억하는가? 많은 부모들은 그들에겐 너무 힘들었던 경험이었기 때문에 그때를 생생하게 기억할 것이다. 아기에게 주사를 맞혀야 하는 주사 공포증이 있는 부모를 상상해 보자. 이 부모는 자신의 아기를 이런 끔찍한 것에 노출시켜야 한다는 것에 공포감을 느끼고 있다. 그녀는 바늘과 주사를 두려운 대상으로 인식하는 것에 익숙한 나머지, 의사가 아기에게 주사를 놓는 것이 아닌 의사가 아기를 사자 먹이로 주는 것처럼 느낄 수도 있다. 그 부모가 의자에 어떻게 앉아 있을지 생각해 보자. 마치 전기 의자에 앉은 것처럼 긴장하고 뻣뻣하게 앉아 아이를 꽉 안고 있을 것이다. 주사를 맞는 것은 객관적으로 불편할 수 있으며, 같은 주사를 맞은 모든 아기는 어느 정도 불편함을 경험할 수 있다. 하지만 이 경험은 더 나빠질 수 있다. 이는 아기가 다르거나 주사가 더 아파서가 아니라 부모 자신이 뭔가 끔찍한 일을 하고 있는 것처럼 느끼기 때문이다.

순응의 부족으로 아이가 괴로워하거나 심란해 보인다면, 당신이 경험하고 있는 것이 아이의 불안에 대한 당신 개인의 감정과 얼마나 관련되어 있는지를 자문해 보라. 배우자와 함께 계획을 이행하고 있거나 혹은 함께하고 있지 않더라도, 배우자에게 아이가 얼마나 괴로워 보이는지를 물어보자. 그들이 당신과 같은 방식으로 보는가, 혹은 다르게 보고 있는가? 누가 더 정확한지에 상관없이, 다른 사람의 관점을 들어 보는 것만으로도 당신이 아이의 경험을 보는 방식을 바꿔 줄 수 있다. 아이에게 직접 물어볼 수도 있다. 아이가 진정이 되고 흥분이 가라앉으면 얼마나 그 경험이 나빴는지 물어볼 수 있다. (아이가 지금 당장 불안에 사로잡혀 있는 동안에는 묻지 마라. 그 대답은 예측 가능하며, 정확하지 않을 가능성이 높다.) 당신이 생각한 것만큼 아이가 나쁘게 생각하지 않는다는 사실을 알고 놀랄 수도 있다.

도움 받기

어려운 일을 겪어 나가는 것은 항상 도전이지만 혼자 감당하는 것이 더 힘들 수 있다. 순응하지 않는 것이 아이에게 많은 스트레스와 불편함을 준다는 것을 안다면, 어려운 순간을 헤쳐 나가는 데 도움을 줄 수 있는 친구나 친척에게 의지해 보자. 누군가를 집에 초대하거나 누군가와 전화통화를 하는 것으로 도움을 받을 수 있다.

▼
순응하지 않으면 아이가 자해하겠다고 위협해요

아이의 자해 위협만큼 부모를 겁주는 말은 없다. 스스로를 다치게 하겠다는 아이의 생각은 부모에게는 악몽과 같다. 당신이 순응 줄이기 계획을 지속할 경우 아이가 자해하겠다고 위협한다면 당신은 두렵고, 걱정되고, 화가 나기도 할 것이다. 아이의 안전에 신경을 많이 쓰기 때문에 겁을 먹는 것은 당연하다. 조종당하고 있다는 느낌이 들 수도 있기 때문에 화가 나는 것도 일반적이다. 또한 계획을 계속 진행할지 여부와 그것이 아이의 안전을 위협할 수 있는지 여부에 대해 확신할 수 없을 수 있다.

자해 위협에 어떻게 대처할지를 읽기 전에 미리 알아 두어야 할 중요한 몇 가지가 있다.

1. 아동과 청소년은 꽤 흔하게 자살과 자해를 **표현한다**. 이런 표현들은 실질적인 자해 사고나 의도를 반영할 수 있다. 얼마나 기분이 나쁜지 전달하거나 부모가 자신이 원하는 대로 행동하도록 강요하기 위해 사용할 수도 있다.

2. 청소년들에게 자해 **사고** 또한 흔하다. 자해에 대해 생각하거나 말하는 대부분의 아동과 청소년들은 그렇게 하지 않지만, 어떤 경우에는 이 표현들이 실제 위험을 나타낼 수 있다.
3. 아동과 청소년에게서 자살 **시도**와 **자살**이 발생한다. 자살은 청소년들의 주요 사망 원인이며 최근 몇 년간 그 비율이 증가하고 있다. 따라서 절대로 자해 위협을 무시해서는 안 된다. 만약 당신의 아이가 자살이나 자해로 위협한다면 이는 매우 심각한 일이다. 아이가 당신에게 화가 나거나 당신이 순응하지 않았을 때만 이런 표현을 하더라도, 그리고 실질적인 자해 위험은 낮다고 하더라도 당신은 이 위협을 심각하게 여겨야 한다.

아이의 위협을 진지하게 받아들이라는 것이 순응 줄이기를 멈추라는 의미가 아니다. 당신의 아이가 안전하도록 최선을 다하라는 의미이다. 아이의 안전이 걱정된다면 전문가의 직접적인 도움을 받아야 한다. 소아과 의사와 상담하거나 정신건강의학과 의사를 만날 수 있다. 상황이 급박하다고 생각된다면, 언제든지 병원 응급실의 도움을 받을 수 있다. 아이의 위험 수준을 파악하는 데 도움을 받은 후에는 아이의 안전을 지키기 위해 계속해서 최선을 다해야 한다. 아이가 불안 문제를 극복하는 것도 지속적으로 도와주어야 한다. 자녀의 불안을 줄이는 것은 실제적인 자해 위험을 낮추는 데 도움이 되는 일이다.

열여섯 살의 딜런은 강박장애로 어려움을 겪고 있었다. 그의 부모인 모건과 앤디는 딜런의 강박장애에 따라 항상 집안의 물건을 정리해야 하는 순응을 줄이려고 한다. 그들은 책꽂이에 알파벳 순서대로 책을 정렬

하지 않기로 했다. 그들이 책꽂이에 어떻게 올려놓든 딜런이 순서대로 '정리'할 것이라는 걸 알고 있었지만, 그들은 딜런이 강박장애를 극복할 수 있다고 믿는다는 것을 보여 주기로 결심했다. 모건과 앤디는 딜런의 반응에 깜짝 놀랐다. 처음 두 번은 그가 책을 다시 정리했지만 세 번째에 딜런은 참을 수 없겠으니 멈추라고 말했다. 부엌에서 큰 칼을 가져와 자신의 가슴에 대고 말했다. "알겠어요? 계속하면 이렇게 될 거예요."

모건과 앤디는 너무나도 놀랐고, 혼란스러웠다. 앤디는 가족들이 자살한 전력이 있기 때문에 이 위협이 특히나 충격적으로 다가왔다. 그의 삼촌이 먼저 자살했고, 몇 년 후 삼촌의 아들, 즉 앤디의 사촌도 자살을 했다. 그는 한 번도 자살을 생각해 본 적이 없지만 앤디의 가족에는 자살 경향성이 있고, 그의 자녀들도 위험할 수 있다는 공포감이 있었다. 딜런이 칼을 자기 가슴에 대는 것을 보고, 부모가 강박장애 증상에 따라 주지 않는다면 자살하겠다고 말하는 것을 들은 앤디는 큰 충격에 빠졌다. 모건도 걱정했지만 그녀는 실질적인 자살 의도를 가진 위협은 아니라고 생각했다. 그녀는 딜런이 아빠의 자살에 대한 공포를 알고 있고, '자살 카드'를 내밀어서 아빠를 조종하려고 한다는 것을 알고 있었다. 부모 모두는 아들이 이야기한 것은 단순히 무시할 수 없다고 생각했다.

다음 날, 딜런이 학교에서 돌아왔을 때 그의 할머니인 콜린이 집에 와 있었다. 그는 할머니가 오실 거라는 걸 몰랐는데 만나니 반가웠다. 콜린은 따뜻하게 인사했지만 그녀의 얼굴은 곧 심각해졌다. "딜런, 네가 강박장애를 감당하고 있다는 걸 안단다. 이를 겪고 있는 네가 안쓰럽구나. 너의 부모님으로부터 어제 네가 칼로 스스로를 다치게 하겠다고 말했다는 걸 들었어. 모두가 너를 걱정하고 있다는 걸 알았으면 좋겠구나. 왜냐하면 네가 말한 건 매우 심각한 문제이기 때문이야. 네 부모님이 집에 오실 때까지 너의 안전을 지키기 위해 내가 있을 거야. 내일은 할아버지가 계실 거고. 우리는 너를 사랑하고, 네가 괜찮은지 확인하려고 해."

딜런은 당황했고, 난처해했다. 그는 얼굴을 붉히며 할머니에게 말했다. "그렇게 하실 필요 없어요." 콜린은 왜 있을 필요가 없다고 생각하는지 물었고, 딜런은 실제로 자해를 할 생각은 없었고 단지 부모님에게 화가 났을 뿐이라고 말했다. 콜린은 말했다. "다 이해한다, 딜런. 그런 말을 들으니 참 다행이구나. 그래도 만약 누군가가 자신을 찌르겠다고 말하면 무시할 수 없어. 그건 매우 심각한 일이야. 그래서 어쨌든 난 그냥 여기 있을 거야." 콜린은 그의 부모가 돌아올 때까지 10분에 한 번씩 딜런을 확인했다. 방문이 닫혀 있으면 노크를 하고, 괜찮은지 확인하려는 거라고 했다. 모건과 앤디가 돌아왔을 때 딜런은 할아버지에게 내일 오실 필요가 없다고 말해 달라고 했다. "그런 일은 실제로 일어나지 않을 거예요." 하지만 부모는 그가 얼마나 심각한 위협을 했는지 콜린이 말했던 것을 반복했다. "너를 안전하게 지키는 것은 우리의 책임이야. 네가 자해를 하겠다고 위협한다면 우리는 심각하게 받아들일 수밖에 없어. 이건 그냥 아무 의미 없을 거라고 생각하고 그냥 말할 수 있는 게 아니야."

앤디와 모건은 그날 책장에 순서 없이 책을 꽂으면서 그들의 계획을 지속했다. 딜런은 그들을 쳐다보며 불편해 보였지만, 자해 위협을 반복하지는 않았다. 다음 날, 할아버지가 오후에 집에 왔고 딜런 또한 실제로 스스로를 해할 의도는 아니었다고 말했다. 할아버지는 그를 안아 주며 말했다. "그래, 알고 있어. 하지만 정말 네 부모가 그런 걸 무시할 거라고 생각했니? 그들을 잘 알고 있잖니. 그리고 딜런, 나는 네가 곧 이 강박장애 문제를 극복할 거라고 장담해. 너를 응원한단다."

모건과 앤디는 동시에 두 가지 일을 할 수 있는 방법을 찾았다. 아들의 안전을 보호하는 역할을 하고, 순응 줄이기를 통해 아들이 그의 강박장애를 극복하는 것을 계속해서 도왔다. 부모가 알파벳 순서대로 책을 놓지 않으면 자해할 거라고 딜런이 위협했을 때, 그는 그들에게 선택하라고 말하고 있었다. 그들은 다시 순응하거나, 자해할 위험을 감수해야 했다. 정말 두 가지 옵션밖에 없었다면, 모건과 앤디는 선택의 여지가 없다고 생각했을 것이다. 당연히 그들은 딜런이 위험하도록 두지 않을 것이다. 하지만 그들은 두 가지 옵션만 있는 건 아니라는 걸 깨달았다. 딜런을 지키는 계획을 재빨리 세운 것은 그를 안전하게 보호하는 동시에 그들이 그의 말을 진지하게 받아들인다는 것을 보여 주는 방법이었다. 동시에 부모는 순응하지 않는 그들의 계획을 지속할 수 있었고, 딜런의 강박증 치료 돕기를 포기하지 않아도 되었다.

아이가 자해할 것이라고 위협한다면, 안전과 순응하지 않는 것 중에 선택할 필요는 없다. 아이의 안전을 지키기 위해 어떻게 해야 하는지 스스로에게 묻고 그렇게 해야 한다. 모건과 앤디처럼 아이가 괜찮은지 지켜볼 수 있도록 친구나 친척에게 도움을 구할 수도 있다. 딜런처럼 아이가 위협을 취소하더라도 안전 계획을 지속하는 것이 현명하다. 이렇게 하면 자녀가 아무런 결과 없이 자해 위협을 하거나, 취소할 수 없다는 것을 배울 수 있고, 나중에 다시 위협을 사용할 가능성을 줄일 수 있다.

또한 아이와 함께 응급실에 방문하여 자녀가 자해 위협을 했기 때문에 왔다고 할 수 있다. 병원들은 위험이 높지 않다고 생각되고 비슷한 위협을 하는 아동과 청소년을 보는 데 익숙하다. 병원으로 출발했다면, 아이가 가는 길에 자해 위협을 취소하더라도 병원으로 가는 것이 가장 좋다.

한 가지 더 주목해야 할 점은 딜런의 위협에 그의 가족이 반응했던 방법이 **지지적**이었다는 점이다. 그는 위협한 것으로 비난이나 비판을 받거나 벌 받지 않았다. 모두는 그가 강박장애를 견디는 것이 얼마나 힘든지 이해한다고 분명히 말했다. 그리고 그들은 분노가 아닌 사랑으로 그곳에 있었다. 딜런은 그들이 감시하지 않기를 원했을 테지만, 그들이 그를 아끼기 때문에 그렇게 하고 있다는 것을 알고 있었다. 딜런이 실제로 우울하거나 자살충동을 느꼈더라도, 가족의 많은 보살핌은 자해 위험을 낮출 가능성이 높다.

이 장에서 배운 것들

- 공격적인 아이의 반응에 대처하기
- 힘들어하는 아이의 반응에 대처하기
- 자해 위협을 하는 아이에 대처하기

Breaking Free of Child
Anxiety and OCD

13장

문제 해결:
배우자와 협력하면서 겪는 어려움 다루기

▼ 배우자와 당신의 의견이 일치하지 않는 경우

아이의 불안에 가장 잘 반응하는 방식에 대해 배우자와 의견 차이가 있거나, 계획을 동일한 방식과 수준으로 실행하지 않아서 서로 좌절감을 느끼고 있다면 어떻게 될까? 당신은 대부분의 다른 부모와 같다! 당신은 아마도 두 부모가 같은 생각을 하고, 통일되고 일관되게 양육을 해야 한다고 생각할 것이다. 항상 그렇다면 아주 좋겠지만, 대부분의 가정에서 보이는 현실적인 육아와는 거리가 멀다. 함께 아이를 키우는 것이 두 사람이 텔레파시로 하나가 되는 '이심전심'과 같지 않다. 당신들은 다른 생각과 의견, 다른 태도와 접근법, 다른 성격과 다른 문제 해결 방식을 가진 두 사람이다. 대부분의 부모가 의견 차이가 있고 다르게 생각하고 다르게 행동하는 것에 서로 좌절하는 것은 놀라운 일이 아니다.

하지만 다음과 같은 공통점이 있다.

- 부모 둘 다 아이가 더 잘 대처할 수 있고, 덜 불안해하며, 불안 문제에 영향을 덜 받는 삶을 살기를 원할 것이다.
- 부모 모두 아이가 이러한 것들을 성취할 수 있도록 돕고 싶을 것이다.

배우자가 당신과 의견이 다르고, 다르게 행동할지라도 그들도 당신만큼 이를 원한다는 것을 명심하자. 이런 이해가 당신 둘을 더 긍정적일 수 있도록 도와주고, 격렬한 논쟁을 보다 건설적인 과정으로 바꾼다. 배우자에게 그들이 달성하고 싶은 것이 무엇인지, 무엇을 하려고 하는지 물어보자. 그러면 당신이 생각하는 것만큼 멀리 떨어져 있지 않다는 것을 알게 될 것이다.

아이들의 불안 문제는 부모의 불일치, 좌절, 갈등을 증폭시키는 버튼을 누를 가능성이 있다. 불안한 아이를 다루지 않았을 때 존재했던(그러나 그다지 중요하지 않은) 의견이나 태도의 차이가 아이가 불안해할 때는 일상적인 갈등의 원인이 될 수 있다. 돈이 풍부할 때 재정 예산을 어떻게 운영할지에 대한 견해 차이는 약간 짜증 나는 일이지만, 재정이 빠듯할 때는 실질적인 갈등과 충돌의 원인이 될 수 있다. 모든 사람의 우선 사항을 충족하기에 충분한 돈이 있다면, 배우자의 목표를 위해 '낭비'된 돈은 약간 짜증스러울 뿐이다. 하지만 돈이 빠듯하고 지출에서 둘 중 하나를 골라야 할 때, 모든 결정은 의견 충돌의 가능성이 있다.

매우 불안한 아이가 있으면 왜 불안에 대처하는 방법에 대한 의견 차이가 부모의 중요한 문제가 되는지, 그 이유를 이해하는 것은 어렵지 않다. 아이의 불안은 아이의 삶에 큰 영향을 미칠 수 있고, 이로 인해 부모는 그 문제에 깊은 관심을 가지게 되는데, 의견 차이가 발생하면 더욱 화가 나게 되는 것이다. 아이의 불안은 부모의 삶과 다른 가족의 삶에도 영향을 미칠 수 있고, 이는 불화를 더욱더 증폭시킬 수 있다. 아이가 매우 불안하다면 아마도 당신에게 순응이나 다른 도움을 통한 반응이 자주 요구될 것이다. 이는 곧 불안을 처리하는 방식에 대해 끊임없이 내려야 하는 결정이 많음을 의미한다. 그리고 어떤 식으로든 무언가를 해야 할 때가 많기 때문에 왜 의견 차이가 제일 먼저 나타나는지는 쉽게 알 수 있다.

죄책감과 비난의 감정 또한 불안 문제가 극도로 민감한 주제가 되는 데 영향을 줄 수 있다. 당신이 아이가 불안해지는 데 기여했다고 생각한다면, 또는 배우자의 행동 탓이라고 믿는다면, 불안에 대해 이야기하고 협력하는 것은 훨씬 더 힘들어진다. 또는 배우자가 아이의 불안과 관련해서 당신을 비난한다고 생각된다면, 상처받고, 화가 나거나 분개할 수밖에 없다. 따라서 이 책에 나오는 단계를 함께 수행하거나 불안에 대처하는 것이 당신들의 관계에 어느 정도 긴장감을 준다는 사실을 알게 되더라도 놀라지 마라.

불안을 다루는 아이들의 부모들을 많이 만나면서 이 부모들 사이에 공통점은 딱히 없다는 것을 알게 되었다. 불안한 아이들의 부모 중에는 경제적으로 풍족하거나 어려운 부모, 학력이 높거나 그렇지 않은 부모, 엄하거나 허용적인 부모, 유머러스하거나 진지한 부모 등 다양하다. 불안한 아이가 있는 가족 '유형'은 따로 없다. 하지만 반복해서 보게 되는 한 가지 사실은 아이가 불안한 것이 얼마나 부모가 함께 협력하는 걸 어렵게 만드는가이다. 이는 부모가 협력할 수 있는 방법을 찾을 수 없다는 뜻이 아니다. 또는 당신과 배우자가 완벽한 의견 일치를 이루지 못하면 아이를 도울 수 없다는 뜻도 아니다. 만약 그렇다면 대부분의 부모가 도움이 되지 못할 것이다. 달리 말해, 이 책에서의 과정이 항상 의견이 맞고 함께 계획을 세우고 완벽하게 화합하며 실행에 옮기는 데 어려움이 없는 부모에게만 유용하다면, 이 책은 실질적으로 큰 도움이 되지 못할 것이다. 다행히 그건 아니다!

아이의 불안과 관련한 협력 관계를 개선하기 위해 취할 수 있는 조치가 있다. 결국 의견 일치가 이루어지지 않아 배우자의 협력 없이 하게 되더라도, 당신은 여전히 아이를 도울 수 있다. 그러므로 다른 부모들이 협력하는 과정에서 겪은 어려움을 극복하는 데 도움이 된 것들을 몇 가지 시도해 보자.

그레타와 루이스는 꽤 지쳤다. 그들의 아들인 여덟 살 폴은 1년 넘게 그들의 침대에서 잔다. 폴이 여섯 살, 일곱 살이었을 때 자기 침대에서 잤던 짧은 기간이 있었다. 때때로 아침 일찍 그들의 방에 오기도 했지만 대부분은 그의 침대에 있었다. 그러다가 점점 더 일찍 오기 시작했고 곧 그는 부모님의 침대에서 매일 밤을 보내게 되었다. 그들은 계속 폴을 그의 침대에 눕혔지만 그는 침대에 혼자 있으면 겁을 먹고 몇 분 만에 그들에게로 왔다. 그들의 부모가 아직 잠자리에 들지 않으면 폴이 울어서 그들 중 한 사람이 폴이 잠들 때까지 옆에 있어야 했다. 부모는 그의 방에 수면등을 놔주었지만 효과가 없었다. 그들의 친구 중 한 명이 백색소음 기계를 추천해 주었지만 이 역시도 소용이 없었다. 그들이 무엇을 하든 폴은 혼자 있을 수 없을 것 같았고 그들 없이는 못 잔다고 떼를 썼다. 그레타는 폴과 함께 그의 침대에서 자 보려고도 했지만 침대가 작아서 거기에 있을 바엔 차라리 폴과 함께 자기 침대에 누워 있는게 낫다고 느꼈다.

폴의 불안은 부모의 관계에도 피해를 주었다. 그들은 자신들이 있을 곳이 없다고 느꼈고, 많은 업무와 세 자녀를 돌본 긴 하루 후에도 함께 휴식을 취하거나 시간을 보낼 수 없었다. 그들은 또한 서로에게 점점 더 좌절감을 느끼고 있었다. 그들은 폴이 정말로 그의 침대에서 두려워한다는 것을 알지만 이를 어떻게 다룰 것인지에 대해서는 의견이 달랐고, 그들의 하루는 짜증과 의견 충돌 사이에 끼어 있었다. 루이스는 짜증이 난 채로 침대에 누워 있었고, 아침에 일어나면 폴은 바로 옆에 누워 있었다. 이 감정들은 종종 끓어올라 말다툼으로 이어지곤 했다.

루이스는 규칙을 만드는 것이 부모의 역할이고 폴은 좋아하지 않더라도 그 규칙을 따라야 한다고 믿었다. 그는 폴을 그들의 침대에 못 들어오게 하면 그것에 익숙해질 거라 확신했지만, 루이스는 아무것도 변하지 않고 시간만 계속 흐른다고 생각했다. "열 살 때에도 우리 침대에서 폴이 같이 자기를 원해?" 그는 물었다. "아니면 열다섯 살?" 루이스는 여러 번 폴이 그들의 방에 들어오지 못하도록 시도했지만, 그는 그레타가 항상 그의 노력을 방해한다고 느꼈다. 폴이 들어오면, 루이스가 아이의 침대로 돌아가라고 말한 후에도 그레타는 항상 아이를 달래고 그들의 방에 머물도록 허락하곤 했다. 루이스는 그레타나 폴이 두려움을 극복하는 것을 막을 뿐만 아니라 루이스의 부모로서의 권위를 깎아내리고 있다고 느꼈다.

그레타는 루이스가 지나치다고 생각했다. "물론 우리가 폴을 우리 방에서 내보낸다고 해도 폴은 죽진 않을 거야." 그녀는 인정했다. "하지만 그게 폴에게 무슨 영향을 미칠까? 폴은 우리가 자신이 두려워한다는 걸 알면서도 우리가 도와줄 생각이 없다고 여길 거야." 또한 그레타는 루이스가 그녀에게 불공평하다고 생각했다. 그녀가 자신의 의견에 동의하지 않는다는 걸 알면서도 그가 법을 만들고 이에 따르기를 기대하는 건 옳지 않은 것 같았다. "난 당신을 깎아내리려는 게 아니야." 그녀는 루이스에게 말했다. "하지만 당신 혼자 결정할 순 없다는 거야. 우리 아이가 무서울 때 아무도 신경 쓰지 않는다고 생각하면서 침대에 눕지 않고, 우리에게 의지할 수 있었으면 좋겠어." 그렇지만 루이스는 그녀가 폴에게 다른 대안을 주지 않는다고 생각했다. "당신이 변하려고 하지 않는다면, 내가 어떻게 당신과 결정할 수 있겠어? 나는 함께하는 것에 완전히 찬성하지만, 당신은 아무것도 시도하지 않아! 그래서 1년 반이 지났고 폴은 아직도 우리 침대에 있어. 한 살 어린 가브리엘은 친구 집에서 자고 오기도 해. 폴은 우리 없이는 자지 않으려고 해서 친구 집에서 자고 올 수도 없어! 이게 폴을 우리 침대에 머물게 한 결과야!"

배우자와의 보다 나은 의사소통을 위한 팁

이야기할 적절한 시간을 골랐는가?

루이스와 그레타 둘 다 동의할 수 있는 계획을 아직 찾지 못했다는 것은 놀랍지도 않다. 폴의 불안에 대한 그들의 논의는 폴에 대해 그리고 서로에 대해 좌절감을 느낄 때 주로 일어나는 것으로 보인다. 아침에 일어나서 짜증 나고 화가 날 때 루이스가 이 문제에 대해 이야기하고 싶은 것은 자연스럽다. 하지만 이런 감정은 그가 차분할 때보다 그의 의사소통을 더 적대적이고 갈등을 유발하는 방식으로 만들 것이다. 안타깝게도, 아침에 비생산적인 대화나 논쟁을 하게 되면, 부모 모두가 다른 시간에 그 문제에 대해 이야기하고 싶어 할 가능성도 줄어든다. 아무도 논쟁을 좋아하지 않고, 긍정적인 결과도 얻지 못했기 때문에 루이스와 그레타는 아마도 더는 논쟁을 하고 싶지 않을 것이다. 그래서 그들은 그다지 화가 나지 않고, 그 문제를 생각하지 않을 수 있는 다른 때에는 그것에 대해 이야기하기를 피한다. 하지만 이런 순환은 계속된다. 왜냐하면 다음번에 그들 중 한 명이 너무 좌절감을 느껴서 이 문제를 무시할 수 없을 때, 그들은 다시 그것들을 제기할 것이고 아마도 또 다른 비생산적인 논쟁을 할 것이기 때문이다. 당연히 부모가 함께 계획을 세우지 못한 채 일 년이 넘게 지나갔을 것이다.

배우자와 자녀의 불안에 대해 이야기 나누는 게 힘들다면, 언제 시도할 것인지를 생각해 보자.

- 당신이 화나거나, 흥분하거나, 스트레스를 받을 때 논의하고 있는가? 또는 그 자리에서 바로 반응해야 한다는 압박감을 느낄

때인가? 그렇다면 좋은 대화가 될 가능성이 낮다.
- 당신들 중 한 사람이 동의하지 않는 방식으로 반응했을 때 주로 이것에 대해 이야기하는가? 그것은 계획을 세우는 것과 관련된 대화는 아닐 것이다. 누가 옳고 그른지에 대한 논쟁이 될 가능성이 높다.

두 사람 모두 압박을 받거나 좌절하거나 화가 나지 않을 때 이 문제에 대해 이야기할 시간을 가지려고 노력하자. 이 문제에 대해 이야기하는 것이 이러한 감정을 일으킬 수 있다. 하지만 차분한 감정을 느끼기 시작한다면 생산적인 대화를 할 가능성이 높다. 루이스와 그레타처럼 꼭 필요한 경우가 아니면 문제에 대해 이야기하는 걸 피하고 싶어 할 수 있고, 논의 시간을 따로 마련하는 것이 부담을 가중하는 것처럼 느껴질 수도 있다. 그럼에도 불구하고 한번 시도해 보자. 좀 더 생산적인 대화를 나누는 데 도움이 된다면 그럴 만한 가치가 있다고 느껴질 것이다.

비난하지 말기

아이 불안의 원인이나 아직 불안을 극복하지 못하는 이유로 한 쪽 또는 다른 쪽 부모가 하고 있는 행동을 지적하기 쉽다. 하지만 현실적으로 맞지 않다! 아이가 불안 문제가 있는 경우, 대부분은 부모가 무엇을 하거나 무엇을 하지 않아서가 아니다. (물론 부정적인 양육의 극단적인 형태는 아이의 행복에 해롭다. 예를 들어, 학대와 방임은 아동의 불안뿐만 아니라 다른 문제에도 기여할 수 있다. 하지만 불안한 아이의 부모들은 대부분 학대하거나 방임하지 않았다.) 1장에서 말했듯이, 불안한 아이는 당신이 통제할 수 없는 생물학적 요인과 다른 요인들로 인해 높은 불안 성향을 가졌을 가능성이 높다. 따라서 쓸데없이 배우자를 비난하고 망신 주는 행동을 하지 않도록 하자. 불안에 대해 이야기할 때, 배우자의 실수로부터 아이를 '구하려고' 노력하고 있다는 메시지를 준다면, 배우자는 비난 받는다고 느끼고 방어적이 되거나 당신을 비난할 가능성이 높아진다. 그리고 생산적인 대화를 할 기회는 훨씬 멀어지게 된다. 루이스가 그레타에게 폴의 불안으로 친구 집에서 자고 오지도 못한다고 말할 때 "이게 폴을 우리 침대에 머물게 한 결과야!"라고 말한 것은 그레타가 루이스의 계획에 따르지 않는 것이 폴이 아직도 불안한 이유라는 것을 암시한다. 루이스가 폴이 열다섯 살이 되었을 때도 계속 같이 자고 싶으냐고 물은 것은, 그녀의 선택이 앞으로 폴의 미래를 손상시킬 수 있다고 말하고 있는 것이다. 이 모든 비난이 그레타가 루이스와 함께 계획을 세우도록 마음을 열지 못하게 할 것이라는 것은 당연한 이치이다. 그레타가 "그게 폴에게 무슨 영향을 미치겠어?"라고 물은 것도 마찬가지이다. 그녀는 폴을 그들의 침대에 눕히지 않으려는 루이스의 계획이 폴에게 해롭고 안 좋은 영향을 끼친다고 말하는 것처럼 보인다. 이로 인해 루이스 또한 그녀와 협력하고자 하는 마음이 들지 않을 것이다. 당신 스스로를 지적할 때도 비난은 잘못된 것이고 도움도 되지 않는다. 게다가 자기비난은 부모들이 생산적으로 함께 협력하는 것을 더 어렵게 만들 수 있다.

그렇지만 가족 순응은 나쁘지 않나요?

배우자가 순응하지 않도록 하는 것이 당신의 임무인 것처럼 여겨지는가? 여기까지 이 책을 읽었다면 가족 순응이 아동기 불안을 극복하는 데 도움이 되지 않는 요소라는 것을 알 것이다. 물론 가족 순응이 당신 아이의 불안을 유발했다는 의미는 아니다. 아이가 불안해 하지 않았다면 당신도 순응하지 않았을 것이다. 그렇지 않은가? 가족 순응은 부모가 불안에 반응하는 방법이지, 불안을 야기하는 것은 아니다. 순응에서 중요한 것은 이것이 아동 불안을 일으켰다는 점—또는 아이를 계속 불안하게 한다는 것—이 아니라 순응 줄이기를 통해 아이가 덜 불안해질 수 있다는 점이다. 비록 시간이 지남에 따라 순응이 아이의 불안에 기여한다 할지라도, 그것은 아이의 불안에 영향을 미치는 많은 요인 중 하나일 뿐이다. 점점 자신의 순응에 대해 더 많이 알게 되는 것은 당신이 순응을 줄이고 지지하는 것으로 대체하는 데에 도움이 된다. 하지만 배우자의 순응을 통제하는 것은 당신의 역할이 아니다. 불안한 아이에게 순응하는 것은 거의 대부분의 부모가 하게 되는 일이라는 것을 기억하자.

존중하기

우리가 사람들이 말하는 것에 반응하는 방식은 그들이 말하는 것이 무엇인지만큼 그들이 어떻게 말하는지에 의해 결정된다. 어떤 일에 대해 긴 논쟁을 벌이며 어떤 대가를 치르더라도 당신의 주장을 납득시키려고 결심했지만, 나중에는 당신이 그 전반적인에 것에 대해 그다지 관심이 없었다는 것을 깨달은 적이 있는가? 또는 어떤 때는 실수나 잘못을 강하게 부인하지만, 어떤 때는 실수를 인정하고 심지어 웃기까지 하는데 아무런 어려움이 없을 수 있을까? 왜 그럴까? 때로는 그때 당신의 기분과 관련이 있고(그래서 대화할 적절한 시간을 고르는 것이 중요하다), 때로는 당신이 상대방이 말하는 것을 어떻게 들었는가와 관련이 있다. 그 예는 다음과 같다.

- 그들이 당신을 존중하고 있는가? 아니면 깔아뭉개고 있는가?
- 그들이 당신의 의견을 중요하게 여기는가? 아니면 자신의 의견만 중요시하는가?
- 그들이 당신보다 더 많이 안다고 여기는 것처럼 보이는가?

이런 종류의 감정은 사람을 '논쟁 모드'로 만든다. 우리가 논쟁 모드에 있을 때, 우리의 초점은 상대방의 주장을 듣고 고려하는 것이 아니라 논쟁에서 이기는 데 맞춰져 있다. 우리가 논쟁 모드에 있을 때, 우리는 상대방이 생각하는 것을 이해하기 위해서가 아니라 이의를 제기하고 반박할 수 있는 약점을 찾기 위해 상대방의 말을 듣는다. 재미로 논쟁 모드에 있는 것은 괜찮지만, 아이를 도울 방법을 찾으려고 할 때 논쟁 모드에 있는 것은 도움이 되지 않는다. 당신이 말하고 있는 상대방이 당신의 의견을 중요하게 생각하거나 고려하지 않는다는 것을 알게 되는 것은 절망스러운 일이다. 그리고 당신은 무의미해 보이는 대화 자체를 끝내고 싶을 것이다.

배우자와 나누는 아이 불안에 관한 대화가 절망감을 준다면, 또는 배우자가 논쟁 모드로 당신과 말하고 있다면, 당신이 그들의 생각을 중요하게 생각하고 그들의 의견을 존중한다는 것을 보여 주자. 당신이 스스로 가장 잘 알고 있다고 생각하지 않는다는 것을 보여 주면 배우자가 당신이 말하는 내용을 고려하지 않을 이유가 없다.

초점 유지하기

부부가 의견 차이가 있을 때, 한 가지에만 초점을 유지하는 것이 어렵다. 부부는 함께 협력해야 하는 많은 것들이 있고, 그 각각은 다양한 방식으로 서로 영향을 미치며, 그것들은 서로 확산된다. 한 가지 사항에 대한 논의는 다양한 논쟁이나 불만 사항에 대한 대화로 쉽게 바뀐다. 하지만 이것은 불행한 결과를 낳는다. 어떤 대화로도 모든 문제를 해결할 수는 없기 때문에, 불만이나 짜증을 느끼지 않고 토론을 끝내기는 매우 어렵다.

치통 때문에 치과에 가는데, 그날 당신의 몸도 좋지 않다고 상상해 보자. 치과 의사는 치아 문제를 잘 해결했지만, 여전히 몸이 안 좋을 수 있다. 이것이 치과에 간 것이 시간 낭비였다는 것을 의미할까? 또는 치과 의사가 치료를 잘 하지 못했다는 것일까? 당연히 아니다. 의사는 단지 당신의 다른 모든 문제가 아닌 한 가지 문제를 해결한 것이다. 치아 문제에만 집중해 보면, 그 부분을 잘 관리해 준 것에 대해 만족하게 될 것이다. 하지만 동시에 모든 것에 집중해서 "그래, 그런데 여전히 몸이 좋지 않아"라고 생각한다면, 당신은 문제가 남아 있다는 것에 실망감을 느낄 것이다.

'그래, 그런데'와 같은 생각은 부모 사이에서 많이 발생한다. 당신이 한 이슈에 대해 이야기하고 있다. 그런데…… "그래, 그런데 다른 건?" 모든 것에 대한 해결책이 아니라면 한 가지 문제에 대한 계획을 찾는 것이 무의미해 보일 수 있지만 그렇지 않다. 동의할 수 있는 하나의 좋은 계획을 찾는 것은 그 자체로 큰 진전일 뿐만 아니라, 실행에 옮기게 된다면 앞으로 한 번에 하나씩 더 많은 문제에 관한 다른 계획에 동의할 가능성도 높아진다.

불안한 당신의 아이를 어떻게 도울 것인가에 대한 대화에서는 불안에 집중하도록 노력하자. 특히, 아이를 불안하게 만드는 모든 것이 아닌 불안과 관련된 한 가지 특정 영역에만 초점을 맞추자. 다른 것은 제외하고 한 가지 이슈에만 집중한다면, 더 쉽게 그 한 가지 특정한 것에 대한 계획을 생각해 낼 수 있을 것이다. 한 가지 문제에 초점을 맞추는 것은 실제로는 생각보다 어려울 수 있다. 다른 것이 대화에 섞이는 '그래, 그런데' 순간에 귀를 기울이자. 이 순간은 한 가지 일을 해도 별거 아닌 것처럼 보이게 만든다.

지지하는 것은 두 가지를 의미한다

혼자 자는 것에 대한 아들의 불안을 대하는 그레타와 루이스의 태도는 상당히 달라 보인다. 그레타는 폴이 부모님으로부터 이해와 위로를 받고 있음을 느끼고, 그들이 그의 곁에서 도움을 줄 준비가 되어 있다는 것을 알게 하는 게 중요하다고 생각한다. 루이스는 단호하게 아이가 두려움을 극복할 필요가 있고 스스로 밤을 더 잘 감당할 수 있어야 한다는 입장이다. 둘 다 폴이 필요한 것을 충분히 얻지 못하고 있다고 생각한다. 그레타 입장에서는 그것이 이해와 도움인 반면, 루이스의 입장에서는 아이 스스로 대처할 수 있도록 격려하는 것과 경계이다. 처음에는 이들 부모의 공통되는 입장을 찾거나 이 둘 모두의 목표가 반영된 계획을 세울 희망이 거의 없어 보일 수 있다.

불안한 아이를 지지한다는 것은 실제로 두 가지 의미가 있다는 것을 기억해 보자. 지지하기는 부모가 불안한 아이에게 수용과 신뢰 모두를 보여 줄 때 발생하는 것이다. 이 사례에서 이들 부모 각각이 하고자 하는 것을 보면, 이들 모두가 지지적인 반응의 중요하고 필요한 측면을 발전시키고 있다는 것이 더욱 분명해진다. 어느 부모도 다른 부모가 찬성하는 지지적 요소가 없이는 정말로 지지적일 수가 없다.

- 폴이 스스로 대처할 수 있다고 루이스가 기대하는 것과 같이, 폴의 능력에 대한 신뢰가 없다면 그레타는 폴의 공포를 수용하고 이해할 수 있겠지만 진실로 지지적일 수는 없다.
- 아이가 정말로 불안해하고 있고, 밤에 침대에 혼자 누워 있는 것은 그에게 매우 힘든 일이라는 걸 그레타가 이해하는 것과 같은 수용이 없다면 루이스는 지지하기 레시피에서 일부를 제공하지 못하고 있는 것이다.

두 부모가 폴에게 전달하고자 하는 메시지가 합쳐져야만이 완전한 지지 메시지가 될 것이다. 그레타와 루이스는 갈등 속에 갇혀서 서로에게 저항하고 결국 서로를 깎아내리고 있다고 생각했다. 하지만 사실, 폴은 부모로부터 두 가지 구성요소가 모두 필요하며, 그들은 지지 메시지를 만들기 위해 서로가 필요하다.

당신과 배우자가 불안해하는 아이에게 어떻게 반응해야 하는지에 대해 의견이 다르거나 행동 방법에 대한 계획에 의견 일치를 이루지 못한다면, 당신 둘 사이에 지지 메시지가 나뉘어져 있는지 생각해 보자. 아이의 불안에 대해 두 부모가 의견 차이를 보이는 경우가 아주 자주 있는데, 그 이유는 부모 각자가 지지의 구성요소 중 하나에만 집중하기 때문이다. 배우자가 목표하는 것이 무엇인지 스스로에게 물어보자. 더 좋은 방법은 배우자에게 물어보는 것이다. 아이의 기분을 더 나쁘게 만들거나, 더 불안하도록 만드는 것이 당신 배우자의 목표는 아닐 것이다. 배우자가 잘못된 방향으로 가고 있거나 당신의 지시를 따르지 않고 고집을 부리고 있다고 생각되더라도 배우자가 하려는 것이 아이가 공포를 극복하는 데 필요한 지지의 중요한 요소라는 점을 생각하자.

역할 바꾸기

 부모 각자가 한 가지 지지 요소에만 집중할 때는 다른 요소와 다시 연결하는 데 시간을 투자하는 것이 도움이 된다. 이 또한 지지 메시지의 똑같이 중요한 부분이다. 당신과 배우자는 '역할 바꾸기'를 시도해 볼 수 있다. 단기간 동안 다른 사람이 해 왔던 역할을 해 보는 것이다. 만약 아이가 수용받고 있고 이해받고 있다고 느끼도록 집중해 온 부모라면, 아이가 두려움, 걱정, 불안감을 어느 정도 감당할 수 있다고 믿는다는 것을 보여 주는 데 집중하는 시간을 가져 보자. 아이는 강하고 불안 앞에서 무기력하지 않다고 당신이 믿는다는 것을 보여 주는 연습을 해 보자. 만약 당신이 아이가 두려움에 대처하고 피하지 않도록 하는 데 집중해 온 부모라면, 아이에게 불안을 느끼는 것은 힘든 일이고, 이를 이해한다는 것을 보여 주기 위한 시간을 가지자. 불안이 얼마나 불편한 감정인지 당신이 알고 있다는 걸 아이가 알게 해 주자. 다음은 부모들이 역할 바꾸기 연습에 대해 물어본 질문들이다.

- 수용한다는 것은 아이가 지속적으로 대처하기를 피하는 것에 동의한다는 의미가 아닌가요?

 전혀 그렇지 않다. 수용은 당신이 아이가 겪는 어려움을 이해하고 인정한다는 뜻이다. 무언가가 어렵다는 것을 인정한다는 건 그 일이 일어나서는 안 된다는 데에 동의하는 것과는 전적으로 다르다. 대처의 중요성에 집중해 왔더라도, 당신이 그것이 어렵다는 것을 알고 있음을 보여 줄 수 있다.

- 더 신뢰한다는 것은 덜 수용한다는 의미가 아닌가요?

아니다. 아이에 대한 신뢰는 아이가 불안을 견뎌 낼 수 있다는 믿음을 보여 주는 것이다. 그가 할 일과 하지 않을 일에 대한 신뢰가 아니다. (당신이 결정할 수 있는 것이 아니며, 당신의 계획에서 집중하고 있는 것도 아님을 기억하라.) 신뢰는 아이가 불안을 유발하는 스트레스를 견딜 수 있다고 믿고, 아이가 때때로 불안, 두려움을 느끼고 걱정을 하더라도 괜찮을 것이라는 걸 안다는 의미이다.

- 전반적인 태도를 하룻밤 사이에 바꿀 수 있나요?

그렇게 할 필요 없다! 역할 바꾸기는 하루나 이틀 정도의 짧은 시간 동안만 하면 된다. 아이가 불안해할 때 한 번만 평소와 다르게 행동해 본다면, 역할 바꾸기가 매우 유용함을 증명할 수 있을 것이다. 또한 역할을 바꾸는 것이 자신이 믿는 것과 반대되는 일을 하는 것은 아니다. 당신이 수용에 집중해 왔다면, 아이가 자신의 힘과 능력을 당신이 믿고 있다는 것을 알기를 바라면 된다. 당신이 대부분 신뢰에 집중해 왔다면, 당신은 아이에게 불안이 쉽지 않은 일이라는 것을 깨달을 것이고, 이것을 당신이 이해한다는 것을 아이가 알기를 바라면 된다.

- 반응이 달라져서 아이가 혼란스러워하지 않을까요?

그럴 수 있지만 괜찮다. 아이가 혼란스러워한다면, 그건 단지 당신이 기대하던 것과 다르게 행동했기 때문이다. 나쁘지 않다. 무언가 다르게 하는 것 없이 더 잘 하기는 불가능하다. 그렇지 않은가? 아이가 변화에 놀라는 것이 괜찮다고 할지라도, 당신이 역할을 바꾸는 이유는 아이를 혼란스럽게 하기 위해서는 아니다. 이것을 하는 이유는 온전히 당신 때문이다. 신뢰만 보였던 것을 수용으로 대체하고, 수용만 보였던 대신 신뢰를 표현하는 것으로 대체하는 역할 바꾸기를 통해, 지지하기 요소와 다시 연결될 기회를 갖게 될 것이다. 다시 연결될 요소는 중요하다는 것은 알고 있었지만 지속적으로 다른 지지 요소를 표현할 필요성에 의해 잊어 왔던 것이다.

한 부모가 자신이 신뢰를 표현하는 유일한 부모라고 느껴진다면, '내가 아니면 누가 할 것인가?'라는 생각에 신뢰만을 표현해야 한다고 느끼기 시작할 것이다. 반대로, 배우자가 아이에 대한 수용을 표현하지 않는다고 느껴진다면, 항상 가능한 한 많은 수용을 보여야 한다는 느낌에 익숙해졌을 수도 있다. 그렇지 않으면 자녀가 누구에게도 수용받지 못할 것이기 때문이다. 짧은 기간이라 할지라도 역할 바꾸기를 통해 다른 지지 요소를 다시 만날 수 있다. 두 사람 모두 배우자에게 부족하다고 생각되었던 지지 요소를 배우자도 제공할 수 있다는 사실을 확인하게 될 것이다. 이러한 역할 전환은 지지적이고, 함께 실행할 수 있는 계획을 부부가 같이 세우는 데 도움이 될 것이다.

그레타와 루이스가 밤 시간의 역할을 바꾸는 것은 어떨까?

하룻밤 동안 루이스는 폴이 두려워할 때 그의 기분이 나아지도록 돕는 데 집중하기로 하고, 그레타는 폴이 자기 침대에 머물도록 돕는 것을 목표로 삼는다면 어떨까? 반겨 주고 안심시키며 안아 주던 엄마에게 익숙한 폴은 곧장 침대 엄마 곁으로 올 것이다. 하지만 어느 날 밤 그레타가 폴에게 "네가 얼마나 무서워하는지 알아. 그래도 네 침대에 있을 수 있을 거고, 너도 괜찮을 거야. 자, 침대로 다시 데려다줄게"라고 말하면 어떨까? 루이스는 앉아서 말할 것이다. "폴, 기다려, 먼저 안아 줄게. 네가 괜찮아지길 바란다." 폴이 결국 그의 침대에서 자는지 여부와는 상관없이, 이 실험은 두 부모에게 깊은 영향을 줄 것이다. 루이스에게 폴을 안고 편안하게 해 주었던 기회는 매우 의미 있고 감정적인 순간이 될 것이다. 그레타가 그의 아들에게 믿음을 보여 주었던 것은 실질적으로 그녀가 아들을 다른 시선으로 볼 수 있도록 도와줄 것이다. 두 부모에게 가장 중요한 것은, 역할 바꾸기가 한 쪽의 배우자가 이루고자 했던 중요한 목표에 다시 연결될 수 있도록 도와줄 수 있다는 것이다. 하루나 이틀 밤 동안 역할 바꾸기를 한 후, 두 부모는 훨씬 더 협력하기가 쉬워질 것이고 궁극적으로 두 사람 모두 자녀를 위해 최선을 다하고 있음을 인정하게 될 것이다.

▼ 당신이 동의할 수 있는 계획이 있는가?

8장에서는 순응 줄이기를 위한 좋은 목표를 만드는 몇 가지 사항을 읽었다. 이 요소를 모두 충족하는 목표라 할지라도 당신과 배우자의 의견 불일치를 야기한다면 그다지 좋지 않다. 빈번하지 않거나 크게 방해가 되지 않는다고 생각되어서 그다지 이상적이지 않은 순응 목표라 할지라도 부모 모두가 동의할 수 있는 것이라면 사실상 더 나은 목표이다. 최선이라고 생각했던 목표에 대한 협업 계획을 세울 수가 없다면, 더 많이 동의할 수 있는 다른 것이 있는지 찾아보자. 언제나 돌아가서 나중에 다른 순응에 집중할 수 있다. 그러면 아이는 아마도 더 잘 지내게 될 것이다. 왜냐하면 부모 모두가 지지적인 방식으로 함께 순응을 줄일 수 있었기 때문이다. 그러니 한 가지 특정 순응에 너무 집착하지 말고, 본인보다 배우자의 의견이 더 많이 반영된 목표를 택하게 될지라도 유연해지도록 노력하자.

당신이 통제할 수 있는 것에 집중하기

지금쯤이면 당신은 아마도 당신이 통제할 수 없는 것이 아닌 통제할 수 있는 것에 집중하는 것이 이 책에서 반복되는 원칙이라는 것을 깨달았을 것이다. 이 책은 아이의 행동을 통제할 수 없고, 도움을 주기 위해 통제할 필요도 없다고 말한다. 또한 배우자의 행동을 통제할 수 없고, 다시 말하지만 아이를 도와주기 위해 통제할 필요도 없다. 이 장의 모든 제안을 시도했고 현재로서는 두 사람이 협업할 방법이 없다는 결론에 도달했다면, 배우자의 결정을 존중하고 비록 배우자가 함께 하지 않더라도 자신의 순응을 바꾸는 데에만 집중하는 것이 최선이다. 자녀를 함께 양육하는 부모이든, 함께 하지 않는 부모이든 자녀를 각각 양육하고 있는 것은 사실이다.

지금은 당신의 행동에 집중하는 것이 최선이고, 혼자 가야 한다는 것을 받아들이기로 결정했다면, 당신은 여전히 배우자를 존중하고 있는 것이다. 당신의 결정이 대립적이거나 논쟁적일 필요는 없다. 당신은 배우자에게 당신이 할 것을 알려 주고, 이유를 설명하고, 그들이 동의하지 않을 수 있다는 것을 받아들인다. 중요한 것은 아이의 다른 부모가 다르게 이해하고 지속적으로 아이의 불안에 다른 방식으로 반응할지라도 당신의 변화가 아이의 불안을 낫게 할 것이라는 점이다. 당신의 계획은 오직 당신에게만 적용된다는 것을 아이에게 알려 주자. 이때 당신의 배우자가 하는 일에 대한 의견이나 그것이 좋고 나쁜지에 대해서는 언급하지 마라. 그리고 당신의 계획을 지키는 데에 최선을 다하자. 배우자는 당신의 계획이 도움이 된다는 것을 깨달을지도 모르고, 마음을 바꿀 수도 있다. 또는 계속 다르게 행동할 수도 있다. 어느 쪽이든, 당신이 그들의 의견을 존중하고, 그들에게 똑같이 하기를 요구하지 않으면서 무엇을 하고 있는지 알려 준다면, 결국 그들도 당신의 의견을 존중하게 될 것이다.

이 장에서 배운 것들

- 배우자와의 의사소통을 개선하는 방법
- 당신과 당신의 배우자가 의견 일치를 이루지 못할 경우 해야 할 일
- 두 사람이 모두 동의할 수 있는 계획이 있는지 알아보는 방법

Breaking Free of Child
Anxiety and OCD

14장

마무리 그리고 앞으로의 계획

▼
당신이 해냈다!

양육은 어렵다. 그리고 불안한 아이를 양육하는 것은 특히 어렵다. 이 책을 통해 작업하면서(보호적이거나 요구적이기보다는) 지지적으로 반응하면서 순응을 인식하고, 순응을 줄이기 위한 계획을 수립하고 실행하는 방법에 대한 다양한 제안을 따랐다면……. 훌륭하다! 진심으로 당신을 존경한다. 아이가 더 행복하고 건강한 삶을 살 수 있도록, 불안에 덜 방해받고 불안이 야기할 수 있는 장해로부터 더 자유로워질 수 있도록 돕기 위해 시간과 노력을 들일 만큼 아이에게 헌신하고 단호하게 결정한 부모들을 존경한다.

또한 이 책에 설명된 단계를 통해 자녀가 불안을 덜 느끼게 하려는 주된 목표가 달성되기를 바란다. 누구도 불안으로부터 완전히 자유로울 수 없고, 그래서도 안 되기에 이 책의 목표는 아이의 삶에서 불안을 완벽히 제거하는 것이 아니다. 또한 아이의 불안 대처 능력이 실제로는 매우 상당하다는 점, 아이도 이를 알아차렸다는 점을 인식했기를 바란다. 만약 그랬다면, 당신이 한 일은 아이에게 엄청난 선물이고, 그 선물은 아이가 사는 동안 그 삶을 계속해서 향상시킬 것이다.

아이의 불안이 부분적으로 개선되었다고 여겨지지만 여전히 심각하고 장해가 되는 불안을 견디고 있다고 생각된다면, 가능한 다음 조치들을 고려해 보자. 추가적인 목표를 세우고, 새로운 영역에서의 순응을 점진적으로 줄이는 계획을 세우는 과정을 통해 순응을 줄이려는 작업을 계속해야 할 필요가 있다. 또한 추가적인 치료법과 전략을 시도해 볼 수도 있다. 2장에서는 인지행동치료(CBT)와 정신과

적 약물치료를 포함한 아동기 불안의 증거기반 치료법들을 간략하게 다루었다. 부록 B는 증거기반 치료와 숙련된 전문가를 찾는 데에 유용한 정보를 제공한다. 가능성을 논의하기 위해 당신 지역의 유능한 치료자나 정신건강의학과 의사를 만나는 것을 고려해 보자. 인지행동치료는 아이의 입장에서 참여와 동기가 일정 수준으로 필요하므로 이 치료법이 모든 사람에게 적용되는 것은 아니다. 하지만 아이가 최소한 가능성이라도 탐색하려는 마음을 갖고 있다면 큰 효과를 볼 수도 있다.

이 책에서 설명된 방법을 완수하기 위해 들인 노력이 아이의 불안에 실질적인 효과가 없었다고 생각되더라도 같은 권장 사항이 적용될 것이다. 어떤 치료도 모든 아이에게 효과적일 수 없으며, 시기가 중요하다. 이 책을 읽는 것이 도움이 되지 않았더라도 스스로를 비난하거나, 좌절하거나, 낙담하지 마라. 지금은 별로 달라진 것이 없어 보여도 당신이 만든 변화는 아이에게 도움이 되었을 것이고, 앞으로도 도움이 될 것이다. 불안 수준이 여전히 높더라도 당신이 아이를 수용하고 신뢰하고 있다는 것을 아는 것은 중요하고 강력하다.

▼
계속 지지하기

아이의 불안감이 호전되어 아이의 대처를 위한 특별한 계획을 세울 필요 없이 좀 더 일상적인 형태로 돌아가고 있다면, 아이의 불안에 대한 지지적인 태도를 유지하는 것이 중요하다. 당신은 아마도 아이가 이런저런 도전들로 힘들어하는 많은 상황들을 만나게 될 것이다. 그 도전들은 불안과 관련될 수도 있고, 아닐 수도 있다. 그리고 지지적인 태도는 대부분의 상황에서 도움이 될 것이다. 아이가 느끼는 것을 수용하고 인정하는 것을 보여 줌과 동시에 도전을 다루고 불편함을 견딜 수 있다는 믿음을 보여 주는 것은 잘못되기가 힘들다.

특히, 불안과 관련된 도전에서 당신의 말과 행동으로 표현된 지지적인 태도는 미래의 불안이 고조되거나 다시 중요한 문제가 되는 지점까지 커지는 것을 예방할 수 있다. 이 과정에서 연습한 지지하는 말하기는 아이에게 독립적으로 대처할 필요성을 상기시켜 주고 도움이 되지 않는 순응으로 다시 떨어질 위험성을 줄여 주는 신호로 작용할 것이다.

불안이 높아지는 경향이나 소인이 있는 아동들은 일반적인 불안보다 더 높은 불안을 일생 동안 여러 번 경험할 가능성이 있다는 점을 기억하자. 불안에 대해 이야기하고 대처하는 방법에 대한 '가족 언어'를 갖게 될 것이므로, 아이의 불안이 커지고 있다는 징후를 주의 깊게 살펴보고 지지적인 방식으로 대처할 준비를 하라. 가족의 스트레스가 높은 시기, 새 집이나 학교로 이사하는 등의 변화, 아이의 삶에서 발생하는 상실, 사회적 스트레스는 모두 성공적으로 치료된 이후에도 불안을 증가시키는 데 기여할 수 있다. 어떤 경우에는 특별한 스트레스나 유발 요인이 없어도 아이의 불안이 커질 수도 있다. 어떤 이유이건, 아이의 불안이 다시 시작되는 것처럼 보인다면, 지지적인 부모의 반응이 도움이 될 것이다.

▼ 당신의 순응을 알아차리기

이제 당신은 순응 전문가이다! 이는 당신이 예전의 순응 패턴으로 돌아가고 있는지, 새로운 것이 시작되고 있는지를 더 쉽게 알아차릴 수 있게 해 주기 때문에 좋다. 순응과 불안에 대해 잘 알고 있는 부모라도 때때로 자신이 새로운 순응을 하고 있다는 사실을 갑자기 깨닫는 경우가 있다. 이는 쉽게 일어날 수 있는 일이고, 깨닫는 데 시간이 걸리는 경우도 있다. 더 많이 순응하기 시작했다는 걸 알게 되었다면, 무엇을 해야 할지도 알고 있다! 좌절할 필요 없다! 대신 지지하고, 당신의 행동에 집중하며, 순응을 줄여라.

불안해한다는 이유로 아이에게 화를 내는 것은 결코 도움이 되지 않으며 전혀 말도 되지 않는다. 그러나 아이가 덜 불안하도록 그렇게 노력을 해 왔기 때문에 예전 패턴이 슬금슬금 돌아오고 있는 것을 느끼게 되면 다소 분노를 느끼는 것도 자연스러운 일이다. 한번 아이의 불안과 순응을 줄이는 데 성공했다면, 다시 그렇게 하는 것은 훨씬 더 쉬울 것이다. 지지적인 표현과 순응 계획은 당신과 아이 모두에게 훨씬 더 익숙하고 그다지 어렵지 않을 것이다. 그리고 처음에는 없었던 것을 가지게 될 것이다. 과거에 이렇게 하면 효과가 있었다는 지식을 갖게 될 것이다! 당신이 순응하지 않는 것에 아이는 여전히 좌절감을 느낄 수 있지만, 당신이 과거에 이런 방식으로 자신을 도왔으며 당신은 계획을 세우면 지킨다는 것을 아이 역시 알 것이다.

'순응 재발'을 알아차리는 좋은 방법은 월별 점검이다. 이 책의 워크시트를 활용하여 몇 주에 한 번 당신의 일상을 빠르게 점검하고,

새로운 순응이나 오래 지속되는 순응을 살펴볼 수 있다. 스스로 점검하거나 배우자 혹은 아이와 함께 할 수도 있다. 사실, 이제 순응 전문가는 당신뿐만이 아니다. 아이 역시 전문가가 되었다. 많은 아이들이 부모가 순응하기 시작하는 것을 보고 부모를 지적하기도 한다. 때때로 이는 직접적인 표현의 형태를 띠는가 하면, 다른 경우에는 힌트를 주는 방식으로 이루어진다.

열한 살 릴라와 부모인 셜리와 테런스는 그녀의 불안에 대한 순응을 줄이기 위해 노력해 왔다. 그들은 두 개의 순응 계획으로 작업했다. 하나는 화재나 홍수와 같은 무서운 것이 포함되지 않았는지 미리 확인하기 위해 영화를 멈추는 것이고, 다른 하나는 릴라가 이웃의 사이렌 소리를 들을 때마다 지역 뉴스를 확인하는 것을 멈추는 것이다. 그들의 계획은 잘 진행되었고, 릴라는 재난과 참사에 대해 훨씬 덜 불안하게 되었다.

모든 것이 정상으로 돌아오고 몇 달 후(그동안 릴라가 심하게 불안해하는 경우는 거의 없었다), 릴라는 매우 흥분된 상태로 학교에서 돌아왔다. 한 친구가 반 아이들에게 큰 폭풍으로 할머니 집이 물에 잠겼다는 무서운 이야기를 들려주었고, 할머니가 홍수 때문에 어떻게 죽을 뻔했는지 생생하게 설명했다는 것이다. 릴라는 셜리에게 그 이야기를 하며 말했다. "기상 채널을 확인해서 이곳에도 폭풍이 몰아칠지 알려 줘요. 하지만 아마 해 주지 않겠죠? 그렇죠?"

셜리는 날씨 채널 한번 확인하는 건 별 일이 아니라고 느꼈을지 모른다. 어쨌든 릴라는 잘 지내 왔다. 그런데 릴라가 분명히 긴장하고 다소 극적인 이야기를 들은 이번에 그녀를 돕는 것이 정말 그렇게 나쁠까? 한 번만 확인해도 나쁠까? 그럴 수도 있고, 그렇지 않을 수도 있다. 하지만 릴라의 관점에서 생각해 보자. 그녀는 오랜만에 자신의 두려움과 걱정을 마주하게 되고, 엄마가 어떻게 반응할지를 기다리고 있다. 이번 이벤트는 뉴스를 확인해서 릴라에게 '도움'을 줄 수 있는 기회이다. 하지만 얼마나 그녀가 강하고 능력이 있는지를 상기시켜 줄 수 있는 아주 좋은 기회이기도 하다. 뉴스를 확인하지 않는 것을 통해 설리는 불안에 대처하는 것을 때때로 우리 모두가 해야 할 일이며 릴라가 충분히 그렇게 할 수 있다는 것을 진심으로 믿는다는 것을 딸에게 상기시켜 줄 수 있다.

재미있게도, 릴라의 마지막 말을 어떻게 생각하는가? 그녀의 말은("아마 해 주지 않겠죠? 그렇죠?") 엄마가 그녀를 돕지 않을 것이라는 좌절감이나 처량한 원망으로 들릴 수 있다. 하지만 같은 말이라도 다른 방식으로는 "우리 둘 다 지금 당장 내가 필요한 일이 아니라는 걸 알아요"라고 말하는 것처럼 알고 있는 것과 힘에 관한 이야기를 하는 것으로 들릴 수도 있다. 사실, 설리가 그녀를 위해 뉴스를 확인했다면 릴라는 기뻐하기보다는 낙담하고 실망했을 가능성이 꽤 있다. 그녀는 다가오는 폭풍이 없다는 것을 알고 안심할 수 있을 것이다. 하지만 한편으로는 엄마가 힘과 신뢰라는 지지적인 메시지를 고수하지 않았다는 것에 실망감을 느낄 것이다. 그리고 중요한 것은 릴라가 곧 다시 불안감을 느끼고 엄마에게 순응을 구할 가능성이 더 높다는 것이다. 설리가 지지적인 말로 반응한다면, 릴라는 덜 안심하겠지만 그녀는 불안한 감정과 생각이 다시 나타나도 자신에 대한 엄마의 신뢰는 흔들리지 않는다는 것을 알게 될 것이다.

불안을 극복하고 걱정이 덜해진 아이에게 불안한 생각이 새롭게 나타나면 부모만큼이나 낙담할 수 있다. 아이는 이것이 실제로는 자신이 낫지 않았다는 것을 의미하는지, 원점으로 돌아왔는지에 대해 불안감을 느낄 수 있다. 불안한 순간이 더 많을 것이라는 점을 당연하게 여기는 차분하고 지지적인 반응은 상황을 넓은 관점에서 보고 불안이 더 커지는 것을 막는 데 매우 도움이 된다.

당신은 아이가 자신을 알기 위해 들여다보는 거울이라는 것을 항상 기억하자. 당신은 모든 부모가 열망하고 자부심을 느낄 수 있는 일을 해냈다. 당신은 아이에게 자신은 강하며, 유능하며, 사랑받는 사람이라는 것을 알게 해 주었다. 이런 견해를 아이에게 보여 줄 기회가 점점 더 많이 생기는 것은 전혀 나쁜 일이 아니다!

Breaking Free of Child
Anxiety and OCD

워크시트

이 부록에는 책에서 언급된 모든 워크시트가 포함되어 있습니다. 책과 함께 작업하면서 더 많은 워크시트가 필요하면 추가적으로 복사하여 마음껏 사용하십시오.

워크시트	워크시트 제목	워크시트가 사용되는 장
1	불안이 아이에게 어떻게 영향을 미치는가?	1장
2	양육 함정	4장
3	당신과 아이의 불안	5장
4	순응 목록	6장
5	순응 지도	6장
6	당신이 말하는 것	7장
7	지지하는 말하기	7장
8	당신의 계획	9장
9	계획 알리기	10장
10	목표 순응 모니터링	11장

불안이 아이에게 어떻게 영향을 미치는가?

이 워크시트를 사용하여 불안이 자녀에게 미치는 주요 방식을 네 가지 영역, 즉 신체, 사고, 감정, 행동으로 나누어 적어 보세요.

불안이 자녀의 신체에 어떻게 영향을 미치는가?	불안이 자녀의 사고에 어떻게 영향을 미치는가?
예: 아이는 불안할 때 심장이 뛴다.	예: 아이는 항상 최악의 시나리오를 생각한다.

불안이 자녀의 감정에 어떻게 영향을 미치는가?	불안이 자녀의 행동에 어떻게 영향을 미치는가?
예: 아이는 불안할 때 훨씬 더 까다로워진다.	예: 아이는 학급에서 말하지 않는다.

워크시트 2 양육 함정

이 워크시트를 사용하여 자녀에게 혹은 자녀의 불안에 대해 말하는 것들 중 **보호적**이거나 **요구적**인 것을 적어 보세요.

보호적인
예: 우리는 이것이 너에게 너무 과하다는 걸 알고 있어.
예: 너는 스트레스에 잘 대처하지 못해.

요구적인
예: 나이에 맞게 행동해.
예: 그렇게 무섭진 않아.

워크시트 3 | 당신과 아이의 불안

각각의 질문에 답변을 적어 두면 아이에게 순응한 방식에 대해 생각하기 시작할 때 유용한 정보를 얻을 수 있습니다. 배우자와 함께 시간을 내어 이야기 나누는 것이 좋습니다.

당신의 시간 중 얼마나 많은 부분이 자녀의 불안에 쓰이는가?
_____
_____
_____
_____
_____

당신은 다른 형제자매들과 비교해서 이 아이를 위해 무엇을 다르게 하고 있는가?
_____
_____
_____
_____
_____

만약 아이가 불안하거나 두려워하지 않는다면 당신은 무엇을 다르게 할 것인가?
_____
_____
_____
_____
_____

워크시트 4: 순응 목록

당신이 인식하고 있는 순응을 이 페이지에 적으세요. 가능한 한 많이 떠올려 보세요. 일부 빠뜨려도 걱정하지 마세요!

어떻게 순응하나요?

워크시트 5: 순응 지도

순응 지도를 사용하여 하루 중 일어나는 모든 순응을 적으세요. 공간이 부족하면 다른 페이지를 사용하세요.

시간	무슨 일이 발생하는가? 누가 관여하는가?	빈도
오전 (기상, 옷 입기, 아침 식사, 등교)	예: 엄마가 '특별한' 요리로 아침 식사를 준비한다.	하루 한 번
오후 (점심 식사, 하교, 숙제, 방과 후 활동, 사회 활동)		
저녁 (저녁 식사, 가족 시간, 잠자리 들기 전)		
취침 시간 (취침 준비, 씻기, 잠자리 들기)		
밤 시간		
주말		

워크시트 6: 당신이 말하는 것

이 워크시트를 사용하여 아이가 불안할 때 당신이 하는 말을 적어 보세요. 그리고 그 말이 지지하기의 두 가지 요소, 즉 수용과 신뢰를 포함하는지 확인해 보세요.

당신이 말하는 것	수용	신뢰
예: 힘껏 해 봐.		V
예: 이건 너에게 매우 힘든 일이라는 걸 알아.	V	

워크시트 7 지지하는 말하기

이 워크시트를 사용하여 당신이 평소에 했던 말을 지지하는 말하기로 바꿔 보세요. 이때 지지하기의 두 요소, 즉 수용과 신뢰가 포함되도록 바꾸세요.

이전의 말	수용	신뢰	새로운 말	수용	신뢰
예: 힘껏 해 봐.		∨	예: 힘들지만 너는 이겨 낼 힘이 있어.	∨	∨
예: 이건 너에게 매우 힘든 일이라는 걸 알아.	∨		예: 네가 많이 힘들다는 거 알아. 하지만 괜찮아질 거야.	∨	∨

워크시트 8 — 당신의 계획

이 워크시트를 사용하여 순응 줄이기 계획을 적어 보세요. 가능한 한 계획에 대해 무엇을, 언제, 누가, 어떻게, 얼마나 할 것인지, 그리고 순응 대신 무엇을 할 것인지에 대한 자세한 내용을 담으세요.

당신의 계획	
무엇을	
언제	
누가	
어떻게 그리고 얼마나	
대신 무엇을 할 것인가	

워크시트 9: 계획 알리기

이 워크시트를 사용해서 당신의 순응 줄이기 계획에 대해 아이에게 전달할 메시지를 적어 보세요. 메시지는 간결하고, 지지적이며, 세부적이어야 합니다. 또한 무엇을, 언제, 누가, 어떻게, 얼마나에 대한 내용이 포함되어야 합니다.

워크시트의 추가 복사본을 만들 수도 있고, 원한다면 컴퓨터로 작업해도 됩니다.

_____

_____

_____

_____

_____

_____

_____

_____

목표 순응 모니터링

이 워크시트를 사용해서 목표 순응 줄이는 과정을 추적하고 모니터링하세요. 계획을 실행한 기회의 날짜와 시간을 기록하고, 무엇을 했는지, 어떻게 진행되었는지, 어떤 어려움이 있었는지를 간략하게 적으세요. 워크시트의 추가 복사본을 만들 수도 있고, 원한다면 컴퓨터로 작업해도 됩니다.

날짜	시간	상황: 무슨 일이 있었는가, 무엇을 했는가, 어떻게 진행되었는가, 문제는 없었는가

Breaking Free of Child
Anxiety and OCD

부록 B

자료

많은 자료가 아동 불안과 강박장애에 대한 훌륭한 정보를 제공한다. 여기에는 책, 웹사이트, 그리고 전문가의 도움을 찾는 데 유용한 도구가 포함되어 있다. 다음은 이러한 자료들의 일부 목록이다.

부모를 위한 도서

- 『Freeing Your Child From Anxiety: Practical Strategies to Overcome Fears, Worries, and Phobias and Be Prepared for Life-From Toddlers to Teens』 (Tamar Chansky)
- 『Freeing Your Child From Obsessive-Compulsive Disorder』 (Tamar Chansky)
- 『Anxiety Relief for Kids』 (Bridget Flynn Walker)
- 『Helping Your Anxious Child』 (Ron Rapee, Ann Wignall, Susan Spence, Heidi Lyneham, Vanessa Cobham)

아동을 위한 도서

- 『스트레스, 가 버려!(What to Do When You Worry Too Much: A Kid's Guide to Overcoming Anxiety)』 (Dawn Huebner)
- 『Outsmarting Worry: An Older Kid's Guide to Managing Anxiety』 (Dawn Huebner)
- 『The Anxiety Workbook for Teens』 (Lisa Schab)
- 『Guts(a graphic novel about fear of throwing up)』 (Raina Telgemeier)

- 『Rewire Your Anxious Brain』 (Catherine Pittman and Elizabeth Karle)
- 『The Thought That Counts: A Firsthand Account of One Teenager's Experience with Obsessive-Compulsive Disorder』 (Jared Kant, with Martin Franklin and Linda Wasmer Andrews)

전문가를 찾는 데 도움이 되는 정보를 제공하는 웹사이트

- Anxiety Disorders Association of America: www.adaa.org
- International OCD Foundation: www.ocfoundation.org
- Association for Behavioral and Cognitive Therapies: www.abct.org
- 이 책에서 설명한 가족 순응을 줄이기 위한 접근법을 SPACE라고 한다. 이 웹사이트에서 부모에게 SPACE를 적용할 수 있도록 훈련받은 치료자 목록을 볼 수 있고, 불안한 자녀를 둔 부모를 위한 모임에 참여할 수 있다: www.spacetreatment.net

저자 소개

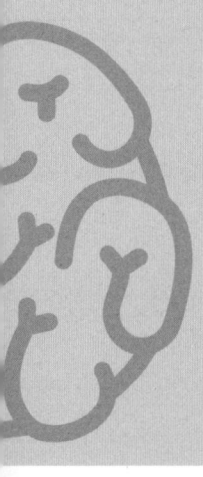

일라이 리바위츠(Eli R. Lebowitz) 박사
예일 의과대학 아동연구 센터에서 불안장애 프로그램 책임자로 있으며, 이곳에서 아동과 청소년 불안을 연구하고 치료하고 있다. 리바위츠 박사의 업적은 두뇌 행동 연구 재단, 국립 정신 건강 연구소, 국립 중개 과학 발전 센터를 포함한 민간기관 및 공공기관에서 인정을 받고 있다. 그는 또한 훌륭한(때로는 불안한) 세 아들의 아버지이다.

역자 소개

신경민(Shin, Kyoung Min)
서울대학교 심리학과를 졸업하고, 동 대학원에서 임상·상담심리학을 전공하여 석사학위를 받았다. 아주대학교 의과대학원에서 이학 박사학위를 취득하여 현재 한양사이버대학교 상담심리학과 교수로 재직하고 있다. 아동·청소년 정신병리와 심리치료 및 PTSD에 관한 다수의 논문이 있다.

아동기 불안과 강박장애에서 벗어나기
-부모 교육 프로그램-
Breaking Free of Child Anxiety and OCD
-A Scientifically Proven Program for Parents-

2024년 9월 20일 1판 1쇄 인쇄
2024년 9월 30일 1판 1쇄 발행

지은이 • Eli R. Lebowitz
옮긴이 • 신경민
펴낸이 • 김진환
펴낸곳 • ㈜ **학지사**

04031 서울특별시 마포구 양화로 15길 20 마인드월드빌딩
대표전화 • 02-330-5114   팩스 • 02-324-2345
등록번호 • 제313-2006-000265호

홈페이지 • http://www.hakjisa.co.kr
인스타그램 • https://www.instagram.com/hakjisabook

ISBN 978-89-997-3209-6 03180

정가 16,000원

역자와의 협약으로 인지는 생략합니다.
파본은 구입처에서 교환해 드립니다.

이 책을 무단으로 전재하거나 복제할 경우 저작권법에 따라 처벌을 받게 됩니다.

출판미디어기업 **학지사**

간호보건의학출판 **학지사메디컬** www.hakjisamd.co.kr
심리검사연구소 **인싸이트** www.inpsyt.co.kr
학술논문서비스 **뉴논문** www.newnonmun.com
교육연수원 **카운피아** www.counpia.com
대학교재전자책플랫폼 **캠퍼스북** www.campusbook.co.kr